Frieder Anders   Wie ich lernte, den Drachen zu reiten

Frieder Anders

Wie ich lernte, den Drachen zu reiten

Heldenreise
eines Taiji-Meisters
in Ost und West

Theseus Verlag

© Theseus in J. Kamphausen Mediengruppe GmbH, Bielefeld 2014

Lektorat: Susanne Klein, Hamburg, www.kleinebrise.net
Satz: Ingeburg Zoschke
Umschlaggestaltung: Morian & Bayer-Eynck, Coesfeld, www.mbedesign.de
Abbildung auf dem Umschlag: © Sahua d/fotolia
Druck & Verarbeitung: fgb – freiburger graphische betriebe

www.weltinnenraum.de

Auflage 2014

Bibliografische Information der Deutschen Nationalbibliothek:
Die Deutsche Nationalbibliothek verzeichnet diese Publikation in der Deutschen
Nationalbibliografie; detaillierte bibliografische Daten sind im Internet über
http://dnb.d-nb.de abrufbar.

ISBN 978-3-89901-875-2

Dieses Buch wurde auf 100% Altpapier gedruckt und ist alterungsbeständig.
Weitere Informationen hierzu finden Sie unter www.weltinnenraum.de

»Sieh, wie die Hoffnung und der Wunsch, in den früheren Zustand zurückzukehren, ganz ebenso wirken wie das Licht auf den Falter. Denn der Mensch, der in ewiger Sehnsucht stets wieder mit Jauchzen den neuen Frühling erwartet, stets den neuen Sommer, stets neue Monate und Jahre, indem es ihm scheint, als kämen die Dinge immer erst viel zu spät, er gewahrt nicht, dass er damit immer nur seine eigene Auflösung herbeiwünscht. Diese Sehnsucht aber ist die geheime Kraft (*quintessenzia*), welche die Elemente bewegt und welche als Seele, in dem menschlichen Körper eingeschlossen, stets zu dem zurückzukehren trachtet, der sie entsandt. Wisse, dass dieser Wunsch die geheime Kraft ist, welche untrennbar mit der Natur verbunden ist. Der Mensch aber ist das Abbild der Welt.«[1]

LEONARDO DA VINCI

Inhalt

Vorwort

»In jedem Siebzigjährigen steckt
ein Fünfunddreißigjähriger, der fragt:
Was ist passiert?«

ANN LANDERS

Es war im Sommer 1974, ein Jahr nachdem ich im Schwarzwald, in der damals von Graf Dürckheim geleiteten »Existenzial-psychologischen Bildungs-und Begegnungsstätte Todtmoos-Rütte«, das Taiji kennengelernt hatte. Ich war nochmals hingegangen, um mit einer Therapeutin zu arbeiten, die später – nach einem Traum, wie ich hörte – ihr Haus dort verkaufte und nach Israel ging, um dort zu wirken. Hier, im Schwarzwald, half sie mir sehr in einer dunklen Phase meines Lebens. Sie gab mir auch auf, zwischen den Sitzungen in den Wald zu gehen, mit einem Knüppel auf tote Äste einzuschlagen und meine Wut, die ich nicht artikulieren konnte, herauszuschreien. Sie meinte, in mir sei eine »große Hasskraft«, aber auch »große Liebeskraft«.

Erschöpft von einer solchen »Gewaltkur«, kam ich auf eine große Wiese, gesäumt von den Bergen. Ich stellte mich in die Mitte dieses Platzes – niemand sonst war zu sehen – und begann, die Taiji-Form auszuführen, die ich seit einem Jahr praktizierte. Mitten in der Übung hatte ich zwei ganz verschiedene – ja was? Visionen? Erkenntnisse? Bilder? – von mir dort in dem Talkessel. Zuerst sah ich mich als kleines Menschlein, das ich dort war inmitten der geschützten Weite und das einsam seine Runden drehte. Und dann – oder war es umgekehrt? war ich plötzlich riesengroß und ragte über die Wipfel der grünen Berge hinaus, hinauf ins Unendliche.

Ich war gleichermaßen Erdenwurm, ein Sandkorn in der Wüste, und der Titan, der hinaufreicht bis zum Himmel. Das sind die beiden Pole, die durch Taiji erfahrbar werden. Der eine Pol ist personal, der andere transpersonal, und sie sind ineinander verschränkt: Der erste meint die Arbeit an sich selbst, an der eigenen Haltung zur und in der Welt, an den Beziehungen zu anderen Menschen und zur Natur – und diese Arbeit, geschieht sie mit Hilfe einer transpersonalen Übung wie z. B. dem Taiji, erweitert das Personale ins Transpersonale. Der zweite Pol bezeichnet die spirituelle Dimension, die Verbindung von Erde und Himmel, die der Mensch darstellt, der beide in sich vereinigen muss. Diese beiden Pole, das alltägliche Leben in meinen Beziehungen und das Erfahren-Wollen meiner spirituellen Dimension, haben mich bewegt und geprägt. War der erste Pol, der Kampf ums persönliche Überleben, lange der dominierende, so hat sich der zweite – untergründig immer wirksam – in den letzten Jahren immer stärker gezeigt und mir die Augen dafür geöffnet, meine Kämpfe als »Drachenkampf« und meinen Weg als »Heldenreise« zu sehen.

»Drachenkampf« und »Heldenreise«, wie sie uns in Märchen und Mythen erzählt und von der Analytischen Psychologie in der Nachfolge C. G. Jungs gedeutet werden, bilden in diesem Buch die Matrix, auf der ich meinen Lebensweg nachzeichnen möchte.

Taiji ist eine Kampfkunst der besonderen Art. Dadurch, dass ich heute, in meinem siebzigsten Lebensjahr, rückblickend erkenne, dass mein Leben bestimmt war vom »Drachenkampf«, verstehe ich auch, dass ich eine Kampfkunst zum Beruf wählte. Und seltsam: Auf der Suche nach dem »roten Faden«, der die Garnrollen meiner verschiedenen Lebensthemen, die ich hier abwickeln möchte, verknüpft – die Drachenkraft im Taiji und im Gesang, die Wandlung von der Hasskraft in die Liebeskraft –, finde ich ein Buch, das bestimmt schon dreißig Jahre in meinem Bücherschrank darauf wartete, von mir endlich ergriffen und gelesen zu werden. Es ist die »Ursprungsgeschichte des Bewusstseins« von Erich Neumann (1905–1960), einem Arzt und Tiefenpsychologen, Schüler und Mitarbeiter C. G. Jungs, dessen »roter Faden« auch in jenem Buch die Gestalt des »Uroboros« ist, die auch auf dem Titel dieses Buches abgebildet ist.

Erich Neumann wirkte einst auch in Todtmoos-Rütte, und so schließt sich der Kreis wieder zu dem Ort, wo ich Taiji kennengelernt hatte (und wo ich nach 1974 nie mehr war). Das Werk dieses Autors hat mir nun, nach über vierzig Jahren Taiji-Weg, den Schlüssel an die Hand gegeben, diesen Weg zu begreifen. Damals begann mein »initiatischer Weg« (wovon ich noch nichts ahnte), d. h., es begann in der Begegnung mit dem Unbewussten, seinen Symbolen und seinen Ausdrucksformen und im Individuationsprozess der »einzig noch lebendige und praktisch verwendete Initiationsprozess in der abendländischen Kultursphäre«. (C. G. Jung)

In der Darstellung meiner Lebensreise richte ich mich nach der Stationenfolge des »Heldenkampfes« in Neumanns Buch. Davor waren die zu Papier gebrachten Entwürfe meines Lebenslaufes zwar schon durchsetzt von Erklärungsversuchen und Geschichten, die ich vor etwa vierzig Jahren aufgeschrieben habe, und von Gedichten, die ich seit 2009 schrieb, aber erst als schon alles »stand«, ich aber nicht zufrieden war, kam mir Erich Neumann zu Hilfe. Seine Darlegungen brachten mir Klarheit, sodass ich alles nochmals überarbeitete. Die meisten Zitate aus seinem Werk sind in den Text integriert, aber einige habe ich auch in die Anmerkungen verschoben, weil diese das Verständnis zwar vertiefen, aber nicht unbedingt nötig sind, um dem Verlauf des Textes zu folgen.

Frieder Anders,
Frankfurt am Main, Dezember 2013

Einleitung

»Die Zeit verwandelt uns nicht, sie entfaltet uns nur.«

MAX FRISCH

Der Kreis, der sich geschlossen hat: Das ist der Uroboros, die Schlange, die sich in den Schwanz beißt, Symbol des »Ur-Chaos«, aus dem die Menschheit zum Licht des Bewusstseins gekommen ist. Dies ist die Entwicklung, der jeder Einzelne nachgehen muss auf dem Weg zu sich selbst. Geht er diesen Weg – und jeder ist dazu fähig –, dann ist er auf der »Heldenreise«, auf der ihn der Drachenkampf erwartet, den er bestehen muss.

Im chinesischen Denken ist der Kreis ebenfalls Symbol für das »Ur-Chaos«, das nicht erkannt werden kann, weil es das Sein vor dem Entstehen des Bewusstseins meint – denn nur das Bewusstsein kann es erkennen. Das ist das Wuji, der »leere Anfang«, aus

Wuji

Taiji

welchem die Schöpfung durch die Geburt des Bewusstseins entsteht, das die Gegensätze in der Schöpfung erkennt: Aus Wuji
wird Taiji, das »Höchste Prinzip«, welches das Gesetz der Schöpfung darstellt.

Der Uroboros

Der Uroboros ist die Urgestalt des Drachen: die Schlange (oder
der Drache), die sich selbst in den Schwanz beißt (es bedeutet im
Altgriechischen entsprechend auch »Schwanzfresser«). In vielen
Kulturen ist dieses archaische Motiv verbreitet, mit einem oder
manchmal auch mit zwei Drachen. Die eine Hälfte des Tieres ist
meist weiß und die andere schwarz (wie beim Yin-Yang-Symbol).
Es ist ein Symbol für die Unendlichkeit, für die ewige Wiederkehr
und die Vereinigung der Gegensätze. Erich Neumann schreibt
dazu:

>»Als Kreis, Kugel und Rundes ist es das in sich Geschlossene,
>das ohne Anfang und Ende ist; in vorweltlicher Vollkommen-
>heit ist es vor jedem Ablauf, ewig, denn für seine Rundheit gibt
>es kein Vorher und Nachher, d. h. keine Zeit, und kein Oben
>und Unten, d. h. keinen Raum. All dies kann erst mit der Ent-
>stehung des Lichts, des Bewusstseins, auftreten, das hier noch
>nicht vorhanden ist; hier herrscht noch die nicht aus sich her-
>ausgetretene Gottheit, deren Symbol deswegen der Kreis ist.«
>(E. Neumann, S. 20)

Die analytische Psychologie nach C. G. Jung sieht den Uroboros
als Metapher für das Frühstadium in der Persönlichkeitsentwick-
lung des Kindes, den Frühzustand der Psyche, in dem noch kein
Ich-Bewusstsein vorhanden bzw. ein keimhaftes Ich mit dem Unbewussten noch völlig verschmolzen und von diesem noch unge-
trennt ist. In diesem paradiesischen Zustand zu verharren oder
nach dorthin, in den Mutterschoß, zurückkehren zu wollen, wird
nach Erich Neumann als »uroborischer Inzest« bezeichnet. Viele

Formen der Sucht und der Sehnsucht meinen diesen Wunsch nach Rückkehr und uroborischer Ich-Auflösung. Dann ist der uroborische Inzest ein Symbol des Todes. Aber weil der Uroboros gleichzeitig die Ur-Welt des Anfangs und der Regeneration ist, aus der, wie wiederum Neumann sagt, das Leben und das Ich immer wieder neu, wie der Tag aus der Nacht, geboren werden, hat der Uroboros auch eine schöpferische Bedeutung.

»Das Stadium des Uroboros und des uroborischen Inzests ist die tiefste und früheste Phase der Ich-Geschichte. Die Fixierung an sie und die Rückkehr zu ihr spielt im Leben des durchschnittlichen Menschen eine wichtige, in dem des Kranken eine entscheidend negative und in dem des schöpferischen Menschen eine entscheidend positive Rolle. Es hängt von der Höhe und Stärke der Bewusstseinsbildung und von der Entwicklungsphase des Ich ab, ob der uroborische Inzest regressiv zerstörend oder progressiv-schöpferisch ist.« (E. Neumann, S. 223)

Der Drachenkampf

Neumann bezeichnet den Uroboros als »das große Runde«, das aber nicht nur den Schoß meint, sondern auch »die Ureltern«. Diese Ureltern, Vater und Mutter, sind in uroborischer Einheit miteinander verbunden und nicht voneinander zu lösen. Der Kampf, sich aus dem uroborischen Schoß zu befreien, bedeutet auch, die »Ureltern« zu töten – im »Drachenkampf«. Dieser Kampf geschieht mit dem Schwert. Es ist das Schwert der Erkenntnis, das die Stricke der Gefangenschaft durchtrennt.

»Wenn die Trennung des Uroboros in die Gegensätze des Welt-elternpaares geschehen ist, und der ›Sohn‹ sich in die Mitte gestellt hat, hat er mit dieser Tat seine Männlichkeit etabliert, die erste Stufe seiner Selbständigwerdung ist geglückt. Das Ich in der Mitte der Welteltern hat beide Seiten des Uroboros feindlich herausgefordert und das Obere ebenso wie das Untere mit

diesem feindlichen Akt gegen sich aufgebracht. Jetzt steht ihm
das bevor, was wir den ›Drachenkampf‹ nennen, nämlich die
kämpferische Auseinandersetzung mit diesen Gegensätzen. Erst
das Ergebnis dieses Kampfes erweist, ob die Selbständigwerdung wirklich gelungen ist, die Freimachung von der festhalten-
den Gewalt des Uroboros endgültig ist.« (E. Neumann, S. 127)

Die Heldenreise

Mehrere Prüfungen hat der Held auf seiner Heldenreise zum Drachenkampf zu bestehen; sie sind symbolischer Ausdruck für die
Ich-Entwicklung hin zur Person. Am Ende, wenn die Prüfungen
siegreich bestanden wurden, wird die Ich-Entwicklung von der
Selbst-Entwicklung, der »Individuation«, abgelöst. Hier erscheint
der Uroboros nun als Zentralsymbol der zweiten Lebenshälfte in
anderer Bedeutung.

»Der Uroboros, verfolgbar in allen Zeiten und Kulturen, taucht
dann als spätestes Symbol individueller seelischer Entwicklung
auf, als Rundheit der Seele, als Symbol einer wiedergewonne-
nen Ganzheit und Vollständigkeit im Leben. Er ist der Ort der
Verklärung und Erleuchtung des Endes, ebenso wie der Ort des
mythologischen Anfangs, der Urfrühe.« (E. Neumann, S. 41)

Erich Neumann (er selbst spricht nicht von »Heldenreise«, son-
dern von »Heldenkampf« oder »Drachenkampf«) beschreibt fol-
gende Stationen dieses Weges:[2]
- Das Ich unter der Herrschaft des Uroboros – die Große
  Mutter
- Die Selbständigwerdung des Bewusstseins – die Trennung der
  Ureltern
- Der Held – Geburt, Muttertötung, Vatertötung
- Der Drachenkampf – Die Gefangene und der Schatz, Befreiung
- Die Wandlung – Außenwelt, Innenwelt, Verwandlung der
  Persönlichkeit

Erlösung

Der westliche Weg des Helden, wie er in den Mythen, Märchen und in der Literatur seit Homers »Odyssee« immer wieder beschrieben wird, entspringt dem Mangel: Ausgelöst durch den Schmerz über die verlorene Heimat, ist es eine Suche nach dem Heil und der Erlösung. »Das menschliche Leben ist fast immer nach dem Schema des Mangels und seines Komplements ausgelegt worden: Am Anfang steht eine Verfehlung (...), steht ein grundlegender Mangel, den der Lebende strebend zu überwinden trachtet. Das Leben ist ein Hunger nach Ganzsein, und der Mensch ist ein un-heiles, ein un-ganzes Wesen.« (M. Frank, S. 41)

Der Held jedoch, der den Drachen besiegt hat, empfindet keinen Mangel mehr – er erlöst sich selbst: die Individuation gelingt durch die »Befreiung der Gefangenen«, die Befreiung des Drachen. Denn das Empfinden von Mangel entsteht durch die nicht geglückte Ablösung von den Ur-Eltern. Nach Neumann sind Bewusstsein und Ich noch verfangen im Kreis dieser Bezogenheit. Erst durch die Tötung der Ureltern kann dieser Konflikt gelöst werden und die Hinwendung zum persönlichen Leben geschehen. Gelingt das nicht, braucht es Krücken, um den Mangel zu ertragen: Nach christlichem Glauben, von dem wir im Westen mindestens so geprägt sind wie von den antiken Mythen, wartet dann auf den Helden, dem sein Kampf nicht gelang, erst nach dem Tod die Erlösung und das ewige Heil.

In der Retorte

Mir gelang der Drachenkampf lange nicht. Ich war kein Held. In meinen Liebesbeziehungen suchte ich nicht das Glück, sondern das Heil – die Erlösung von dem immer präsenten Gefühl des Mangels, das mich quälte – und fand es natürlich nicht.

»Immer wieder erweist sich das Nichtglücken des Drachenkampfes, d.h. das Festgehaltenwerden in der Urelternpro-
blematik, als das Zentralproblem der Neurosen der ersten
Lebenshälfte und als Ursache für die Unfähigkeit, zu einer
Partnerbeziehung zu kommen. (...) Die Aktivität des Individuums, die auf diesen Urkreis beschränkt bleibt, hat ein wesentlich negatives Merkmal. Sein Wirken ist verfangen in der
Einsamkeit und Abgeschlossenheit. Die Menschen, die nur mit
den Urmächten, den Ureltern, in Auseinandersetzung geraten, bleiben, um in der Sprache der Alchemie zu reden, in der
Retorte und gelangen nicht zum Stadium des ›roten Steins‹.«
(E. Neumann, S. 168)

Ich lebte in der »Retorte«. Bis dreiundsechzig, also weit über die
»Lebensmitte« hinaus, war ich unfähig, mich auf andere Menschen wirklich einzulassen. Vielmehr war ich getrieben von der
Sehnsucht, auf direktem Weg wieder den Eingang zurück ins Paradies zu finden – zum »uroborischen Inzest« –, auch und vor allem
in den Liebesbeziehungen zu einer Frau. Und weil das nicht ging –
höchstens um den Preis der Selbstzerstörung –, suchte ich den
Weg um das Paradies herum, um zu sehen, »ob es von hinten vielleicht wieder offen« ist, wie Kleist es im »Marionettentheater«
ausdrückt:

»Das Paradies ist verriegelt und der Cherub hinter uns; wir
müssen die Reise um die Welt machen und sehen, ob es vielleicht von hinten wieder offen ist. (...) Mithin ... müssten wir
wieder vom Baum der Erkenntnis essen, um in den Stand der
Unschuld zurückzufallen?«

Dieser Weg »um die Welt« war für mich das Taijiquan.

Die Taiji-Reise

Die Suche nach Erlösung war sicherlich der (unbewusste) Grund, aus dem ich beim Taiji blieb, als ich es einmal durch Zufall kennengelernt hatte. Es schien mir der Weg zu sein, der mich vom Erlösungswunsch erlösen konnte. Denn der östliche Weg bedarf keiner Erlösung. Im alten China brauchte es nicht den physischen Tod, um ins Paradies einzugehen. Vielmehr galt es damals als »paradiesisch«, ein »Unsterblicher« (Xian) zu werden. Ursprünglich bezeichnete der Begriff »Xian« einen Menschen, der fliegen konnte, eine Art »fantastischen Flügelmenschen«, später dann auch den »Boten zweier Welten«, einem Engel vergleichbar. Der Unterschied zum Engel der jüdisch-christlichen Welt »bestand jedoch darin, dass sich in China der Gedanke immer stärker durchsetzte, auch die Menschen könnten zum Xian werden und dadurch das Diesseits gleich auf doppelte Weise überwinden: in der Besiegung der Schwerkraft und in der Besiegung des Todes.« (W. Bauer, S. 152)

Um ein Unsterblicher zu werden, ging es vor allem darum, den Körper – und den Geist – »leicht« zu machen: Dazu dienten die Atem- und Körperübungen, das Fasten und bestimmte Ernährungs- und Sexualpraktiken, die schon zu Lebzeiten viel von der Erdenschwere nehmen konnten. Auch erlernten die Adepten die Übungen der »Selbstkultivierung«, um das Leben so zu transformieren, dass es im Augenblick des Todes – oder bereits zu Lebzeiten – nicht verging, sondern in einen anderen Seinszustand übergehen konnte. So wurden sie zu Unsterblichen, die in die Gefilde der Seligen, auf unbesteigbare Berge, ferne Inseln oder in tiefe Höhlen unter der Erde entschweben konnten. Diese Übungen und die damit verbundene Einstellung zum Leben waren der Boden, aus dem heraus Taiji erwuchs. Und diese Übungen waren es, denen ich mich in dunkler Zeit zuwandte. Wie gut, dass die Daoisten – denn Taiji ist überwiegend daoistisch geprägt – als Ziel des Weges »zurück zum Ursprung« angeben! Und wie gut, dass diese Reise kein Ende hat – denn wer kennt den Ursprung?

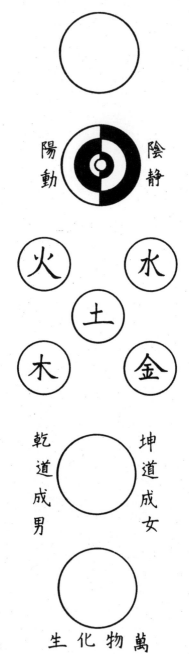

Taiji-Diagramm

»Zurück zum Ursprung«: Das ist die östliche Art, den Bedeu-
tungswandel des Uroboros von der »Urfrühe« hin zur Rundheit
der Seele in der menschlichen Entwicklung zu benennen. Denn auf
dem Weg des Taijiquan, der Kampfkunst nach dem Prinzip des
Taiji, ist es ebenfalls das Schwert der Erkenntnis, das die Bewegungen leitet, um sie in den Dienst der »Angleichung« der eigenen
Existenz an das Taiji-Prinzip zu stellen und so die Einheit der
Gegensätze, das Schöpfungsprinzip, am eigenen Leib und im eigenen Leben zu erfahren – mehr noch, sich selber als Teil der Schöpfung neu zu erschaffen. Hierbei ist der Kreis nicht nur Symbol,
sondern, in der Form von Bällen oder Kugeln in der Bewegung,
auch der körperliche Weg, der vom Geist geführt wird. Und das
»Zurück zum Ursprung« wird, wie der Anfang, wieder durch den
leeren Kreis, das Wuji, ausgedrückt, wie es das sogenannte Taiji-
Diagramm aus dem 12. Jahrhundert darstellt.

Erfahrung mit der Drachenkraft

Meine »Heldenreise« ist geprägt von zwei Wegen: einerseits von
der christlichen Pilgerreise, oder – eher mythologisch ausgedrückt – vom Weg des »ewigen Wanderers«, im Kampf gegen den
Mangel, auf der Suche nach Erlösung, und andererseits von der
mich-selbst-erlösenden Arbeit am Taiji, um das Leben so zu transformieren, dass es mir leichter werden konnte. Beide Arten des
Reisens waren geprägt von Begegnungen mit dem Drachen: dem
Drachen im Westen verstanden als Gestalt, in der alle existenziel-
len Ängste der Menschen verbildlicht und verdichtet sind, die, wie
die alten Märchen und Mythen zeigen, besiegt werden müssen,
um Erlösung zu finden, und dem Drachen des Ostens, der Sym-
bolgestalt meiner inneren Kraft, die ich finden wollte, weil ich
immer schon spürte, dass sie da ist, um mich von ihr tragen lassen
zu können und um sie schließlich zu lenken. Beides führte mich
zur »Erlösung der Gefangenen« des Drachen. An die Stelle des
Mangels trat die Fülle.

Gesang

Im Buddhismus gelten Geist, Stimme und Lebensenergie als die drei konstitutiven Elemente des menschlichen Selbst.[3] Mit der Ausbildung meiner Stimme entwickelte ich neben dem Taiji den anderen Flügel des Drachen, der mich trägt, entsprechend handelt dieses Buch auch davon. Ich bin kein Opernsänger geworden, weil in dem Alter von Anfang bis Mitte zwanzig, in dem sich ein solcher Schritt entscheidet, meine innere Natur nicht von meiner inneren Kraft bestimmt war, sondern durch Konventionen, Auflehnung gegen diese Konventionen und dem Leiden daran. Meine Stimme war keine »Naturstimme«, die Bauch und Kopf glücklich vereint, sondern sie war »nur laut«. Ich habe am liebsten so gebrüllt, dass ich im Chor, den mein Vater leitete, von ihm zurückgepfiffen wurde, weil ich alle überschrie. Natürlich hat er nicht tatsächlich gepfiffen, sondern nur böse – und gleichzeitig besorgt – geguckt. Doch ich verstand diese Blicke sofort, denn schließlich war ich damit – als einem Instrument seiner subtilen Reglementierung – aufgewachsen. Erst während meiner Gesangsausbildung, die ich mit fast vierzig begann, wurde meine Stimme vollständig, da ich nun lernte, die wilde Schreikraft in »obere Bereiche« zu führen. Meine Stimme wandelte sich, technisch ausgedrückt, in einer Weise, dass der »Unterton« des groben »Materials« veredelt wurde durch die »Obertöne«, die vorher nicht schwingen konnten und die der geistigen Führung bedürfen, um sich zu zeigen. Dank meiner Lehrerin gelang dies.

Taijiquan

Taijiquan ist der Weg, die innere Kraft durch geistige Führung der Körperbewegungen freizulegen und zu entwickeln. Gelingt dies, ist es möglich, einen Gegner so von den Füßen zu heben, dass er keine aggressive Kraft und keinen Schmerz spürt. Anders als beim Singen ist aber der direkte Ausdruck von Kraft – der schöne, tragende Ton – hier überhaupt nicht möglich, weil Sanftheit das Wesen dieser Kraft ist. Die Erfahrung meiner eigenen naturwüchsigen Kraft, durch die ich die Kraft des anderen erst spüren und an der ich mich abarbeiten kann, zählt hier nicht, denn das, was ich so spüren kann, ist lediglich »äußere Kraft«. Aber wie kann ich innere Kraft spüren?

Der Zugang zu dieser ursprünglichen »Drachenkraft« gelingt hier über genaueste Anpassung an die Schwerkraft: die eigene Ausrichtung zwischen Himmel und Erde. Das bedeutet, dass die eigene innere Kraft, sozusagen das Erwachen des Drachen in den Energiebahnen des Körpers, sich nur entwickelt, wenn sie geerdet ist (»verwurzelt«, wie es im Taiji heißt). Insofern entsteht diese Kraft von Anfang an in der Sicherheit, getragen zu sein – oder zumindest in der Suche nach diesem Getragensein. Die Drachenkraft wird dabei sanft geweckt und kann ihren »Herrn« nicht überwältigen, wie es sonst in manchen Disziplinen und Therapien geschehen kann, durch die sie plötzlich aufgeschreckt und entfesselt wird. Ich habe diese Art Erweckung erlebt, und sie hat mich schwer gebeutelt, und wohl auch deswegen habe ich mich auf Disziplinen verlegt, die ein objektives Bezugssystem haben – die Schwerkraft, die sowohl die Basis der inneren Kraft im Taiji ist als auch die Basis des schönen Tons im Gesang. Dieser Weg der Entfaltung ist zwar sanft, aber auch radikal, beharrlich und manchmal unerbittlich.

Andrerseits führt im Taiji »die kleinste Abweichung meilenweit in die Irre«, wie es in einem klassischen Text heißt. Dies ist zum Beispiel der Fall, wenn Bewegungen ausschließlich »sanft« geübt werden, wenn also, um beim Bild der Töne zu bleiben, die Bewegungen sich nur mit den »Obertönen« beschäftigen und nicht auch mit dem »kruden Drachenmaterial«, also mit der Leiblichkeit und ihrem Potenzial zum Guten oder Bösen. So waren meine ersten Jahre im Taiji geprägt von der Besänftigung der ungezähmt in mir umherirrenden Drachenkraft, deren latente Aggressivität ich so in Schach halten und damit meine Depressivität, die daraus entstand, zudecken konnte. Das ist vielleicht hilfreich gewesen, aber es hat mich nicht wirklich weitergebracht. Erst im Laufe der sechsundzwanzig Jahre bei meinem chinesischen Lehrer, Meister Chu, die meinen ersten fünf Taiji-Jahren folgten, begann die Entfaltung. Während dieser Jahre gelang es mir, diese beiden Pole miteinander zu versöhnen: die versteckt aggressive Drachenkraft, die hauptsächlich gegen mich selbst wütete, aber manchmal auch andere angriff und psychisch sehr verletzen konnte, und die »softe Besänftigungstour«, die den Drachen beschwichtigen und ihm ausweichen wollte. Ich lernte, »richtig« zu singen und »richtig« Taiji zu praktizieren – und zwar ohne andere mit meiner Kraft zu überrumpeln und ohne mich klein zu machen, um geliebt zu werden. Beides sind Formen von Gewalt bzw. Manipulation, die eine evident, die andere eher versteckt. Und das sind auch die Pole – Selbstaufgabe und Beherrschenwollen – die meine Liebesfähigkeit begrenzt hatten. Nun lernte ich endlich, nicht mehr um das zu kämpfen, was uns nur geschenkt werden kann.

Prolog

»... eine ungeheure grosse Schlange,
die sich in abgelegenen Wüsteneyen,
Bergen und Stein-Klüfften aufzuhalten pfleget,
und Menschen und Vieh grossen Schaden zufüget.
Man findet ihrer vielerley Gestalten und Arten;
denn etliche sind geflügelt, andere nicht;
etliche haben zwey, andere vier Füsse, Kopff
und Schwantz aber ist Schlangen-Art.«

GROSSES VOLLSTÄNDIGES UNIVERSAL LEXICON
ALLER WISSENSCHAFFTEN UND KÜNSTE, Leipzig 1734

Der Kampf mit dem Drachen

Im Westen wird der Drache bekämpft, in Ostasien verehrt. In den
Mythen Europas und des Vorderen Orients überwiegt die Vorstellung des Drachen als Symbol des Chaos, der Finsternis und
der menschenfeindlichen Mächte. Im Alten Testament tritt Jahwe
in die Fußstapfen der orientalischen Wettergötter, zerschmettert
den Drachen, zähmt das Meer (Habakuk 3, 5) und wird damit
zum Begründer der kosmischen Ordnung. In der Offenbarung des
Johannes ist es der Erzengel Michael, der mit dem großen feuer-
roten, siebenköpfigen Schlangendrachen kämpft. Michael siegt
im Himmelskampf, und »es wurde hinausgeworfen der große
Drache, die alte Schlange, die da heißt: Teufel und Satan, der die
ganze Welt verführt, und er wurde auf die Erde geworfen, und
seine Engel wurden mit ihm dahingeworfen«. (Offenbarung 12, 9)
Das christliche Mittelalter hält die starke Verbindung zwischen
Drachen und Teufel aufrecht. Der Drachenkampf ist der mutige

Kampf gegen das Böse. Sankt Georg ist der populärste aller heili-
gen Drachentöter, sein Lanzenkampf gegen die Bestie ist bis heute
in zahllosen Darstellungen weltweit verbreitet.[4] Das Böse ist das
Fremde. Äußere und innere Natur sind dem Menschen fremd, sie
bedrohen sein Leben: die äußere Natur, indem sie ihn physisch
vernichten kann, wenn er es nicht schafft, sie zu beherrschen; die
innere Natur, indem sie das eigene Bild, das er von sich als »zivili-
siertes« Wesen haben soll, bedroht und ins Wanken bringt, wenn
er dieser fremden inneren Natur Raum gibt. Es sind Kräfte, die
größer sind als der eigene Wille – und deswegen sind sie gefährlich. Also muss die fremde Kraft beherrscht werden, indem der
Mensch sich die Erde, und andere Menschen dazu, untertan
macht und sich und seine eigenen naturhaften Kräfte abtötet – wie
der heilige Georg den Drachen und wie all die anderen tapferen
Drachentöter in seiner Nachfolge, die es ihm gleichtun und unter
dem Priester- und Kardinalsgewand ihre animalische Natur ver-
bergen.

Das war meine Sicht auf den Drachen, wie sie mir vermittelt
wurde durch meine protestantische Erziehung: Gutes und Böses
im ewigen Kampf, der nur einen Sieger kennen darf – das Gute,
welches das gefährliche Böse vernichtet.

»Aber der Drache ist häufig nur deshalb gefährlich, weil wir
vor ihm fliehen. Das, was wir als Chaos, Unbekanntes und
Fremdes fürchten, sind häufig neue Entwicklungsmöglichkei-
ten, unbekannte Aspekte unseres Selbst, die wir uns noch nicht
vertraut gemacht haben. Früher malte man auf den Landkar-
ten an den Grenzen, wo das noch unerforschte Gebiet begann,
einen Drachen. Man sagte gewissermaßen: Das ist gefähr-
liches, fremdes Gebiet, hier hausen Drachen, deshalb wird es
nicht weiter erkundet. (...) Der Drachenkampf symbolisiert
somit tiefenpsychologisch die Differenzierung unbewusster
Inhalte und deren Integration in die bewusste Persönlichkeit,
zu der immer auch das Aushalten von Angst gehört.«[5] (L. Müller auf www.symbolon.de)

»Den Drachen zu reiten« als Bild für den gelungenen Drachenkampf ist dem Bild des Kentauren – halb Pferd, halb Mensch –
vergleichbar, den Ken Wilber als Symbol für die Einheit von Körper, Geist und Herz, die als Gesamtorganismus erfahren werden,
beschreibt. Wilber bezeichnet die kentaurische Ebene in seinem
Buch »Wege zum Selbst« als die »große Ebene der Bewegung« für
das menschliche Potenzial (*human potential*). Er geht hier von der
Grundannahme aus, dass die Integration von Seele, Leib und Gefühlen zu einer »Einheit höheren Ordnung« führt. (Vgl. K. Wilber,
S. 159)

Diesem Symbol fehlt jedoch der Aspekt der Angst, wie ihn der
Drache auslöst. Unsere Ängste sind aber, wie dies Lutz Müller
in seinen Ausführungen zur tiefenpsychologischen Bedeutung des
Drachen auf den Punkt bringt, »natürliche, oft hilfreiche und
sinnvolle Reaktionen, die zur gesunden Lebensorientierung nötig
sind. Der beste Umgang mit ihnen ist deshalb nicht ihre Unterdrückung oder Abtötung, sondern die aktive Auseinandersetzung mit ihnen und den mit ihnen verbundenen, befürchteten
Inhalten. Dann können die ›Drachen‹ auch ihre positiven, för-
derlichen Aspekte zeigen, wie sie in den Vorstellungen Indiens,
Chinas und Japans zu finden sind. Dort ist der Drache ein Symbol
der Fruchtbarkeit und schöpferischen Kraft, des langen Lebens,
des Glücks und der Weisheit.« (L. Müller auf www.symbolon-
line.de)

Aber das Bild des Drachentötens gehört eben in die westliche
Kultur, die vor allem das Entweder-oder lehrt, und so transpor-
tiert dieses Bild auch immer die naheliegende Möglichkeit, das,
was Angst macht, abzutöten, d. h. zu verdrängen und wegzuschie-
ben.[6] Davon leben nicht nur Fantasy-Bücher und -Filme und
manch andere kulturellen Schöpfungen, die Helden feiern, sondern auch die neueren Mythologien, die das Schema Gut-Böse
aufbrechen wollen und »gute« Drachen zusammen mit ihren
»Drachenreitern« auftreten lassen. Dabei ist das Böse dann aber
nicht mehr der Drache, sondern irgendein anderes Monstrum,
oft in menschlicher Gestalt, das natürlich auch vernichtet werden

muss; das Schema bleibt gleich. Und um den Drachen possierlich
zu machen wie in der Pop-Kultur, treibt man ihm das letzte Stück
Gefährlichkeit aus, kreiert ein Kuscheltier.

Es gibt eine andere Art zu kämpfen, die nicht zerstören muss,
um zu siegen –»siegen, ohne zu kämpfen« ist in den asiatischen
Kampfkünsten, so sie denn als spiritueller Weg verstanden werden, die höchste Stufe der Entwicklung. Hier gilt es, sich die Kraft
des Drachen »einzuverleiben«, ihn nicht, wie auch immer, »nur
symbolisch« zu töten, sondern auf ihm zu reiten.

Den Drachen reiten

»Der Drache ist ein Tier, das Geheimnisse verkörpert.
Egal, ob er nun über ein Königreich tief unten
im Meer herrscht oder sich über die Wolken erhebt,
um dem Herrn des neunten Himmels
eine Botschaft zu überbringen,
der Drache bewegt sich mit ungebändigter Kraft
durch die chinesische Mythologie.
Er ist *das* Symbol für alles Chinesische.«

ZHANG YU HUAN UND KEN ROSE[7]

Der Drache ist in China positiver besetzt als bei uns im Westen.
Dort steht er für den Frühling, das Wasser und den Regen. Da er
Merkmale von neun verschiedenen Tieren in sich vereint, ist er
nach der chinesischen Zahlenmystik dem Yang, dem aktiven Prinzip, zugeordnet. Im chinesischen Tierkreis ist er das fünfte unter
zwölf Tieren und zählt zusammen mit dem Phönix (*feng huang*),
der Schildkröte (*gui*) und dem Einhorn (*qilin*) zu den mythischen
»vier Wundertieren« die dem chinesischen Welt-Schöpfer Pangu
halfen, die Welt zu erschaffen. Am Anfang der Welt – so eine andere Deutung – gab es ein göttliches Geschwisterpaar mit mensch-

lichem Oberkörper, aber der Unterkörper war drachenförmig und endete in einem langen Schwanz: den Gott Fu Xi und die Göttin Nu Gua, die Urahnen der Chinesen.

So wurde der Drache in China zum Symbol des Segens und des Wohlstands, der auch die Fähigkeiten der Verwandlung hat: Er kann sich in Menschen verwandeln, und Menschen können als Drachen wiedergeboren werden. Dem starken und beschützenden Drachen der Mythologie steht aber auch der unheilbringende Drache der chinesischen Volksmärchen gegenüber; der Drache in China ist also kein durchweg positives, sondern ein ambivalentes Wesen.

Der Drache wird in China verehrt, nicht vernichtet. So musste der Sportartikelhersteller Nike 2004 eine Kampagne in China absetzen, in der ein Basketballstar als Drachentöter auftrat. Der Sieg über Chinas Nationalsymbol wurde dort als Provokation empfunden. Und so wie der Mensch in der klassischen Kultur Chinas sich als Teil und Verbindungsglied von Himmel und Erde, und nicht als Beherrscher der Natur, begreift, so versucht er auch, sich die Kraft des Drachen als Symbol der Naturkraft des Yang zunutze zu machen, indem er auf ihm reitet. Die Adepten, die es geschafft haben, sind die Unsterblichen und die Weisen, und deren Nachfolger sind die Meister der Kampfkünste, die ihre innere Natur nicht abgetötet, sondern entfaltet und gezähmt haben.

»Von den [echten] ›Unsterblichen‹ steigen manche mit hoch aufgerichtetem Körper zu den Wolken empor und fliegen dort ohne Flügelschlag umher, manche reiten auf dem Dunst mit vorgespanntem Drachen bis hinauf an die Stufen des Himmels, manche verwandeln sich in Tiere und Vögel und durchstreifen die blauen Wolken, manche tauchen tief in die Flüsse und Meere oder flattern zu den Gipfeln berühmter Berge ...« (Ge Hong)[8]

Symbolisch bedeutet das Bild, den Drachen zu reiten, auch die Bewältigung der Schwierigkeit für Nicht-Chinesen, eine chinesische Kunst zu erlernen:

»Westliche Schüler ... müssen sich zuerst ein Verständnis für
die chinesische Art, zu denken, zu fühlen und sich auszudrücken aneignen, um überhaupt vom Studium (...) profitieren zu
können. Wir wissen aus eigener Erfahrung, dass das nicht
leicht ist; es ist, als wolle man einen Drachen reiten.« (Zhang
Y. H./K. Rose, S. 20)

Mir war es vergönnt, den Drachen in doppelter Hinsicht reiten zu
lernen: einmal durch das Eindringen in das »Chinesische« und
zum andern – davon natürlich nicht zu trennen – durch die Meis-
terung von Taijiquan als Weg zu dessen Essenz, der inneren Kraft.

Kapitel 1 Auf der Welt

möchte wie du sein, sagte ich.

warum?, fragte mein drache.

groß, stark, unbesiegbar, weise, sagte ich.

ich komme aus einem ei, sagte mein drache.

du meinst, ich muss erst ins ei zurück?

eben, sagte mein drache.

Ich wurde am 27. 9. 1944 in Hersfeld, Hessen, geboren, in einer Bombennacht bei Kerzenlicht. Mutter war vor den Angriffen von Fulda nach Hersfeld ausgewichen und ich, von – wie ich annehme – glücklichen Eltern Weihnachten 1943 im Kriegsurlaub ge zeugt, kam zum Ausgleich bei Kerzenlicht und Flugzeuglärm auf die Welt. Doch meine Stimme, so soll die Hebamme gesagt haben, war auch ganz schön laut. Aufgewachsen bin ich ab dem zweiten Lebensjahr in Bad Wildungen, Nordhessen. Vater war erst Studienrat, dann Oberrat mit Hauptfach Musik, und Chorleiter, Mutter gelernte Sport- und Hauswirtschaftslehrerin und Hausfrau. Eine normale Kindheit mit zwei Schwestern und mir in der Mitte. Vater meist muffig und ein Meister der emotionalen Erpressung, dazu liebevoll-distanzlos in schwachen Momenten, Mutter deprimiert durch die Probleme der Nachkriegszeit und ihre durch das Patriarchat im Haus niedergehaltene Lebenslust, tüchtig und sorgend für uns Kinder, aber ohne Zärtlichkeit. Trotzdem danke. Sie wurde hunderteins, Vater starb mit zweiundsiebzig, drei Monate nach einer OP, an Herzversagen.

Starker schwacher Vater, kalte Mutter: das »Es war einmal«-Vaterhaus von einem, der auszog, das Lieben zu lernen.

»Jahrhundertelang hat man uns die all-umfassende Liebe als Allheilmittel empfohlen; sicher zu Recht, aber leider ohne rechten Erfolg. In der Theorie weiß ein jeder von uns, dass

eine all-umfassende Liebe die Lösung aller Probleme bedeuten könnte. In der Praxis aber verhalten wir uns immer so, als ob diese Wahrheit gar nicht existierte. (...) Gleich, was auch die Anlässe sein mögen, Nicht-Liebe neigt immer dazu, wiederum Nicht-Liebe zu erzeugen, und es bedarf der Kraft der Liebe, um sie wieder in Liebe zu verwandeln. Zum bloßen, nackten Leben braucht der Mensch Nahrung, Wasser und Luft, welches aber sind die Voraussetzungen für ein eigentlich glückliches Leben? Die Antwort ist immer wieder:
Ich will geliebt werden,
ich will lieben.
Ich will geliebt werden,
ich will lieben.
In tausenderlei Gestalt, hinter zahllosen Masken meldet sich unaufhörlich der Hunger nach Liebe, stärker noch als nach Nahrung. Das geht durch alle Klassen und Rassen, findet in jedem Klima statt, unter allen Völkern. Überall meldet sich dieser Hunger nach Liebe, ob unter dem steinernen Gesicht des Zuchtmeisters oder der Hysterie des Eiferers, dem schmierigen Gebaren des Machtmenschen.

Man werfe nur einen Blick auf die daraus entstehenden Krankheiten, seien sie nun körperlicher oder seelischer Natur; auch Straftaten finden oft ihre Ursache im Hunger nach Liebe, manchmal sogar der Tod. Ganze Generationen von Familien vererben diesen Mangel weiter, bis endlich ein Rebell den Ausbruch wagt. Solltest du einer solchen Familie angehören: Sei *du* der Rebell, durchbrich *du* die Kette.« (L. A. Huxley, S. 13 ff.)

Liebe

Zu Papa am Sonntagmorgen ins Bett zu krabbeln, sein etwas
säuerlicher Geruch, sein kratzendes Nachthemd, das immer züchtig lang war, er züchtig reserviert mir gegenüber; von Papa Schuhe
gekauft zu bekommen, Cowboystiefel, die sonst keiner hatte – auf
dem Weg zum Kindergarten, etwa einen Kilometer, schaute ich nur
diese an; mit Papa in die Jugendvorstellung ins »Capitol« zu gehen, obwohl ich eigentlich noch zu klein war, und »Tom Mix«, den
Westernhelden im weißen Hemd und mit schwarzem Hut zu sehen; von Muttis Schwester, Tante Trude, und von Omchen, ihrer
Mutter, wenn sie, beide warmherzig, zu Besuch waren, die Knie
verpflastert zu bekommen, weil ich mich mit dem Fahrrad des
Nachbarn langgelegt hatte; den Teddy unter den Nacken gelegt zu
bekommen, wenn ich Nasenbluten hatte, weil ich vom Baum gefallen oder gesprungen war; von Elke, meiner älteren Schwester,
am ersten Tag im Kindergarten vor einem rüpelhaften »Großen«
beschützt zu werden; von Tante Hilde, einer üppig blonden entfernten Verwandten, die nach dem Krieg bei uns lebte, gebadet und
abgetrocknet zu werden, wobei ich ihr immer stolz meinen Pimmel
zeigen wollte und mich nicht traute; Papa von der Schule zu er-
warten und mit ihm aufs Klo – im Treppenhaus – zu gehen und
ihm beim Pinkeln zuzuschauen, er mich aber ablenkte und mich
aus dem Fenster schauen ließ, was mein Vertrauen irritierte, aber
nicht erschütterte; wenn Elke mir, als ich noch nicht lesen konnte,
aus den von Papas Schülern eingezogenen »Schundheften« über
den Wilden Westen, »Tom Prox« oder »Billy Jenkins«, trotzdem
heimlich vorlas, obwohl sie eine Augenentzündung hatte und nicht
lesen sollte; meine erste Klavierstunde beim gestrengen Fräulein
Neumann, wo ich mit Schlittschuhen vom Eislaufen hinkam; sie
zeigte mir freundlich, wo ich die nassen Dinger hinlegen konnte ...

Nicht-Liebe

Als ich als ausgewählter Kindergarten-Knabe, zusammen mit einer auserwählten Maid, bei der Hochzeit einer Kindergärtnerin auf der dörflichen Feier dabei sein durfte und mir ein alter Mann versprach, mich mitzunehmen, damit ich seine Gänse hüten sollte, und niemand meine Panik ernst nahm; wenn Mutti mir androhte, wenn ich nicht essen wollte oder sonst wie sperrig war, mich in die Höhle – die es wirklich gab – zu bringen, zu den Zwergen, und ich nicht wusste, ob sie es ernst meinte, weil ich ihre leichte Belustigung über meine Angst nicht zu deuten wusste; wenn mich auf meinem Schulweg ein Mann aus seinem Vorgarten heraus mit hässlichen Grimassen und bösen Sätzen bedrohte; wenn Mutti uns Kinder mit den hölzernen Stangen vom Wäschetrockner, der über dem Küchenherd hing, verdrosch, sodass wir, wie durch einen pawlowschen Reflex, schon bei ihrer Geste zum Herd hin Ruhe gaben – sie tat das im Affekt und war nicht boshaft, sie stand in der Familie sehr unter Druck; wenn Papa eine Ohrfeige mit einem bösen Blick austeilte, der mehr schmerzte als diese – meine seltene Tracht Prügel wurde immer angekündigt, sodass ich Zeit hatte, einen Pullover in die Lederhose zu stopfen, auf die er dann mit der Hundeleine so gezielt schlug, dass er vermied, meine nackten Beine zu treffen – weil er den Pullover am fremden Ort bemerkt hatte; wenn er angetrunken nach der »Liedertafel-Männergesangsvereins-Probe« hinter uns Kindern herlief und uns abzuknutschen versuchte ...

Vater und Mutter ehren

Meinen Vater habe ich geliebt, aber meine Mutter? Sie war immer da, fürsorglich, sachlich bis brummig. Weibliche Zärtlichkeiten bekam ich nur von den mütterlichen Frauen der Verwandtschaft. Mir scheint heute, dass ich einen Pakt mit meinem Vater geschlossen hatte: Weil meine Seele bei meiner Mutter keinen Hafen fand, verschrieb ich sie ihm – mit dem Versprechen, alles zu tun, was er von mir erwartete, damit ich meine Einsamkeit nicht spüren musste. Anlass war offenbar die Geburt meiner kleinen Schwester, als ich zweieinhalb war; offenbar war ich bis dahin ziemlich gut beieinander und selbständig im Haus und in der Umgebung unterwegs, hatte wohl davor auch eine Typhuserkrankung meiner Mutter, die ich nur von der Tür aus im entfernten Bett im Krankenhaus sehen durfte, gut ausgehalten, aber die Geburt meiner Schwester hatte mich dann traumatisiert, weil ich, wie damals üblich, überhaupt nicht darauf vorbereitet wurde. Da geschah wohl dieser Seelenverkaufspakt mit meinen Vater, aus dem er mich nie entlassen hat. Mit meiner Mutter verband mich ein Gefühl, mich auf sie verlassen zu können, das sich immer bestätigt hat, aber das Bedürfnis, von ihr geliebt zu werden, hatte ich verdrängt und mich stattdessen verdingt, mir die Liebe meines Vaters zu verdienen. So war's.

Dr. Faust

Die Legende erzählt, dass Faust nach Erkenntnis strebte und, weil er sie nicht fand, dem Teufel seine Seele vermachte, damit er ihm dazu verhelfe. Das ist nicht wahr, denn er hatte keine Seele mehr, als er dem Teufel begegnete, und seine Erkenntnis war auch nicht des Teufels.

Als Faust ein Kind war, das sich noch nicht wehren konnte, wurde ihm seine Seele genommen. Die genauen Umstände dieser Tat liegen im Dunkeln, aber so viel scheint festzustehen, dass eine Person, an die das Kind seine Seele vorübergehend angehängt hatte, plötzlich und unerwartet verschwand und die Seele mit ihr.

Das Loch im Leib, das die Seele zurückließ, war sehr groß, ja beinah größer als der Leib selbst, sodass es ein Wunder war, dass dieser nicht einfach in sich zusammenfiel.

Doch zunächst hielt der gestaute Atem des Erstaunens, das Faust überkam, als er spürte, dass etwas zu fehlen begann, den Leib in seiner bisherigen Form zusammen, und bevor das Erstaunen der Erkenntnis des Loches weichen und der Atem in einem Schrei dieser Erkenntnis den Weg in den Leib freimachen konnte, damit dieser, um nicht zu verderben, handle – bevor also das Leben weitergehen konnte, um den Tod in jenem Loch zu finden –, erschien der Teufel.

Er kam und trat an die Stelle des Lochs. Faust war gerettet: Er konnte den Blick von jenem Loch wenden und auf den Hinzugekommenen richten, er musste nicht schreien und erhielt die Form seines Leibes. So schlossen sie denn einen Pakt: Faust behielt Leib, Leben und das Vermögen, sich in einem im Erstaunen erstarrten Blick auf den Teufel in der Welt zu bewegen; der Teufel erhielt den Leib, der ihm folgte. Dafür verpflichtete sich Faust, den Blick nie auf sich selbst zu richten, damit sein Erstaunen nicht der Erkenntnis weiche. So würde er von der Erinnerung an seine Seele, die beim Anblick des Loches auftauchen würde, und von allen Schmerzen geschützt sein.

Das Leben kam, und Faust wuchs heran und lebte ohne Schmerzen, den Blick auf den Teufel gerichtet. Ging Faust mit anderen Menschen um, so war dieser in jedem, mit einem kleinen Teil seines selbst, anwesend – sei es ein Auge, der Bart, ein Mundwinkel –, den Faust immer wiedererkannte und so sicheres Geleit hatte.

Das ist eine Geschichte.

Eine zweite handelt davon, wie Faust frei werden wollte vom Teufel, weil er durch Zufall erfahren hatte, das er einst eine Seele besessen, wie er mit dem Teufel kämpfte, wie er die Person suchen ging, die seine Seele einst mit sich fortnahm, wie er bemerkte, dass er sie, sehr verborgen, in sich trage, und wie er die Chance hatte, sie von einer anderen Seele finden zu lassen, und wie er sie verspielte und was er dabei anstellte. ☙

Die Geschichte vom Dr. Faust habe ich in der ersten Zeit meiner Analyse (1973–1980) geschrieben (1976). Sie war geprägt von der Ahnung eines tiefen Schmerzes, an den ich aber nicht »herankam«, wozu der Analytiker dann einmal sagte: »Keine Bange, Sie kommen an den Schmerz.« Und als mich der Schmerz schließlich erreichte, entstand diese Geschichte (und noch ein paar weitere).

»Jeder, der sich auf die Reise des Helden macht, muss sich unvermeidlich mit dem verlassenen, gedemütigten Kind in sich liebevoll beschäftigen. Er muss seiner frühkindlichen Angst, Trauer und Ohnmacht begegnen, damit seine Neugier, Wunschkraft, Offenheit und Lebenslust wieder erwachen können.« (L. Müller, S. 32)

Musik und Theater

Eine normale Schulzeit: Volksschule, Gymnasium, Abitur. Meine schauspielerische Begabung wurde eigentlich nur in der Schultheatergruppe anerkannt, denn immer, wenn ich den Lehrer reingelegt hatte, indem ich vorspielte, wie schlecht mir sei, damit ich die sechste Stunde, Religion, schwänzen konnte, erfuhr es der Vater im Lehrerzimmer aus erster Hand und drohte mir, mich von der Schule zu nehmen. Mit meinem schauspielerischen Talent an dieser Stelle konnte er nichts anfangen. Ich sollte Sesselfurzer, Verzeihung: Inspektor, bei der Stadt werden; ein besserer Rat wäre gewesen, mich zur Schauspielschule zu schicken.

Vaters Haltung meinen Fähigkeiten gegenüber war ambivalent, ein »Doublebind« sozusagen. Nach einer Aufführung von zwei Tschechow-Stücken, jeweils Drei-Personen-Einakter, in denen ich einmal der Hauptdarsteller (*leading man*) war und einmal eine Nebenrolle hatte (*supporting actor*), erzählte er mir stolz, ein wichtiger Mensch der Stadt habe ihm gesagt, dass man doch wisse, was sein Sohn werde, und fügte mit Hundeblick hinzu: »Wirst du doch nicht, oder?«

Noch vor dem Stimmbruch, als Sopran, durfte ich den »jungen Hirtenknab« im Duett bei einer Schulfeier singen. Später, im Chor, nach dem Stimmbruch, war ich der Lauteste und durfte auch eine Solokantate von Telemann mit Kinderchor singen. Die Proben waren am Montag, und meine raue Naturstimme war dann noch schön tief vom Wochenendbier. Leider fand die Aufführung am Mittwoch oder Donnerstag statt, und die Stimme, ohne Vorabendbier (hatte einfach nicht daran gedacht), war nicht mehr tief. Was tun? Bier ging nicht, das hätte mich müde gemacht. Und der Schnaps, den ich noch schnell zu Hause hinunterkippte auf Anraten des Vertrauenslehrers, der an der ersten Geige des Schulorchesters saß, machte sie nicht sonorer, sodass nach dieser Aufführung niemand sagte, da wisse man doch, was der werde. Aber singen wollte ich, seit ich sechzehn war, Opernsänger wollte ich werden. Ich zog Papa, inzwischen »Vatter« für mich, wann immer er greifbar war, ans Klavier zur Begleitung und sang Arien aus Opern und Oratorien. Auch der Klavierlehrer, der leider Fräulein Neumann abgelöst hatte, Kantor der Stadtkirche, wurde von mir dazu überredet, mich als »Leporello« zu begleiten, statt ihm Chopin vorzuspielen, was sein Busch'sches Lehrer-Lämpel-Gesicht noch mehr so aussehen ließ, als liefe gleich der Tropfen aus der Nase, der bei kaltem Wetter immer daran hing. Auch er prophezeite mir keine Sängerkarriere, so wenig wie der Chorsänger am Staatstheater Kassel, den ich dann etwa ein halbes Jahr lang einmal wöchentlich zum Unterricht aufsuchen durfte für fünf Mark die Stunde, immerhin von Vater bezahlt. Meist trampte ich mit dem leeren Geigenkasten unterm Arm, der die Autofahrer bewegen sollte, mich die vierzig Kilometer nach dorthin mitzunehmen. Dort sang ich Übungen aus dem »Kleinen Hey« wie »Alle waren arme Waller da«, »Droben thronen fromme Nonnen«, »Spitzfindig ist die Liebe, sie minnt nicht immer blindlings« (was offenbar stimmt), aber es nutzte alles nichts, und der Lehrer eröffnete mir zum Abschluss meine halbjährigen Ausbildung, aus der klassischen Gesangskarriere werde wohl nichts werden – doch als »lachender Vagabund« wie Fred Bertelmann zur Gitarre hätte ich sicherlich durchaus Chancen. Heute empfinde ich das als Kompliment, weil der Bertelmann gut sang, aber damals mochte ich das Genre nicht und dachte daran, mich auf dem Heimweg im Zug unter denselben zu schmeißen; oder wohl eher dahinter, denn es war eine klammheimliche masochistische Freude dabei, es dem Vater recht gemacht zu haben, indem ich versagte. Er hatte ja sowieso nicht an mich geglaubt. Beim Begleiten sagte er mal: »Du hast eine herrliche Stimme, aber wenn du Sänger werden willst, so ist das so, als wenn Dörte (meine kleine Schwester) Pianistin werden wollte.« In Bezug auf sie hatte er sicher recht, Clementi-Sonatinen und Notenbüchlein der Anna Magdalena mit

vierzehn berechtigen nicht zu der Hoffnung auf eine Pianisten-
karriere, die Dörte im Übrigen auch gar nicht erwog und mir deswegen sicher auch nicht böse ist, dass ich das hier schreibe.
Ich sei nicht weich genug, um Sänger zu werden, meinte mein
Vater. Da hatte er wohl wieder recht, denn ich war verpuppt und
widerborstig. Aber zu weich zu sein war auch nichts, denn der
weiche Schüler, der Sänger geworden war und mir als Vorbild
anempfohlen wurde, scheiterte später in diesem Beruf und wurde
unter ungeklärten Umständen tot aufgefunden, nachdem er seine
kaum begonnene und schon unterbrochene Karriere nach langer Ehepause als Chorsänger an einer kleinen Bühne fortsetzen
wollte. Zu weich ist eben auch nichts.

Den Körper ertüchtigen

Beim Sport war ich faul. Von dreizehn bis sechzehn spielte ich Fußball im Verein bis zur B-Jugend, wurde dann nicht in die A-Jugend übernommen – fehlte zu oft beim Training –, sondern nur in die zweite A-Jugend, die den treffenden Namen »Whisky-Truppe« trug und die abgelegten Trikots der ersten Mannschaft auftragen durfte. Immerhin, es waren elf beim sonntäglichen Vormittagsspiel, auch wenn manchmal unser Torwart aus dem Bett geholt werden musste, wo er noch seinen Samstag-Abend-Rausch ausschlief. Irgendwann wollte ich das nicht mehr und wechselte in die neugegründete Boxabteilung. Ich bestritt drei Kämpfe: Im ersten wurde ich nordhessischer Juniorenmeister im Halbmittelgewicht (es gab nur einen Gegner) und beim dritten und letzten übel verdroschen bei der Hessenmeisterschaft. Immerhin erschien ein Foto von mir in der Heimatzeitung – die Meisterschaft war auch noch ein »Heimspiel« –, auf dem ich aus dem Ring flog. Dieses Bild bewahrte Vater sorgfältig in seiner Brieftasche auf, um allen zeigen zu können, dass es dem Sohn recht geschieht, wenn er nicht auf den Vater hört, der natürlich gegen das Boxen gewesen war: »Unsre Familie kann das nicht!«

Es hatte aber an meiner Kurzsichtigkeit gelegen, und diese Einsicht bewog mich, auf künftige Blumenkohlohren bei den Senioren ab achtzehn zu verzichten. Also wechselte ich in die Schwimmabteilung, um mit meinen guten Schwimmer-Freunden zusammen zu sein. Ich war aber kein guter Schwimmer, und so richtig wollte mir auch niemand zeigen, wie ich es werden konnte. Offenbar dachte man, ich könne gut schwimmen, weil ich ja in der Schwimmabteilung aufgenommen und meine Mutter Sportlehrerin war, und so wurde ich einmal – ersatzweise – zu einem Wasserballspiel mitgenommen, bei dreizehn Grad zu Wasser und zu Luft. Auch hier versagten leider wieder meine kurzsichtigen Augen: Zwar übersahen sie nicht wie im Boxring die Schläge des Gegners, aber hier, knapp über dem Wasser, nahmen sie nur das Blau-Weiß auf den Badekappen wahr, sodass Freund – die blauen Kappen mit weißen Nummern – und Feind – die weißen mit den blauen Nummern – (oder war es umgekehrt?) eins waren und beide Seiten von mir den Ball bekamen, wenn ich ihn mal hatte. Nach fünf Minuten verließ ich das Becken und die Schwimmabteilung, endgültig.

Die Liebe ist ein seltsames Spiel

wie kann ich die menschen lieben?, fragte ich.
küss mich, sagte mein drache.
wie eklig! das meinst du doch nicht ernst, sagte ich.
eben, sagte mein drache.

Ich war schüchtern. Das Rumgeknutsche auf den Partys war nichts für mich, ich wollte es ernst meinen und lief während der letzten Schuljahre einer Angebeteten nach, die mich gern erhörte, indem sie mit mir auf eine Party ging. Sie zog dann aber mit ihrem Freund ab, von dem sie vorher gerade mal wieder getrennt gewesen war und der dann zufällig auftauchte, um sie abzuholen und sich mit ihr zu versöhnen. Und wenn ich sie dann doch mal nach Hause bringen konnte, weil er nicht kam, wagte ich nicht den Kuss. Und wo ich ihn wagte, zerriss meine Eifersucht mögliche zarte Bande. Einmal, als die andere, zuvor wirklich Geküsste von einer Reise nach Paris mit Papa und Mama auf einer Postkarte berichtete, dass sie einen Mitschüler zufällig dort getroffen hatte, war es aus. Und die Mädchen, die sich für mich interessierten und mir nachstellten, ließ ich abblitzen, obwohl sie mir gefielen. »Pfui, wie unnatürlich, ein Mädchen, das einem Mann zeigt, dass sie ihn will!«, sagte meine Angst, und ich spielte lieber Theater und machte Musik.

So knapp wie dieser Absatz waren meine Erfahrungen unter diesem Titel. Ich blieb jungfräulich bis ins einundzwanzigste Jahr. Das erste Mal geschah dann mit einer welschschweizerischen Studentin, bei der ich Französisch (die Sprache) lernte, weil ich mir vorgenommen hatte, endlich meine Jungfräulichkeit zu verlieren. Aber trotz verschiedener Tinkturen von Beate Uhse, die mir aufhelfen sollten, es aber nicht taten, zeugte ich nur eine

Kopfgeburt – nicht liebesfähig. Eigentlich fand ich sie nämlich
nicht besonders anziehend, hatte aber eben gedacht, jetzt müsste
es doch endlich mal sein; aber meiner »unteren Männlichkeit«
war das egal.

wie kann ich mich selbst lieben?, fragte ich meinen drachen.
das ist sehr einfach, sagte er.
meine brut in dir, die ich dir ließ, aufziehen wie deine eigene.
wie meine eigene brut?, fragte ich.
eben, sagte mein drache,
deswegen musst du dich um meine kümmern.

»Im Herzen der Menschen gibt es leere Orte,
und in sie dringt das Leid ein,
damit sie fühlbar zu existieren beginnen.«

LÉON BLOY

Schaupiel oder Gesang

Abitur geschafft. Normal geschummelt, aber auch brav gelernt: »Kondensator« in Physik, und in Englisch etwas über irgendeinen Schriftsteller wie in Trance auswendig hergesagt. Ich wusste nämlich, was in der Mündlichen drankommen würde, weil mein Vater die Ergebnisse der Konferenz in sein Büchlein eingetragen hatte und in seinem Arbeitszimmer offen einsehbar rumliegen ließ, sodass ich alle Mitschüler, zumindest die, die ich für wert befand, informieren konnte. Alle legten dann ein prima Abitur hin. Meinen Vater nannte ich inzwischen »Alwin«, obwohl er gar nicht so hieß. Aber es hatte mal jemand bei uns angerufen, war falsch verbunden gewesen und hatte nach »Alwin« gefragt. Er ließ es resigniert geschehen.

Ich wollte dann nach Berlin, Theaterwissenschaften studieren. Berlin reizte mich. Da hatte ich auf einer Klassenfahrt im Foyer der Komischen Oper den Tenor Peter Pears und seinen Lebensgefährten, den Komponisten Benjamin Britten, gesehen. Sie waren dort Zuschauer gewesen wie ich, mit seltsam roten Gesichtern und »*absolutely not amused*«. Ob es an der Aufführung lag (ich glaube, es war »Don Giovanni«, von Felsenstein inszeniert, auf Deutsch gesungen) oder ob sie immer so aussahen, wusste ich natürlich nicht. Die Uni in Berlin wollte mich aber nicht, und so ging ich nach Frankfurt am Main und schrieb mich für Musikwissenschaft und Germanistik ein, Berufsziel: Dramaturg. Aus Studium und Berufsziel wurde nichts, weil ich hauptsächlich Studententheater spielte, und das mit Erfolg: Gastspiele in Istanbul, Bedford (GB) und Parma. Im Teatro Reggio in Parma ging der Bürgermeister wieder, als er sah, dass wir nicht auf ihn gewartet hatten – unser Stück, eine Pop-Version von »Don Carlos«, war so inszeniert, dass es schon lief, bevor jemand kam, und sei es der Bürgermeister. Und wir traten auch in Paris auf, im ehrwürdigen Theatre Vieux Colombier, in dem schon Antonin Artaud, damals einer meiner Säulenheiligen, aufgetreten war. Kopf unseres Studententheaters »Neue Bühne« war mein Freund Wieland, der heute ein recht erfolgreicher Filmproduzent ist; ich war der Bauch, und in dieser Konstellation wirkten wir auch bei der Experimenta 1 1966 an den Städtischen Bühnen Frankfurt mit: Darsteller, Regie und Komposition (!). Ein Schauspieler, für den ich eine Szene mit musikalischen Collagen gebastelt hatte, bekam darin Szenenapplaus, was nun mal hochbefriedigend für einen Schauspieler ist. Der hat mich seitdem heiß geliebt und unterstützte mich auch, als ich mich später bei den Städtischen Bühnen als Schauspieler bewarb. Ich wurde trotzdem nicht genommen – aber das ist eine andere Geschichte.

Daneben war ich noch Statist an der Frankfurter Oper, hatte einmal sogar eine »tragende« Rolle in Aussicht: der Figaro in Rossinis »Barbier« sollte auf einem Esel zu seiner Auftrittsarie hereintraben. Das Vorderteil verbarg mich, da das Tragetier mit musikalischen Fähigkeiten versehen sein sollte damit es taktgenau mit dem »I-a« auf das »Lalalalera« des Mannes auf dem Eselsrücken, für den wiederum ein Statistenkollege herhielt, antworten konnte.

Die Rolle wurde aber leider nach der ersten Orchesterprobe gestrichen – es singt sich eben nicht gut im Eselskopf – wie später die ganze Inszenierung vom damaligen Intendanten Harry Buckwitz, dem sie wohl zu poppig war, auch ohne mich als Esel. Eigentlich war mir der Gesang wichtiger als die Schauspielerei. Zu meinen ersten Unternehmungen in Frankfurt gehörte das Vorsingen bei fünf verschiedenen Lehrern und Lehrerinnen, die mich fast alle genommen hätten, einer sogar mit dem Verdacht auf Tenor (ich bin Bariton), weil er selbst mal einer war. Ich wählte schließlich einen ungarischen Lehrer an der Musikhochschule, auch weil es bei ihm einen Bonus zum »praktischen Fach« für Musikwissenschaftsstudenten gab und so der Unterricht kostenlos war. Eine Aufnahmeprüfung bei Frau Prof. Pitzinger musste ich trotzdem machen und sang »Trockne Blumen« aus der »Schönen Müllerin« von Schubert vor. Sie sagte zu meiner Darbietung nur »Ach ja«, was aber eher ihre Langweile denn Gerührtsein ausdrückte. Ich weiß nicht, ob ich immer noch zu wenig weich war, aber auf jeden Fall brachte mich der strenge Unterricht des Lehrers, den er seinem Unglück mit viel Kraft abrang, nicht voran – als ungarischer Jude 1956 emigriert, rassisch und politisch verfolgt, nervenleidend, konnte er mit seinem tollen Bariton keine Karriere machen. Und bei mir war außer »Schreien« nichts gewesen, und das konnte ich doch schon während meiner Schulzeit.

Mein ohnehin rudimentäres Studium brach ich nach sechs Semestern ab, als ich nach Kassel ans Staatstheater als Opernregieassistent ging. Durch den Kontakt zu dem Chefdramaturgen, den ich aus Vorträgen in Bad Wildungen kannte und den ich bis auf die offenbar handgestrickten Wollsocken sehr bewunderte, durfte ich in den Semesterferien bei Verdis »Macht des Schicksals« hospitieren. Der Regisseur, dort Oberspielleiter, lud mich mit der Bemerkung, ich sei so schön ruhig, ein, sein Assistent zu werden.

Vater war geschockt, und zu unser beider Beruhigung ließ ich mir noch schnell ein Thema für eine Doktorarbeit bei einem Studienkollegen von ihm, Prof. der Musikwissenschaft in Frankfurt, geben und handelte mit dem Intendanten in Kassel aus, dass ich einen Tag im Monat nach Frankfurt fahren durfte, um meine Arbeit zu vollenden. Ich gab an, dass ich das natürlich locker schaffen würde. Außer einem Stapel Karteikarten, beim freundlichen Theaterabteilungsleiter der Unibibliothek in Frankfurt ausgefüllt, kam zum Glück nichts weiter zustande, denn später erschien ein Buch mit meinem Thema über die »Frankfurter Oper von bis«, aber das war dann nicht von mir.

Die zwei Jahre in Kassel waren schön, trotz des Status, weiterhin zur Riege »der sexuellen Hungerleider der Studentenschaft« zu gehören (ich war ja noch immatrikuliert; von wem das Zitat stammt, weiß ich leider nicht mehr): Es gab in dieser Zeit kurze Kontakte mit einer Schülerin, die mich wohl toll fand, weil ich am Theater war – ich hatte bis dahin noch nie und auch nie mehr danach jemanden erlebt, der so viele Sachen übereinander anhatte –, und eine etwas längere Liaison mit einer Frau, die ihre Wohnungswände mit schwarzem Trauerflor angemalt hatte und auch sonst das Dunkel liebte und mich, wie passend, über Nacht verließ. Außerdem hatte ich Nicht-Kontakt mit zwei Sängerinnen, die Interesse an mir zeigten; vor der einen, einer attraktiven, drallen Holländerin, hatte ich einfach Angst, und die andere, mit Verlaub, fand ich hässlich.

Heimlich sang ich weiter, ohne Lehrer, obwohl der Chorsänger, der mir die Bertelmann-Gitarre verpassen wollte, ja durchaus greifbar gewesen wäre. Außerdem spielte ich kleine Rollen – als Leopold im »Rosenkavalier« durfte ich Mägde jagen und dabei in ein (echtes) Kotelett beißen – und inszenierte eine Nachtvorstellung »Musikalisches Theater« mit Stücken von Kagel, Cage und Ligeti, die einen überaus zustimmenden Dreispalter im Feuilleton der FAZ erhielt und den Verwaltungsdirektor, der für diese Produktion fünfhundert Mark für die Ausstattung bewilligt hatte, zu der Aussage verleitete, er habe es den jungen Leuten, also mir und dem Bühnenbildassistenten, der sich von auswärtigen Firmen Geräte hatte erbetteln müssen, absichtlich schwer machen wollen, um zu sehen, wie wir mit Knüppeln zwischen den Beinen fertig würden. Diese »Knüppel« und die Antwort des Intendanten auf

meine Frage, ob ich bei einer Vertragsverlängerung eine neuerliche
Inszenierung bekommen würde (ja, als meine Verpflichtung, aber
nicht als die des Theaters!) bewog mich, den Vertrag zu kündigen.
Das musste bis Ende Januar geschehen sein für das Spielzeitende
im Juni. Erst war es gut, aber je näher der Juni kam, bedrängte
mich die Frage:»Was soll ich tun?« Vater war entsetzt, ich eigentlich auch.

Theaterautor

In den letzten Monaten meiner Zeit in Kassel, im Frühjahr 1969,
schrieb ich zwar keine Doktorarbeit, aber ein Theaterstück:»Eiskalt bis zum Ende«, ein»Western« für die Dramaturgentagung in
Baden-Baden, um es zusammen mit meinem Freund Wieland aus
Studententheatertagen in der dortigen Kunsthalle zu inszenieren.
Daneben studierte ich mit ihm als Regisseur ein Stück des Komponisten Dieter Schnebel quasi als»Pantomime« für ein Gastspiel
in Rom ein. Zu diesem Zeitpunkt war die Entscheidung schon
gefallen, im Herbst mit Wieland nach New York zu gehen, um
dort in der Ridiculous Theatre Company oder dem Theatre of the
Ridiculous (es gab zwei ähnliche Gruppen dieser Ausrichtung)
mitzuwirken; welches der beiden unser Ziel war, weiß ich heute
gar nicht mehr.

Mein Western war ein»Reduktionsstück«; die Idee war, ausge-
hend von der typischen Lakonie der Westerndialoge, die hier vom
Band kamen, die Aktionen der Darsteller, zwei Männer und eine
Frau, im Verlauf des Stückes immer mehr zu reduzieren. Ergebnis
war eine Szene, die etwa den Stücken Becketts glich (meine An-
sprüche waren hoch), nur wollte ich die Reduziertheit der Personen – im»Endspiel« von Beckett, man erinnert sich, ist der
Einzige, der noch laufen kann, der gehbehinderte Diener, der Herr
sitzt blind im Sessel oder Rollstuhl; die Eltern wohnen in Müll-
eimern – nicht als ontologische Behauptung, sondern als durch
einen theatralischen Kunstgriff entstandene Befindlichkeit zeigen,

die gleichwohl allen Raum für Assoziationen jeglicher Art erlaubte. Als jemand, der ein wenig von der »Kritischen Theorie« der »Frankfurter Schule« beeinflusst war, lehnte ich alles Ontologische (»die Lehre vom Sein«) grundsätzlich ab. Ich wollte kritisch sein.

Im Sommer 1969, fertig am Staatstheater, ohne wirkliche Zukunftspläne – außer dem Plan, im Herbst mit Wieland nach New York abzuhauen –, verwirrte ich meinen Vater nun völlig, als ich mich bei meinen Besuchen bei den Eltern – nicht im Mülleimer, sondern inzwischen in einem renovierten Bauernhaus auf dem Dorf lebend – als Cowboy verkleidet, Zigarillo im Mundwinkel, mit Spielzeugcolt durch das Anwesen bewegte; schließlich brauchte ich ja Lokalkolorit für mein Stück, das ich gerade beendete. Aber Harro, Vaters Schäferhund, liebte mich und ich ihn, was seltsam war, da wir uns doch kaum kannten. Für ein näheres Kennenlernen war dann leider keine Gelegenheit mehr, denn wenig später, als ich wieder unterwegs war mit meiner Musikanlage zu meinen Freunden in Frankfurt, um den guten Schwarzen Afghanen zur Musik der Doors zu genießen, wurde er vom Vater, »fachgerecht« im Wald erschossen und verscharrt. Mein Vater hatte den Hund als Welpen von meiner Schwester Dörte zur Pensionierung bekommen, und er war in dieser Zeit zum Hobby-Jäger geworden. Weil Harro dann zum zweiten Mal unbotmäßig den kläffenden Köter des Nachbarn gezaust und somit Vater, wie der meinte, im Dorf unmöglich gemacht hatte, musste der Hund eben weg. Damit war ich natürlich (auch) gemeint, der ich mich nicht an die Regeln hielt, wie sie im dörflichen Leben gelten; Animalisches, wenn auch hündischer Natur und noch nicht die eines Drachen, durfte es im renovierten Dorfhaus nicht geben, das ausgestattet war mit selbst erlegtem Getier, fachgerecht ausgestopft, immerhin von ihrem Erleger selbst. Als das Besteigen eines Hochsitzes für ihn dann zu beschwerlich wurde, schoss Vater den Bock im Morgengrauen mit dem Fotoapparat statt mit der Flinte, und das Animalische überlebte im Haus in Form von Fischen im Aquarium und eines kümmerlichen Jagdhundes, der eigentlich schon vom Züchter hätte eingeschläfert werden sollen. Der Hund war froh um ein frühes Gnadenbrot, für das er außer Gehorchen nie etwas tun musste, denn die Jagd war ja vorbei.

Mein Stück wurde schließlich aufgeführt – nicht nur eines, sondern sogar zwei Stücke! – bei der Dramaturgentagung 1969, vom Theater Baden-Baden in der Kunsthalle ebendort, Regie: mein Freund Wieland und der Autor. Die Kunsthalle war gefüllt mit landwirtschaftlichen Produkten, Kartoffeln, Rüben und was es in der Jahreszeit so gab (es muss Spätsommer oder früher Herbst gewesen sein), dazwischen hölzerne Sitzgelegenheiten, aber auch Säcke zu diesem Zwecke, und das erlauchte Publikum bekam Äpfel als Eintrittskarten, die von Henner, einem echten Freak mit Rauschebart, ein Stück rausgebissen bekamen, weil sie ja keine Perforierung hatten, an der man sie hätte abreißen können. Das war für die Besucher schon mal erstaunlich, und sie legten die abgebissenen Äpfel zu den anderen Früchten, statt sie aufzuessen, und verhielten sich auch sonst sehr reserviert der ganzen Veranstaltung gegenüber. Ganz anders einige fortschrittliche Dramaturgen – schließlich war es die Zeit von Fluxus und Happening –, die meinten, sie dürften mitspielen, auf die Bühne krabbelten und den Schauspielern am Wams zupften oder irgendetwas Blödes mit den Kartoffeln machten. Das ging so, weil die Schauspieler, die ja immer reduzierter wurden, sich nicht wehrten und wohl auch gar nicht damit gerechnet hatten, dass da die Theater-Intelligenz sich derart entblöden werde.

Auch das zweite, unmittelbar darauf folgende Stück, »Tyrannenmord«, vom Regisseur und mir verfasst, wurde nicht verstanden. Es dauerte ungefähr anderthalb Minuten und handelte von der Ermordung Abraham Lincolns (Wieland) durch J. W. Booth (Autor). Als im Stück Booth Lincoln in der Theaterloge erschoss, sprang dieser dafür auf die Bühne und in das Ende von »Eiskalt bis zum Ende« und rief, historisch getreu: »Sic semper tyrannis!« aus, in der einen Hand die Schusswaffe, in der anderen ein Messer. Genau wussten wir beiden Produzenten auch nicht, was das sollte, aber zumindest war es dann eine adäquate Reaktion auf die laue Aufnahme des Publikums. »Unordentliche Ansätze« befand die Frankfurter Rundschau in einer Kritik meines Stückes, recht hatte er damit, der Herr Iden.

Lust

Bei den Proben in Baden Baden ereilte mich dann, zum ersten Mal in meinem Leben so heftig, der Drang des Sexus. Zur Darstellerin, die in dem Stück mitwirkte, zog es mich mit aller Kraft. Sie nahm mich mit zu sich, in ihr Bett. Nebenan saß der Freund, der sich um den kleinen Sohn, vielleicht vier oder fünf, wie ein Vater kümmerte, der er gar nicht war. Ab und zu kratzte er an der Tür, wenn das Kind schlief – nicht, um Einlass zu begehren, sondern um sein Leid zu zeigen, dass die geliebte Frau mit einem anderen im Bett war. Das Ganze hatte schon etwas Gespenstisches. Aber es war ja die Zeit der freien Liebe, und alle, die »in« sein wollten, bemühten sich nach Kräften darum; trotzdem war ich heillos überfordert.

Diese Kraft zur Hingabe bis zur Selbstaufgabe in völlig orientierungsloser Zeit, in der einzig meine Abreise nach New York im November feststand, die Mischung aus Selbstaufgabe und Widerstand bei der Frau und auch ohne Orientierung, ob und wie das weitergehen könnte – das war meine erste Erfahrung von Drachenkraft, aber es war die Kraft eines entfesselten Drachen, auf dem ich nicht ritt, sondern der mich mitschleifte, manchmal durch die Luft, immer öfter durch den Dreck.

Es war also auch eine Art Flucht, mich Wieland anzuschließen, der immer der Kopf in unserer Künstlerbeziehung war. Den Schmerz, mich von Erfahrungen und Gefühlen, die so neu und wunderbar waren, zu trennen, ertrug ich irgendwie. An einem nebligen Novemberabend (so war es wirklich) fuhr der Zug von Frankfurt aus los, nach Brüssel. Von dort ging es mit Iceland Air in die Staaten, und ich ließ die verzweifelte Frau zurück, die den Sohn beim Freund geparkt hatte. Mir war elend.

New York – Erwachen, erster Abstieg

wie komme ich mehr aus mir heraus?, fragte ich.
warum?, fragte mein drache.
naja, tanzen, lachen, fröhlich sein, sagte ich.
hopsassa und tralala?, sagte mein drache
und wedelte mit seinem schwanz,
mach's wie ich.
aber ich habe doch keinen drachenschwanz, sagte ich.
eben, sagte mein drache.

> »Dieses heißt Schicksal: gegenübersein
> und nichts als das und immer gegenüber.«
>
> RILKE, »ACHTE ELEGIE«

Vor New York war eine Rundreise angesetzt im VW, zunächst nach St. Louis zu den Eltern von Wielands Freundin Barbara und dann nach Chicago zu Werner, einem Mitstreiter aus Studententheatertagen, der dort den deutschen Germanistikprofessor gab. Ich erlebte diese Fahrt quasi in depressiver Trance. Höhepunkt – oder besser: Tiefpunkt – war meine Flucht vor dem Essen an Heiligabend bei Werner und seiner jüdischen Frau. Diese war als »Chorgirl«, ebenso wie Barbara, bei der Don-Carlos-Inszenierung in Frankfurt dabei gewesen, wo sie und Werner sich gefunden hatten. Bei ungefähr 15 Grad minus und hohem Schnee ging ich ins Kino, wo der Film »More« mit Musik von Pink Floyd lief. Mit dem Titel waren »more drugs« gemeint, und der Hauptdarsteller, der sich darin zu Tode fixt, war ein Schauspieler vom Kasseler Theater, der einen Hollywoodvertrag bekommen hatte und sich

davor, in Kassel, von mir zweitausend Mark geliehen und nie
zurückgezahlt hatte, übrigens bis heute nicht. Ich war der Einzige
im Kino. Das war mein Heiligabend 1969. Da lag ich nun in der
Asche, wäre ich ein Märchenprinz gewesen.

Katabasis

Der amerikanische Schriftsteller Robert Bly beschreibt in seinem
Buch »Eisenhans« die männliche Initiation am Beispiel von Mythen, Märchen und Dichtung. Er verwendet den Begriff »Katabasis« (von griechisch *katabaino* »hinabgehen«, »absteigen«), um
den Abstieg eines Helden »in die Asche« zu benennen, und meint
damit das Versinken im Boden, den Absturz. Dieses Fallen ist be-
ängstigend, und unser Ego versucht es zu leugnen. Selbst wenn wir
schon am Fallen sind, so Bly, will das Ego es nicht wahrhaben.
   »Man gewinnt den Eindruck, dass irgendeine Kraft in der Psyche für eine ernste Katabasis sorgt, wenn der Mann selbst nicht
weit genug ist, um den Abstieg von sich aus zu wagen. Eine
Depression ist eine kleine Katabasis, und nicht wir sind es, die
sie herbeiführen … Bei einer Depression wehren wir uns gegen
den Abstieg, deshalb kommt von unten eine Hand und zieht
uns hinab. Da in unserer Kultur die Initiation ausgestorben ist,
gibt es niemanden mehr, der uns sagt, wie wir den Abstieg aus
eigener Kraft vollziehen können.« (R. Bly, S. 106)

Als wir schließlich endlich in New York ankommen, gibt es noch
einen drauf: keine Telefonverbindung zu den »*ridiculous*«-Thea-
terleuten, die uns doch angeblich sehnlichst erwarteten. Und als
wir auch noch aus der Wohnung eines Geophysikers, der auch
beim Studententheater in Frankfurt dabei gewesen war und jetzt
in New York Erdbeben erforschte, rausmussten, weil es seinem
Mitbewohner, einem persischen Arzt, zu dumm mit uns dreien
wurde, trennte ich mich von Wieland und Barbara. Anzeichen
einer Abneigung gab es schon früher, als ich ihn in Frankfurt im

Haschischrausch nicht ertragen konnte und nur nüchtern wieder meine Rolle als Abhängiger ertrug, und jetzt, in meiner Verfassung, wurde mir mit ihm zusammen tatsächlich übel. Er verstand zwar nicht, was los war, aber unsere Wege trennten sich. Er zog mit Barbara in die Bronx und schrieb Berichte für den WDR-Hörfunk, und ich fand Asyl bei Bekannten von Bekannten und durfte in deren Küche auf dem Sofa schlafen; und das tat ich mindestens bis mittags, trotz der Knüppel und Sprungfedern, die daraus hervorstanden. Und auch dann stand ich nur auf, weil Marty, Wohnungsinhaber und LKW-Fahrer, kam und sich Spielgeleier briet, die ihm nicht schmeckten, wenn da der depressive Deutsche noch rumlag und nicht so hart arbeitete wie er.

Die fraglose symbiotische Beziehung zu Wieland, die schon bei einer Türkeireise zwei Jahre zuvor ihre Brüchigkeit gezeigt hatte, brach nun völlig auseinander und warf mich auf mich zurück. Meiner Naivität beraubt, die der Kitt zwischen uns gewesen war, hatte ich nun den »Weg nach unten« angetreten, um das »Rattenloch« zu finden.

»Das Rattenloch ist der ›dunkle Weg‹ ... die Reise, die in den Augen des aufwärts orientierten Mannes nur Männer der Unterschicht machen; es ist der Weg nach unten.« (R. Bly, S. 99)

Wieland verkörperte meinen »Schattenbruder«. Der »Schatten« ist die dunkle, im Schatten liegende Seite der Persönlichkeit. Er ist Teil des Ich-nahen persönlichen Unbewussten und setzt sich aus all jenen, mit den bewussten Identifikationen des Ich unvereinbaren Aspekten, Neigungen und Eigenschaften eines Menschen zusammen. Nach Erich Neumann sind darin alle Anteile der Persönlichkeit enthalten, die das Bewusstsein als unwert verurteilt, und gleichzeitig enthielt dieser Schatten auch mein »Ideal-Ich«. Wieland war vaterlos in einem gutbürgerlichen Milieu bei Mama und Großvater, Bankier glaube ich, aufgewachsen und im Internat erzogen worden. Ein junger Mann mit guten Manieren, Geschmack, Bedürfnissen und Intellekt, aber emotional nicht besonders entwickelt. Stattdessen war ihm eine gewisse herablassende Art eigen, auf einer resignativen Grundstimmung, die sich als sarkastischer, manchmal zynischer Witz kundtat; tiefenpsychologisch würde so etwas wohl als »Macht-Schatten« bezeichnet werden.

Ich bewunderte ihn sehr und bemühte mich, sein Defizit, wie ich es empfand, auszugleichen, indem ich ebenfalls meinen schwarzen Humor glänzen ließ und versuchte, die fehlende Vitalität einzubringen. Ich durfte auch von seinem Tellerlein essen bzw. dem seiner Mutter, wenn ich manchmal eingeladen war und es dort Sachen gab, die ich sonst nie bekam. Da saß dann ein symbiotisch verbundenes Pärchen im Bann der überstarken frustrierten Mutter und machte Konversation mit dieser, aber das Essen war gut.

In dem Maße, wie ich meine eigene Gefühlswelt allmählich entdeckte und sie ihm gegenüber »aufrichtig« kommunizieren wollte – was aber nicht ging, weil sein Zynismus es nicht zuließ oder die allwissende resignative Zustimmung am Ende war –, bemerkte ich auch, wie sehr die abwehrende Haltung meine eigene war. Und da mich dies zunehmend in meiner Empfindsamkeit störte, begann ich, sie in ihm zu bekämpfen. Es gelang mir nicht, diese Abwehr als meine Haltung zu erkennen und anzunehmen, deswegen lief ich vor ihm, auf den ich sie projizierte, davon.

Es erfordert Kraft, sich dem eigenen Macht-Schatten zu stellen und mit ihm Freundschaft zu schließen[9] – und diese Kraft hatte ich nicht. Es war die erste Etappe der Heldenreise: wegzulaufen vor dem, was mich im Bann des »Schattenbruders« halten wollte.

Nach ein oder zwei Wochen auf dem kaputten Sofa fand ich ein liebes Paar, Marylou und Albert, ebenfalls Bekannte von Bekannten, die mich aufnahmen und auf deren Sofa ich nun schlafen durfte. Diese neue Schlafstatt war zwar zu kurz, aber dafür ohne herausragende harte Teile, und aufstehen konnte ich, wann ich wollte, wenn die zwei fetten Katzen mich ließen. Vor allem Marylou, die Frau von Albert, einem eingewanderten Schweizer, war so lieb, dass ich mich in sie verliebte. Doch ich zog mich als Nebenbuhler schon bald zurück. Später trennten sich die beiden, aber da war ich schon nicht mehr da.

Die Entdeckung des Schwertes – Trennung

In die Zeit vor meiner Abreise nach New York und kurz nach meiner Ankunft dort fallen meine ersten Trennungen, die ich heute in Beziehung setzen kann zur Heldenreise. Es war der erste Schritt heraus aus dem Uroboros, zu dem ich fähig war durch die Erfahrung mit der Frau, die die Leidenschaft in mir erweckte. Aber wir steckten beide noch drin, im uroborischen Inzest: Uns widerfuhr eine Anziehung, die zur beiderseitigen Ich-Auflösung führte, was so bedrohlich war, dass ich nur vor ihr flüchten konnte, auf einen anderen Kontinent.[10] Und dort wurde mir sogleich die Symbiose mit meinem Künstler-Freund Wieland unerträglich, in welcher ich den geistigen, männlichen Part an ihn delegiert hatte, statt ihn selbst zu entwickeln.[11] Ich trat aus dem »uroborischen Bannkreis« zwar heraus, wurde aber konfrontiert mit Vereinzelung und Einsamkeit.

So etwas wie Tellerwäscher

»Wie geht es deinem Rumpf?«

AUS »ENDSPIEL« VON BECKETT

Das mitgebrachte Geld ging zur Neige, ich brauchte einen Job. Da ich mein Touristenvisum im Auftrag eines befreundeten Frankfurter Verlages bekommen hatte, hatte ich keine Arbeitserlaubnis, fand aber ausreichend illegale Betätigung beim Putzen von Wohnungen, Gassiführen von Hunden und als Assistent bei Mike Finks »Superbed«, der Holzbetten im East End baute, was damals noch ziemlich neu war – »American Standard« waren ja diese Drahtgestelle. Mike behauptete, das Geheimnis der Primzahlen gelöst und überdies eine Methode erfunden zu haben, Basketball mit neun Fingern zu werfen (scheint sich aber nicht durchgesetzt

zu haben). Eines seiner Betten führte er öfter vor: Es stand quasi
im Schaufenster seiner Werkstatt, und er schlief morgens darauf
seinen Rausch aus. Seine Gutmütigkeit mir gegenüber erlosch
allerdings, als mein handwerkliches Ungeschick zu offenkundig
wurde und ich überdies nicht in der Lage war, das richtige Hunde-
futter zu kaufen, und ich wurde gefeuert. Daraufhin heuerte ich
als »Schriftsteller« mit geliehener Greencard bei einer Firma für
Plastikweihnachtsbäume an, die ich zusammen mit einer Reihe von
Puerto Ricanern, von denen nur einer Englisch sprach und den
Kontakt zum weißen Lagerleiter und dessen schwarzem Assistenten hielt, einpacken musste. Das bekam ich auch hin, doch diesmal kündigte ich und wurde nicht gefeuert. Noch vor all diesen
Jobs war Klaus, der Geophysiker aus Frankfurt, mit mir in ein
paar Off-off-Broadway-Produktionen gegangen. Er hielt Kontakt
zu mir und zeigte mir Anfang 1970 einen Aushang im La Mama,
einem »Experimental Theatre Club«, den es heute immer noch
gibt. Auf dem Aushang stand, dass jemand Schauspieler suchte
für »Poor Theatre«. Ich rief dort an, und der Mann am anderen
Ende der Leitung fragte, ob ich fett sei. Ich schluckte ob der Di-
rektheit und verneinte, wahrheitsgemäß; naja, durchtrainiert war
ich nicht.

Poor Theatre Company

Das Vorsprechen fand in einem Fotostudio in Lower Manhattan
statt. Ausziehen bis auf die Unterhose, Schiesser Feinripp, selbst
lila eingefärbt. Ich durfte ein Schubert-Lied singen, a capella, ob
ich noch einen Text aufsagte, weiß ich nicht mehr. Ich war engagiert. Die Proben begannen täglich ab 14.00 Uhr, Geld gab es
nicht, vielleicht würde irgendwann eine Vorstellung dabei raus-
kommen.

»Poor Theatre« war eine avantgardistische Theaterrichtung,
die von Grotowski in Krakau oder Breslau mit dem »Teatr Laboratorium« begründet worden war. Das »Arme Theater« hatte

der Eitelkeit der Schauspieler den Kampf angesagt. Statt ihren Körper auszustellen, sollten sie lernen, ihn zu »verbrennen«, damit das Menschheitserbe in Form der Archetypen ans Licht kommen konnte. Paradox dabei war die extreme Körperlichkeit, die eingesetzt wurde, um den Körper abzuschaffen; es war ein unglaublich hartes Training. »Armes Theater« war auch in Deutschland unter Eingeweihten später in: Alle Theaterleute, die auf der Suche nach Neuem waren, besaßen das silberne Buch von Grotowski (1970) und fanden es toll. Leider hatte kaum jemand Aufführungen gesehen, weil die Truppe nicht in Deutschland gastierte, außer einmal, 1970 in Berlin (wo ich nach meiner Rückkehr aus New York dabei war), und dann noch einmal bei den Olympischen Spielen 1972 in München.[12]

Tony, der Initiator der Poor Theatre Company in New York, war ein großgewachsener Italo Amerikaner, ähnelte, im Nachhinein, dem Schauspieler F. Murray Abraham, der den bösen Salieri in »Amadeus« und den noch böseren Inquisitor in »Der Name der Rose« gab. Tony war kurze Zeit bei Grotowski in Polen gewesen und wurde dann, wie er sagte, weggeschickt, um seine eigene Form zu entwickeln. Vielleicht war er nicht böse, aber düster war er schon und auf jeden Fall beeindruckt von der Tatsache, dass die Leute bei Grotowski nur wenige Stunden schliefen und sich trotzdem immer so schnell bewegten.

Die »Probenarbeit« sah so aus: 14.00 Uhr Aufwärmen mit einer Reihe von Gehübungen in bestimmten Körperhaltungen, die mich schon fix und fertig machten, und aus dem Yoga entwickelten Dehn-und Streckübungen. Wenn wir Teilnehmer – meist etwa vier bis fünf – uns nicht so verhielten, wie es dem Meister behagte, wurden wir mit seinem Schweigen und Wartenmüssen betraft, bis er die Gnade hatte zu verkünden, was als Nächstes dran war, meistens eine Wiederholung der gerade durchgeführten Übungen. Die Teilnehmer unserer kleinen Truppe wechselten häufig, weil die meisten nach kurzer Zeit das Handtuch warfen. Nur eine Frau aus Israel war ungefähr genauso lange dabei wie ich, nämlich ein gutes halbes Jahr.

Dann, wenn er zufrieden war und wir kuschten, kam die eigentliche Arbeit: Improvisationen, zwar in der Gruppe, aber nicht aufeinander bezogen. Da gab es die Vorgabe: offenes Ende, nie abbrechen, sondern sich dem körperlichen Automatismus und der Trance, die entstehen sollten, total überlassen, und wenn es Tage andauern sollte, aber – und das war überaus wichtig – alles sollte mit wachem Bewusstsein registriert werden. Man sollte sich nicht in der Ekstase verlieren. Nur so wäre es überhaupt möglich, die unwillkürlichen Bewegungsabläufe, die entstanden, später zu wiederholen und daraus ein Theaterstück zu bauen – wozu es, zumindest in der Zeit, in der ich dabei war, nie kam. Diese bewusste Wachheit, die üblicherweise nur mit willkürlichen Bewegungen einhergeht, war, wie ich heute sehe, das fortschrittliche Element des »Armen Theaters«: Es galt, sozusagen den Drachen frei zu lassen und ihn zu beobachten, um später auf ihm zu reiten.

Die Erfahrungen, die ich dort machte, waren einschneidend. Weniger die wiederholt auftretenden Übelkeitsanfälle, wenn ich nach misslungener Improvisation kotzend über der Kloschüssel hing, sondern die wenigen gelungenen »ekstatischen« Improvisationen, die mir heute noch präsent sind. Nach meiner Rückkehr aus New York schrieb ich diese Erfahrungen auf und versuchte sie, in den Kontext der Psychoanalyse, des Brecht-Theaters und des Surrealismus einzuordnen. Es musste schon der große Bogen sein. Es entstand ein siebzigseitiger Aufsatz mit dem Titel »Der ekstatische Gartenzwerg«, unveröffentlicht. Das folgende Kapitel enthält Auszüge daraus.

Armes Theater – alles für andere

wie finde ich heraus?, fragte ich.
wo heraus?, fragte mein drache.
aus mir, sagte ich.
von wo fragst du?, fragte mein drache.
du meinst, ich bin schon draußen?, fragte ich.
du meinst, du wärst dort, wo du hinschaust,
zurück, sagte mein drache.
also bin ich hier und kann wählen,
wohin ich schaue?
eben, sagte mein drache.

Am Anfang der Arbeit in der Poor Theatre Company erfuhr ich meine Unfähigkeit, mich selbst als in sich ruhende »Identität-für-sich-selbst« ausdrücken zu können, will sagen: ohne nach Anerkennung, Zustimmung etc. zu schielen, ohne also die Wirkung und den Erfolg meines Ausdrucks zu berechnen. Die Möglichkeit, mit dem Körper alles zu tun – außer sich und andere zu verletzen –, war ausdrücklich gegeben, und ich bejahte diese Gelegenheit sehr stark, endlich mit mir selbst Erfahrungen machen zu können, die vorher und außerhalb eines solchen Theaters nicht möglich waren. Umso schmerzlicher war die Erkenntnis, dass ich eigentlich von mir selbst getrennt war und dass der Zwang, allen Ausdruck nur »für andere« produzieren zu können, so sehr verinnerlicht war, dass diese »Identität für andere« mehr »ich selbst« war als die Empfindungen und Äußerungen, von denen ich ahnte, dass sie da seien und die ich als meine »eigenen« zu finden versuchte. Ich erkannte, dass ich ein falsches »Selbst-System« (R. D. Laing) besaß.

»Wenn unsere personalen Welten wiederentdeckt werden und sich wieder entfalten dürfen, entdecken wir zunächst ein Schlachtfeld: halbtote Körper, Genitalien dissoziiert vom Herzen – das Herz getrennt vom Kopf, Köpfe dissoziiert von den Genitalien. Ohne innere Einheit, mit gerade genug Kontinuitätsgefühl, um nach Identität zu schnappen – die übliche Idolatrie. Körper, Geist, Seele von inneren Widersprüchen zerrissen, in verschiedene Richtungen gezerrt, abgeschnitten vom eigenen Körper – halbtolle Kreatur in verrückter Welt.« (R. D. Laing, S. 48)

Diese Einsicht war wie eine Schleuse, die sich jetzt für alle Ängste, Vorstellungen und Fantasien öffnete, die ich bis dahin als »nicht meine« aus meinem Bewusstsein herausgehalten oder intellektuell abgewehrt und zu Zynismus »verarbeitet« hatte. Die Folge war der Zusammenbruch meiner Identität.

Via negativa

ich habe angst, mich selbst aufzugeben in der hingabe, sagte ich.
du bist nicht deine hingabe, sagte mein drache.
du meinst, ich würde mich wiederfinden?
nein, sagte mein drache, finden.
warum willst du etwas wiederfinden,
was du gegeben hast?
eben, sagte ich.

Der Kernpunkt dieser Arbeit nach Grotowski war die Improvisationstechnik der »Via negativa«, die zum Zwecke von »Grenzüberschreitung«, »Selbstoffenbarung«, »Selbstopferung« unternommen wurden, in der Annahme, die »Alltagsmaske«, das »falsche« Selbst ablegen zu können wie eine falsche Haut, unter der das »wahre« bereits verborgen liege.[13] Die »Via negativa« bestand darin, die Kontrolle des Verstandes auszuschalten und »frei«, also unabhängig von dieser Kontrolle, »körperlich zu assoziieren«, d. h., psychischen Vorgängen körperlich Ausdruck zu verleihen. Dieser Zustand wird induziert durch die Konzentration auf ein Thema. Dieses Thema können automatische Körperbewegungen (»Körper-Impulse«) sein oder es kann die Vorstellung des eigenen Körpers im Raum (»*free body*«), ein vorgestelltes oder anwesendes Objekt, das nicht der eigene Körper ist (ein Baum oder Schuh beispielsweise) oder imaginär ist (z. B. eine Elfe), ein Begriff (z. B. Sinnlichkeit) oder auch eine Situation (z. B. »mehrere Personen sind in der Wüste und warten auf Johannes den Täufer«) sein. Der Beobachter nimmt einen Ablauf von automatischen Körperbewegungen und sinnlichen Äußerungen wahr – Grotowski bezeichnete diesen »körperlichen Automatismus« als »sichtbare spirituelle Impulse«. Der Ausführende behält die beobachtende Kontrolle, um Unheil zu verhindern und doch die Auseinandersetzung mit den aufsteigenden Inhalten zu ermöglichen. Die gefundenen Inhalte sind das Rohmaterial für die spätere Theaterarbeit, und es ereignet sich dabei schließlich die Koppelung von Vorstellungsbild und körperlichem Ablauf. Diese »beobachtende Kontrolle« ist für mich der Kernpunkt bei einer Technik des körperlichen Automatismus.[14]

Was so durch die »Via negativa« zutage kommen soll, sind Archetypen – in Anlehnung an C. G. Jung. Aber »Heiligkeit« erlangt der Schauspieler erst, wenn er sich mit den Archetypen konfrontiert, und nicht, indem er sie einfach nur Fleisch werden lässt, indem er sie also verkörpert. Darin steckt ein kritisches Moment. So viel Freiheit war faszinierend. Eine Improvisation beendete ich zum Beispiel als Jesus am Kreuz, und Tony, der Regisseur, war happy: endlich ein Archetyp! Und ich wurde ganz ehrfürchtig vor so viel Menschheitserbe. Erlösend war da der Hinweis, ich müsse diesem Bild nicht gehorchen, also mich mit ihm identifizieren, sondern es befragen auf seine Gültigkeit für mich. Was ich auch tat – wobei dies zur Folge hatte, dass der Wert der ganzen Arbeit überhaupt für mich verloren ging und ich die Gruppe verließ.

Denn es ging ja nicht um die Wahl: Bin ich nun Jesus am Kreuz oder nicht? Ich war tatsächlich »Jesus am Kreuz« in der ganzen Arbeit: opferbereit meinem Herrn und Meister hingegeben und gewillt, diese Qualen und Schmerzen auf mich zu nehmen, die »*this kind of work*« mir bereiteten. Ich hatte ein Bild gefunden für meine Situation der Unterwerfung, die ich da praktizierte.[15] Das war eine produktive Erkenntnis, weil sie mich dazu befähigte, dieses Theater aufzugeben. Noch produktiver wäre es gewesen, wenn ich die Möglichkeit gehabt hätte, mit Tony über meine Beziehung zu ihm zu sprechen, was für beide einen Erkenntnisgewinn bedeutet hätte. Aber dazu war kein Raum: Seine Führung war zu autoritär und mein Selbstbewusstsein viel zu schwach. Der letztendliche Auslöser war dann, dass Tony verkündete, in den Sommermonaten nach Kalifornien zu verschwinden – das war zu viel des Verrats, ich stieg vom Kreuz herab.

Narziss in NYC

Dieser Ausstieg war wie ein kalter Entzug, obwohl ich Gras und Hasch mit Eintritt in die Theaterarbeit endgültig gecancelt hatte. Ich entzog mich, und auch als er sich entschied, doch da zu bleiben, und mich andere Mitglieder der Gruppe bedrängten, zurückzukehren, nützte das nichts – ich war schon weg. In New York blieb ich aber noch für einige Zeit, verdiente mein Geld beim Weihnachtsbaumeinpacken und genoss ansonsten mein Leben. Es war meine schönste Zeit dort, barfuß auf der 5th Avenue, beim Freiluftkonzert mit Beethovens späten Quartetten. Ich gab Anzeigen auf als »*young German professional*« oder so, um einen Job zu finden, aber es kamen lediglich seltsame Anrufe, wo jemand nur stöhnte oder mich ein anderer fragte, ob ich im Netztrikot servieren wolle; wollte ich nicht. Susan, »*fat lady*«, eine Bekannte aus der Zeit auf der stacheligen Couch, möge mir im Nachhinein verzeihen, dass sie hier nicht weiter vorkommt, aber neben ihrer Fülle machten mir die Phallus-Zeichnungen in ihrer Wohnung einfach Angst. Denn in New York war ich keusch. Ich war Narziss und mir selbst genug.

»Bei Narziss, der nicht lieben will und sich schließlich in sein eigenes Bild tödlich verliebt, ist die Hinwendung auf sich selbst und die Abwendung vom Liebe fordernden, verschlingenden Objekt deutlich. Es ist aber unzureichend, hier nur die Betonung des eigenen Körpers und die Liebe zu ihm in den Vordergrund zu stellen. Die Tendenz eines sich selber bewusst werdenden Ich und Bewusstseins, d. h. eines Selbstbewusstseins und einer Selbstreflexion, sich im Spiegel zu sehen, setzt hier entscheidend ein. (...) Es ist eine notwendige Phase der Erkenntnis, die der Menschheit aufgegeben ist. Erst das Verharren auf dieser Stufe wirkt tödlich.« (E. Neumann, S. 81)

Es ist immer beides

»Geh unter, Welt, geh unter ...«
JOHANN BAPTIST MAYRHOFER

Es gibt ein Lied von Schubert, »Auflösung«, auf ein Gedicht von Mayrhofer 1787–1836), das ich sehr liebe:

Verbirg dich, Sonne,
Denn die Gluten der Wonne
Versengen mein Gebein;
Verstummet, Töne,
Frühlings Schöne
Flüchte dich, und lass mich allein!
Quillen doch aus allen Falten
Meiner Seele liebliche Gewalten;
Die mich umschlingen,
Himmlisch singen –
Geh' unter, Welt, und störe
Nimmer die süßen, ätherischen Chöre.

Es »spricht mir aus der Seele«. Eine große Triebfeder meines Lebens war und ist, dem Sog hinab in die Auflösung nachzugeben: »wisse, dass dieser Wunsch die geheime Kraft ist, welche untrennbar mit der Natur verbunden ist. Der Mensch aber ist das Abbild der Welt« – so Leonardo im Zitat zu Beginn dieses Buches. Die andere Kraft war und ist, mich diesem Sog zu widersetzen, und zwar *erkennend* ihm mich zu widersetzen, und in Musik und meiner Arbeit davon Zeugnis zu geben; der, der sich dem Rausch nur überlässt, kann nicht davon erzählen. Diese beiden polaren Kräfte haben mich bewegt und bewegen mich weiterhin, und sie tun es im Medium meines Körpers, des »bewegten« Körpers.

E. A. Poe beschreibt in seiner Erzählung »Hinab in den Maelström«, wie beide Kräfte, Selbstaufgabe und Erkenntnis, »reine« Auflösung in Leben verwandeln können.

Darin geraten zwei Brüder mit ihren Booten nahe der Lofoten in einen gefährlichen Meeresstrudel, der sie und viele andere in die Tiefe zieht. Der eine geht unter, der andere kann sich retten. Der Ich-Erzähler nähert sich dem Strudel:

»Ich schaute auf und gewahrte eine weite Meeresfläche, deren Wasser so tintenschwarz war, dass mir sofort des nubischen Geografen Bericht von dem *Mare Tenebrarum* in den Sinn kam. Selbst die kühnste Fantasie könnte sich kein Panorama von gleich trostloser Verlassenheit ausdenken. Rechts und links, soweit das Auge reichte, breiteten sich gleich Wällen, die die Welt abschlossen, Reihen schwarzer, drohend ragender Klippen aus, deren grausiges Dunkel noch schärfer hervortrat in der tosenden Brandung, die mit ewigem Heulen und Kreisen ihren gespenstischen weißen Schaum an ihnen emporwarf. Dem Vorgebirge, auf dessen Gipfel wir saßen, gerade gegenüber und etwa fünf, sechs Meilen weit ins Meer hinein war eine schmale, schwärzliche Insel sichtbar – oder richtiger: man vermochte durch den Brandungsschaum, der sie umgab, ihre Umrisse zu erkennen. Etwa zwei Meilen näher an Land erhob sich eine andere, kleinere, entsetzlich steinig und unfruchtbar, der hie und da schwarze Felsklippen vorgelagert waren (...)«

Dann erzählt sein Begleiter, wie er Schiffbruch erlitt und in den Strudel geriet:

»Es war nicht Entsetzen, das mich erfasste, sondern die dämmernde Ahnung einer noch viel aufregenderen Hoffnung. Diese Hoffnung knüpfte sich sowohl an frühere Erfahrungen als an soeben gemachte Beobachtungen. Ich erinnerte mich des zahlreichen Strandgutes, das an die Küste der Lofoten angeschwemmt wurde – alles Dinge, die der Moskoeström an sich gerissen und wieder emporgeschleudert hatte. Die große Mehrzahl dieser Dinge war ganz außerordentlich zerfetzt und zerbrochen – so rau und zersplittert war manches, dass es wie mit Stacheln besät aussah –, doch erinnerte ich mich bestimmt, dass einige dieser Dinge gänzlich unversehrt waren. Nun konnte ich mir diese Verschiedenheit nicht anders erklären, als dass die zerfetzten Trümmer die einzigen Dinge waren, die wirklich den Grund des Strudels erreicht hatten, und dass die andern erst gegen Ende einer Tätigkeitsperiode des Maelström in den Trichter geraten oder darin so langsam hinabgeglitten waren, dass sie noch nicht unten angelangt waren, als schon die Flut oder Ebbe – je nachdem – einsetzte. In beiden Fällen hielt ich es für möglich, dass sie wieder an die Oberfläche des Meeres hinaufgewirbelt werden könnten, ohne das Schicksal jener Dinge zu teilen, die früher eingesogen oder schneller hinabgerissen worden waren ...

Da war noch ein überraschender Umstand, der diesen Beobachtungen recht gab und mich begierig machte, sie zu verwerten, und das war, dass wir bei jeder Umdrehung an irgendeinem Fass oder einer Rahe oder einem Mast vorüberkamen, während viele solche Dinge, die auf gleicher Höhe mit uns gewesen, als ich die Augen zuerst den Wundern des Strudels zu öffnen wagte, jetzt hoch über uns dahinschwammen und ihren Ort nur wenig verändert hatten.

Ich wusste nun, was ich zu tun hatte. Ich beschloss, mich an das Wasserfass, an dem ich mich noch immer anklammerte, festzubinden, es von der Gilling loszuschneiden und mich mit

demselben ins Wasser zu werfen. Ich machte meinen Bruder
durch Zeichen aufmerksam, deutete auf die schwimmenden
Fässer, an denen wir vorüberschwangen, und tat alles, was in
meiner Macht stand, um ihm mein Vorhaben begreiflich zu
machen. Ich glaubte schließlich, er habe meine Absicht begriffen, doch – mochte das nun der Fall sein oder nicht – er schüt-
telte verzweifelt den Kopf und weigerte sich, seinen Platz am
Ringbolzen aufzugeben. Es war unmöglich, zu ihm hinzukom-
men, die schreckliche Lage gestattete keinen Aufschub, und so
überließ ich ihn nach hartem Kampf seinem Schicksal, band
mich mit Stricken, die das Fass an der Gilling festgehalten, an
ersteres fest und warf mich ohne weiteres Zögern ins Meer.
      Der Erfolg war ganz so, wie ich ihn erhofft hatte. Da ich
selbst es bin, der Ihnen diese Geschichte erzählt, da Sie sehen,
dass ich tatsächlich das Leben rettete, und da Sie schon wissen,
auf welche Weise diese Rettung bewerkstelligt wurde, will ich
meine Geschichte schnell zu Ende bringen (...)«[16]

In diesem Meer lebt, wären wir nicht im aufgeklärten 19. Jahrhundert, sondern in mythologischer Zeit, ein Wasserdrache, der
das Wasser ansaugt, durch seinen Körper wirbelt und in Spiralen,
die diesen Strudel schaffen, wieder ausspeit – die Drachenkraft,
die den Ertrinkenden ansaugt und wieder abstößt. Im Medium der
Körperlichkeit entsteht diese Drachenkraft, wenn die Polarität des
Körpers (den man hat) und des Leibes (der man ist) in Bewegung
gerät, weil nur *ein* Seinsmodus nicht mehr ausreicht, die Situation,
in die man gerät, zu bewältigen: Körper-Haben, welches dem Zu-
griff von Willen und Verstand gehorcht, und Körper-Sein, welches
den Teppich abgibt, auf dem die »Sehnsucht … die geheime Kraft
(*quintessenzia*), welche die Elemente bewegt« (Leonardo), sich
ausbreitet, geraten aus den Fugen: die *quintessenzia*, nun weder in
Bewegung noch in Ruhe kontrolliert, erwacht zu ihrem eigenen
Leben.

Körper-Haben und Körper-Sein

Diese Polarität von Körper-Haben und Körper-Sein ist ein zentrales Thema der Philosophischen Anthropologie von Helmuth Plessner (1892–1985), er bezeichnet ihre Verschränktheit als »exzentrische Positionalität«.[17]

»Die körperliche Existenz zwingt dem Menschen eine Doppelrolle auf. Er ist zugleich Körper und im bzw. mit einem Körper. Für das In- und Mitsein sagt man auch: einen Körper (Leib) haben. Sein und Haben gehen im Vollzug der Existenz ständig ineinander über, wie sie ineinander verschränkt sind. (...) Das Verhältnis zwischen ihm [dem Menschen](als Person, als Träger von Verantwortlichkeit, Subjekt des Willens und wie immer die Prädikate seiner geistig-seelischen Natur lauten) und dem Leib spielt – und muss spielen – zwischen Haben und Sein.« (H. Plessner, S. 161)

Und weiter führt Plessner aus:

»Damit der Mensch seinen Körper instrumental oder expressiv einsetzen kann, muss im Sinne irgendeiner Bewandtnis ein Anspruch gerichtet werden, und dieser Anspruch kann erfüllbar oder nicht erfüllbar sein. Erfüllbaren Ansprüchen gegenüber genügen Handlung und Sprache, Geste und Gebärde. Unerfüllbaren Ansprüchen gegenüber versagen sie. Was aber, wenn eine Situation diesen Rahmen durchbricht? In solchen Lagen, mit denen der Mensch nichts mehr anzufangen weiß, entfällt notwendigerweise das, woraufhin er zu seiner physischen Existenz ein Verhältnis finden könnte. (...) Mit dem verlorenen Woraufhin eines Ausgleichs zwischen Körper-Sein und Körper-Haben ist die Desorganisation da, d. h. trennen sich die beiden Weisen unvermittelt, emanzipiert sich der Körper als Instrument und Resonanzboden von der Person. Irgendein Automatismus beginnt zu spielen für den Menschen, der als einer ganzen Existenz mächtige, beherrschte Person ausgespielt hat.« (H. Plessner, S. 162)[18]

Der Drache erwacht

Nach zwei oder drei Monaten fast allabendlicher Arbeit bei der
Poor Theatre Company erreichte ich einen Punkt, an dem ich
keine Angst mehr vor den Ansprüchen meines Körpers und auch
nicht vor seiner Schwäche hatte. Ich überließ es ihm, seine Bedürfnisse nach Ausdruck und Bewegung selbst zu regeln, im Wechsel-
spiel zwischen Impulsen und Ermüdung eben so lange sich zu bewegen, wie er Lust hatte. Führte vorher die Angst vor Ermüdung
tatsächlich zu Ermüdung und Verkrampfung und machte den Ablauf einer Improvisation oft qualvoll, so konnte ich mich jetzt dem
automatischen Prozess ganz überlassen – mich ganz in den Strudel
hineinbegeben – und gewann dadurch eine gewisse Distanz zu
ihm.

Das geschah in der Übung »Aufblühen und Welken des Kör-
pers«, die in Gang gebracht wurde durch einen kontinuierlichen
Schrittrhythmus und gleichzeitig dadurch auch diszipliniert wur-
de, weil er ständig beibehalten werden musste: Der gleichmäßige
Rhythmus, der die Auflösung der »beherrschten Person« indu-
ziert, war gleichzeitig das Mittel, das das Auftauchen aus den
Tiefen wieder ermöglichte. »Welken« ging zuerst wie von allein,
»Aufblühen« war unendlich schwer, weil die Körperimpulse der
Drachenkraft immer wieder gestört wurden vom absichtsvollen
Tun, um durch »Machen« eine schöne Vorstellung hinzubekom-
men. Aber dann, sozusagen nach der Grotowski'schen Pflicht[19],
die mit »Welken« enden soll, konnte mein Körper nun aufblühen:
Ich konnte zuschauen, wie er sich emanzipierte, und es wurde eine
heitere und wissende Ekstase. Ich hatte das Gefühl, unbegrenzte
Energie zu besitzen, von Erschöpfung und Müdigkeit war hinterher keine Spur, sondern ich befand mich in einem Zustand höchster Wachheit, Offenheit und Sinnlichkeit. Eine größere Kraft als
die, die ich willentlich abrufen konnte, hatte mich ergriffen – und
es war doch meine eigene Kraft. Ich hatte den Drachen geritten.

Diese Erfahrung ist mir Maßstab für mein Leben geworden.
Sie führte zunächst dazu, dass ich die Gruppe verließ, weil ich

nicht begriff, warum ich meinen Körper denn noch weiter quälen sollte, nachdem er sich »emanzipiert« hatte, denn die Forderungen, ihn zwecks Heiligkeit etc. weiter umzutreiben – bis zum Zusammenbrechen oder Einschlafen –, wurden nun erst richtig gestellt.

Free Body

Eine weitere Improvisation, die einen wichtigen Platz in der Arbeit der Poor Theatre Company einnahm, hieß »*free body*«. Bei dieser Übung geht es darum, eine Fantasie über den eigenen Körper zu realisieren. Der Ausführende stellt sich vor, sein Körper sei frei von allen Begrenzungen der Schwerkraft und des Luftwiderstands und könne als solchermaßen »freier Körper« innerhalb des Übungsraumes tun, was er will. Diese Vorstellungen gilt es dann zu realisieren, d. h., der reale Körper muss den Vorstellungskörper einholen, und zwar unverzüglich, ohne eine Vorstellung auszulassen oder zu zensieren. Man kann sich den ersten Teil, den freien Vorstellungskörper, vergegenwärtigen, indem man die Augen schließt und sich für eine bestimmte Dauer nur darauf konzentriert. Wichtig für die Ausführung ist dann, dass man versucht, die Fantasien wirklich zu realisieren: Gerade die »unmöglichen« Vorstellungen – z. B. dass der Körper in der Luft schwebt – dürfen nicht vernachlässigt werden. Der Ausführende muss sich dafür von dieser Vorstellung ganz durchdringen lassen, bis sie Körperbild geworden ist, was seinen vollen Einsatz erfordert. Das bedeutet jedoch nicht, plötzlich zu glauben, man schwebe tatsächlich im Raum; die Realitätskontrolle des Ich bleibt erhalten, man weiß ständig um den »ästhetischen« Charakter der Wirklichkeit als einer Darstellung. Die Übung ist anstrengend, weil sie wie ein Strudel ist, der einen in sich selbst hineinzieht und von dem man nicht weiß, wie stark er werden und wie lange er anhalten wird.

Der ekstatische Gartenzwerg oder der Drache, der sich nicht mehr in den Schwanz beißt

Der Psychoanalytiker und Soziologe Alfred Lorenzer (1922–2002) beschreibt als Beispiel für seinen Symbolbegriff den bekannten Traum des Chemikers August Kekulé (1829–1896). Kekulé hatte die Kohlenstoff- und Wasserstoffatome vor seinen Augen tanzen gesehen und entdeckte darin die Struktur des Benzols. In seinem Traum war ihm als Bild des Aufbaus von Benzol (in einem Ring von sechs Kohlenstoffatomen) das alte alchimistische Symbol der Uroborosschlange erschienen, die sich in den eigenen Schwanz beißt.

Wie die Schlange im Beispiel Lorenzers ist der Gartenzwerg für mich ein Symbol, das die Lösung einer doppelten Anforderung darstellt. Die symbolische Bedeutung, die der Uroboros für Lorenzer hat – als Kreis und »Sexualsymbol« –, ist jedoch sozusagen nur zweidimensional verglichen mit der Tiefe, die Neumann darin erkennt, und mein Bezug von 1970 ist eher der einer Analogie als ein inhaltlicher. Und der inhaltliche Bezug stellt sich für mich heute so dar: einmal als das »Ausbrechen« aus dem Uroboros (im Sinne Neumanns) durch die »Initiation« des ekstatischen Gartenzwerges, und zum anderen dadurch, dass der Name »Uroboros« auch »Selbstverzehrer« bedeutet – und das ist der Titel einer Kurzgeschichte, die ich 1974, in der ersten Zeit meiner Psychoanalyse, schrieb – ohne den Zusammenhang mit dieser Schlange zu kennen.

Der Selbstverzehrer

Es war einmal ein Mann, der war von klein auf ein Selbstverzehrer gewesen. Selbstverzehrer sind Menschen, die, weil ihnen die Nähe zu Menschen fehlt, sich selbst verzehren, weil sie sonst ja keine Nahrung bekommen. Der Selbstverzehrer kam als Kind mit den Tierchen in Kontakt, die diese Krankheit – denn es ist eine Krankheit – auslösen. Im Haus, in dem er leb-

te, gab es diese Tierchen reichlich, schwirrten sie doch überall herum, und es war nicht schwer, sich mit ihnen voll zu atmen. Eines Tages waren wieder besonders viele da, und der kleine S., der husten musste, sog sich mit ihnen voll, als er nach dem Husten ein paar Mal tief einatmen musste. Da waren sie jetzt in seinem Leib. Er merkte wohl, dass er da etwas geschluckt hatte, wusste aber nicht, was. Er fing an, auf seinem Bauch herumzutasten und sich auf die Brust zu klopfen, um herauszufinden, was es denn war, das sich da einnisten wollte. Er tastete und klopfte, erst zaghaft und langsam, dann immer heftiger und rascher, und schließlich trommelte er regelrecht auf seinem Bauch herum. Es tat weh, aber das war für S. zunächst nicht schlimm – er wollte nur diese Eindringlinge vertreiben! Es gelang ihm nicht – nur wurde sein Trommeln so stark, dass er bald nur noch die Schmerzen spürte, die es verursachte, und gar nicht mehr das Kribbeln der Eindringlinge, und bald hatte er vergessen, warum er da auf seinem Leib herumschlug.

Je mehr er es vergaß, desto mehr suchte er jemanden, der ihm hätte sagen können, warum er das tat – und da war ja schließlich seine Mutter. Die war doch fast den ganzen Tag um ihn und war auch um ihn besorgt, gab ihm zu essen und spielte manchmal mit ihm – sollte sie ihm doch endlich sagen, was da in ihm rumorte! Und wenn sie es vielleicht auch nicht wusste – sollte sie doch bemerken, dass er sie etwas fragen wollte! Hörte sie denn das Trommeln nicht?

Sie hörte und sah es nicht. Vielleicht waren die Arme und Fäuste einfach noch zu klein und schwach, dass sie nur ganz leise trommeln konnten, vielleicht war der S. überhaupt zu klein, als dass er richtig zu bemerken war. Essen hinstellen und ab und zu mit ihm reden – dazu brauchte sie wirklich nicht so genau hinzusehen.

Wie dem auch war – eines Tages hörte der kleine S. damit auf, sich selbst zu schlagen. Die Tierchen verhielten sich ob der plötzlichen und ungewohnten Ruhe zuerst ganz still, aber dann, als diese Ruhe ein gewöhnlicher Zustand für sie geworden war, nahmen sie ihre Tätigkeit wieder auf. S. vernahm das, was sie taten, wie ein feines Flimmern in sich, und ein Ruck ging durch seinen Rücken bis hoch zum Kopf, die Mundwinkel senkten sich in Spannung, als er es zum ersten Mal vernahm. Er lauschte, lauschte, lauschte. So aber beginnt die Selbstverzehrerkrankheit.

Eine Wärme breitete sich aus, erst angenehm und schön, aber dann wurde sie heißer und schärfer, und es war, als bohrte sich etwas in seinen Eingeweiden fest – und es war doch auf der Haut gar keine Wärme zu spüren! Den Kopf vorsichtig geneigt, um ein Ohr näher an den Leib heranzubringen, fing der S. an, nunmehr sehr vorsichtig und leise aufzutreten, wenn er sich bewegte, um ja nicht zu viel Lärm zu machen. Ganz vorsichtig und zaghaft tapste er durch das Haus, schien es ihm doch auch, als würden rasche Bewegungen die innere Hitze anfachen! Aber alle Maßnahmen halfen nicht – auch die Verringerung der Anzahl seiner Atemzüge, die er vornahm –, die Hitze in ihm wurde immer schärfer und brennender, stieg langsam hinauf in den Kopf und schien in seiner immer schiefer werdenden Haltung regelrecht einzufrieren. Denn die Hitze im Innern wird, kommt sie nicht heraus, zu Eis, die alles kalt und erfrieren macht, ohne dass der Hitzeschmerz erlischt.

Wenn er doch nur jemand gehabt hätte, der ihm ein wenig davon genommen hätte! Seiner Mutter, die immer noch um ihn war, wagte er sich nicht zu nähern, erinnerte er sich doch dunkel, dass sie damals seine geringen Schmerzen, die ihm das Trommeln verursacht hatten, nicht beachtet hatte – vielleicht waren sie doch größer gewesen, als er sie gefühlt hatte? Vielleicht hatte sie Angst gehabt, sich daran zu verletzen? Wie viel schlimmer musste dann wohl der flammende Hitzeschmerz, der so kalt war, für sie sein, käme sie damit in Berührung?! Fortan vermied er es, der Mutter zu nah zu kommen. Nur nicht zu dicht an sie heran, wollte er sie doch nicht verletzen!

Gleichzeitig verspürte er aber auch den Wunsch, nah an sie heranzukommen, und der brannte ebenso stark wie der Hitzeschmerz, sodass er bald nicht mehr wusste, was stärker war. So war er ihr nicht nah und nicht fern und hielt ständig gebührenden Abstand. Den Kopf geneigt und unbeweglich – er war fast ganz zwischen den Schultern verschwunden –, die Füße und Beine klobig und schwer, so tapste er im Abstand seines Bannkreises, der ihr doch das Leben retten sollte, neben der Mutter durch das Haus.

Seine Krankheit aber breitete sich weiter in ihm aus. Die Hitze, die nicht nach außen konnte, wandte sich nach innen und verschlang sich in sich selbst, die Eingeweide zwischen ihren Flammenzähnen, Risse, Wunden und Narben in sie grabend. Längst waren die Tierchen, die sie verursacht hatten, verbrannt und erfroren, längst gab es keine Stelle in seinem Innern mehr, die nicht schon von den kalten Flammen durchdrungen war, längst waren die Eingeweide zerfallen, längst zu schwarzen Klumpen verbrannt, die an Fäden zitterten, längst waren andere Teile zu Eis erstarrt, das er nicht mehr zittern konnte, und längst war er durchbohrt vom Schmerz wie von einem Spieß, der mit Hammerschlägen rücklings in ihn hineingetrieben worden war.

Das ist die Krankheit des Sich-selbst-Verzehrens, die nur entstanden war, weil niemand da war, um ihm ein wenig von der Hitze und dem Schmerz abzunehmen.

Auftritt der Großen Mutter

Ich war »Selbstverzehrer« in der Unfähigkeit, meinen erwähnten emotionalen Konflikt, vor anderen ich selbst sein zu können ohne mich zu verlieren – entweder an die (teils eingebildeten) Erwartungen der anderen oder in meine solipsistische Innerlichkeit. Das Problem konnte ich lösen über die gestellte Aufgabe der Improvisation – das Maul des Uroborus löste sich sozusagen vom

Schwanz. Die andere Anforderung war es, eine Antwort auf die – von mir qua Theorie als wissenschaftlich angegangene – Frage zu finden, worin denn die Krise des bürgerlichen Theaters eigentlich bestehe und wie sie zu überwinden sei. Aber das ist eine andere Geschichte, um mit der Figur des Moustache in Billy Wilders »Irma la Douce« zu sprechen, denn dem Theater und der Absicht, es zu revolutionieren, habe ich längst entsagt.

Die Lösung der ersten Anforderung bestand darin, dass ich mittels Regression[20] (so hieße es in der Psychoanalyse, in der analytischen Psychologie wäre es die »progressiv-schöpferische Seite« des uroborischen Inzests) zur Ekstase und zur Erkenntnis meiner selbst in der Realität gelangte, zu einer Identität, in der ich meine große Angst, exhibitionistisch zu sein, dadurch überwinden konnte, dass ich es sein konnte, weil ich dafür einen Ausdruck – besser: ein Bild – fand: den exhibitionistischen Zwerg. Ich stellte mich den anderen so dar, wie ich nicht sein wollte, aber doch war – aber das ging nur, weil ich gleichzeitig erfuhr, dass ich auch noch anders war: Die Ekstase zeugte den Zwerg, nachdem sie ihn unschädlich gemacht hatte. Und Gartenzwerge sind ja eigentlich hoffnungsfrohe Wesen. Und zum zweiten Mal ritt ich – wissentlich – auf dem Drachen.

Diese Erfahrung der progressiv-schöpferischen Seite des Uroboros half mir, meine Lebenskrise in New York zu bewältigen. Gleichzeitig war diese Lebenskrise aber auch die Bedingung dafür, dass ich zu solchen Experimenten überhaupt fähig war: entwurzelt und zu fast allem bereit. Aber die wiederholte ekstatische »Auflösung« im »Armen Theater« löste meine Neurose – oder eben: mein Gefangensein im uroborischen Inzest – nicht auf. Sie brachte sie eigentlich erst zum Vorschein: Vor dem Hintergrund der Erfahrung des ekstatischen Einsseins mit mir selbst konnten sich die Verknotungen und Verstrickungen meiner Psyche, ihr Verhaftetsein im Uroborischen, erst zeigen.

Ich hatte also in kurzer, intensiver Zeit den »Schoß« des Uroboros verlassen, nachdem ich mich in der »Theaterarbeit« der Poor Theatre Company in ihn zurückbegeben hatte, und hatte

schöpferischen Punkt erreicht, den Punkt der Erneuerung und Wiedergeburt. (...) Um dieses Wissen von dem schöpferischen Punkt, dem Schatz in der Tiefe, das Lebenswasser, Unsterblichkeit, Fruchtbarkeit und zukünftiges Leben in einem ist, kreist die unermüdliche Bemühung der Menschheit. (...) Nicht der Naturverlauf, sondern die Beherrschung der Natur durch das in der Entsprechung schöpferische Element im Menschen ist der innere Gegenstand des Rituals.« (E. Neumann, S. 173)[21]

Drachenschlaf

warum darf ich nicht glücklich sein?, fragte ich.
wer sagt das?, fragte mein drache.
weiß nicht, sagte ich.
erst muss ich anderen das glück geben.
das du nicht hast, sagte mein drache.
du denkst, du bekommst es,
indem du andere zu dem bewegst, was du meinst, das ihr
glück ist.
ach so, sagte ich, eigentlich will ich nicht geben,
sondern bekommen?
eben, sagte mein drache

> »Verstehen kann man das Leben nur rückwärts –
> leben muss man es vorwärts.«
>
> SÖREN KIERKEGAARD

Zurück in Deutschland, Ende 1970, Berlin. Besuch bei der Schaubühne, Claus Peymann, einen der Leiter, kannte ich noch flüchtig aus meiner Vor-New-York-Zeit aus Frankfurt. Wollte schauen, ob es da einen Platz für mich gäbe. Gab's nicht. Hätte auch nicht gepasst.

Dort sah ich dann zum ersten Mal eine Aufführung von Grotowski in Berlin: »Der standhafte Prinz«, in einer Kirche – das war es nicht, was ich suchte. Trotzdem beschäftigten mich die Erfahrungen in New York noch fast zehn weitere Jahre auf Theaterebene – persönlich bis heute sowieso –, sodass ich in Frankfurt 1979 eine Theatergruppe gründete, EXP-Theater, mit zwei eigenen Stücken in zwei Jahren. Bezeichnend die Titel, »Wieder Holen« und »Werden wir den toten Kasper jemals wiederfinden«, die mir heute zeigen, wonach ich damals suchte: Vergangenheit. Das erste Stück bekam eine gute Rezension in der FAZ und ich dafür vom Vater eine gute Kamera – aber ich greife vor. Nochmal auf Neuanfang: Ende 1970, zurück in Frankfurt, hatte ich nichts, keinen Job, keine Freunde, keine Wohnung, keine Freundin. Also machte ich erst Bürohilfsarbeiten, dann freiberuflich Regieassistent beim Hörfunk, Abteilung Unterhaltung Wort – hatte mich dort, in einiger Selbstüberschätzung als Sprecher beworben –, wo es lustig zuging; alles »locker vom Hocker«, wie sie es nannten und sich entsprechend gebärdeten, und ich dazwischen genau richtig mit meiner Depression. Aber ich verdiente ganz gut, es war ja auch nicht jeden Tag Funk, und nach einem Jahr durfte ich selber Regie führen, erst Kurzhörspiele der lockeren Art, dann eine eigene Reihe, »Texte für Lächler«, produzieren; zwanzig Minuten pro Woche, die Texte konnte ich selbst auswählen und auch die Sprecher und die Musik für die »Akzente«. Ging auch gut, bis ich zu ehrgeizig wurde und mich an der »Literatur« vergriff, z.B. Oscar Wilde, den die Literaturabteilung für sich beanspruchte. Also nur noch Kurzhörspiele. Aber ich verdiente mit wenig Arbeit genug, um davon leben zu können. Ich hatte ein Zimmer an belebter Hauptstraße, mit Möbeln aus dem Möbelbunker, Kochplatte auf dem Klo, Zimmer mit Balkon nach hinten raus, allerdings mit Hinterhaus vor der Nase, ebenfalls mit Balkon, wo eine Dame mittleren Alters wohnte, die den ganzen Tag »Schöne Maid« von Tony Marshall hörte und herübergrinste; aber ich war ja nicht immer zu Hause, zum Glück.

Der Funkjob ging dann zu Ende, als ich die angebotene Festanstellung ausschlug. Ich wollte nicht der Knecht eines launischen Abteilungsleiters, sondern lieber Schauspieler sein, spielte kleine Rollen in Wiesbaden, Darmstadt, Heidelberg, Aachen, aber von Frankfurt konnte/wollte ich nicht weg. Andere kleine Funk-Jobs, vom hilfsbereiten Redakteur der HR1-Frühsendung vermittelt, folgten: Passanten irgendwelche doofen Fragen stellen wie:

»Woher kommt das Taschentuch (oder der Weihnachtsbaum)?«
und aus den Antworten einen einmütigen Clip für die Frühsen-
dung basteln. Ich hasste es, aber es hielt mich über Wasser, denn
die Theater- und kleinen Fernsehrollen waren zu selten.

Da lernte ich, sozusagen mit wachem Geist, was eine Depression ist: auf dem Bett (es war eine Matratze auf dem Boden) liegen
und froh sein, den kleinen Finger heben zu können. Aber hier
zeigte meine Mutter ihre Mütterlichkeit, die zwar nicht zärtlich,
aber fürsorglich war. Während mein Vater meine Existenz in dieser Zeit mit Verachtung strafte – er gab meine Briefe an ihn, in denen ich versuchte, mich zu erklären, mit gehässigen Kommentaren
meinen Schwestern zur Kenntnis –, kam sie mich besuchen und
sagte, sie werde zu mir halten. Danke.

Wieder Theater

Neben dem Funk fand ich Beschäftigung am TAT (Theater am
Turm), das damals ein neues Mitbestimmungsmodell verordnet
bekam – und dadurch endlose Diskussionen, bei denen der Dramaturg, ein echter Marxist, alle Schauspieler davon zu über-
zeugen versuchte, politisch links zu sein. Diejenigen, bei denen er
es schaffte, wurden danach besonders kreativ bei Intrigen und
politisch-korrektem Karrieremachen. Ich gab dort für kurze Zeit
Workshops im Anschluss an meine New Yorker Erfahrungen,
aber nur halbherzig, weil ich meins verloren hatte. Nicht an eine
Frau – doch, es gab eine Beziehung mit jemandem vom Theater,
verheiratet, die intensiv war und mir zeigte, dass ich nicht in der
Lage war, Nähe auszuhalten, weil ich mich, wenn es eng wurde,
wie ein Stück Seife fühlte, das der Hand, die es ergreifen wollte,
entglitschte. Ich suchte deshalb psychotherapeutische Hilfe. Nein,
ich hatte keinen Lebensmut und keine Kreativität; es reichte zur
Mitwirkung am Kindertheater, aber nicht für den Aufbruch zu
neuen Ufern. Kindertheater soll man auch nicht unterschätzen,
immerhin schrieb und inszenierte ich recht engagiert eine Bearbei-

tung von »Hans im Glück«, irgendwie marxistisch gewendet, von Ernst Blochs Interpretation beeinflusst. Ich tat dies mit der ganzen Kraft, die ich damals hatte, aber die Regie von »Der Bär geht auf den Försterball« von Gerhard Kelling (nach Peter Hacks) misslang und wurde mir von bewährten Händen weggenommen. Offenbar hatte ich das Stück als Beitrag zur Identitätskrise missverstanden, wo es doch – politisch-links korrekt – als Beitrag zum Klassenkampf gemeint war. Ich glaube, es interessiert heute niemanden mehr. Schöne Grüße nach Berlin.

Vom Drachen gefallen

Die New Yorker Drachenkraft war verschwunden. Das, was mich nun körperlich am meisten beeinträchtigte, war das Gefühl, »in der Mitte durchgebrochen« zu sein, worunter ich sehr litt. Ich suchte Hilfe bei einem Uni-Dozenten, der Zen bei Graf Dürckheim kennengelernt hatte, und ersuchte ihn um eine Privatlektion. Die gewährte er mir zwar, aber nur mit schlechtem Gewissen (seinerseits, meins war sowieso schlecht die ganze Zeit), denn politisch korrekt war das nicht, sich mit sich selbst per Meditation zu beschäftigen. Wenn überhaupt, sollte das – im Selbstverständnis der neuen Linken – eigentlich nur in einer Gruppe geschehen, in der alle die Erfahrungen anschließend auch teilen und den theoretischen Bezug zur Revolution herstellen könnten. Ich hatte ihn in einer studentischen Diskussionsgruppe kennengelernt, die sich um die eigene Körperlichkeit in politisch heikler Zeit bemühte, indem sie darüber diskutierte. In dieser Gruppe habe ich auch meinen Gartenzwerg-Aufsatz über meine New Yorker Erfahrungen vorgestellt, weil ich nach Verständnis und Unterstützung suchte.

Eine Art des Verständnisses war jetzt also die Einführung in Zen, und dabei machte ich folgende Erfahrung beim ersten Meditieren: Ich hatte das Gefühl, ich liefe aus in eine große Pfütze, so wie es ein Autor in einer Horrorgeschichte beschrieb, die ich beim Funk in »Texte für Lächler« produziert hatte. Aber das hier war nicht zum Lächeln, sondern äußerst bedrohlich. Immerhin konnte ich meinem Lehrer über meine Verfassung Auskunft geben. Der rutschte an mich heran – wir saßen ja auf Kissen – und rückte mit einem kleinen Griff meine Beckenhaltung zurecht, sodass sich die Pfütze auflöste, und gab mir so meine Haltung und meine Mitte zurück. Das war für mich sogar eine Art Flash, der aber rasch wieder von der Depression eingeholt wurde.[22]

Nach diesem Erlebnis begann ich eine einjährige Gesprächstherapie und ging in den Schwarzwald, in das Zentrum von Graf Dürckheim, um Zazen zu üben; Letzteres führte zur Entdeckung von Taiji und Ersteres in eine siebenjährige Psychoanalyse. Da war ich neunundzwanzig.[23]

wie stelle ich es an, dass ich öfter froh bin?, fragte ich.
bin oft so düster.
sei froh, dass du bist, sagte mein drache.
froh sein, dass ich düster bin?, sagte ich.
wie soll das gehen?
eben, sagte mein drache.

Der Weg zum Drachen

Ein Analytiker, der mich zwar zum Erstgespräch angenommen, aber für Weiteres keinen Platz hatte, vermittelte mich an einen Kollegen, sodass ich schon nach einem halben Jahr einen Analyseplatz bekam, was sonst viel länger dauert und auch nur funktioniert, wenn man lange genug an der Tür des Analytikers gekratzt hat; die wollen eben ordentlich Leidensdruck sehen, weil ohne diesen Druck keine richtige Motivation. Der Analytiker vom Erstgespräch hatte mich an jemanden vermittelt, der, wie er meinte, »ein Herz für mich habe«. Ja, dachte ich, ist das so etwas Besonderes für einen Analytiker, ein Herz für den Patienten zu haben? Ich hatte jedenfalls Glück mit meinem und blieb sieben Jahre bei ihm, die ersten drei Jahre verstockt in der Hybris, rationales Verstehen reiche völlig aus. In den Geschichten, die ich jetzt schrieb, versuchte ich, meine inneren Dramen in Märchenform zu bannen; der Uroboros-Drache, der ich war, bekam einen Zipfel seiner Schwanzhaut zu fassen und begann, daran zu ziehen. Eine dieser Geschichten, die erste, die ich schrieb (1973), zeigt, wie stark die Angst und die Abwehr waren, mich auf Nähe einzulassen.

Der wahre Auszug aus dem Paradies

❦ *Als Gott der Herr Adam und Eva aus dem Paradies vertrieb, da geschah es nicht, wie berichtet, dass beide ohne Weiteres gehorchten und das Paradies verließen. Vor allem Adam sträubte sich gegen die Ausweisung. Da er aber Gottes Zorn fürchtete, wagte er nicht, offen aufzubegehren, sondern versuchte auf seine Art, den Herrn umzustimmen.*

Er warf sich auf die Erde, trommelte mit den Fäusten darauf herum, schrie und schluchzte wie ein kleines Kind. Aber Gott kam deswegen nicht herbei. Schließlich blieb Adam erschöpft liegen. Plötzlich bemerkte er den Herrn, wie er hinter einem Apfelsinenstrauch stand und ihn beobachtete. Adam schöpfte neue Hoffnung. Er blieb ganz still liegen und tat so, als bemerkte er Gott nicht. (Denn der Gedanke, Gott könnte seinen Entschluss verwerfen und ihn doch nicht verstoßen, war schwer zu ertragen.)

Adam wagte nicht, sich zu rühren.

»Adam«, sagte da Gott, »was wolltest du mir eben sagen?«

»Ich?«, fragte Adam und musste lachen, »äh, wann? Eben? Och, äh, nichts, eigentlich« und lachte wieder.

»Hm«, sagte Gott.

»Naja«, sagte Adam nach einer Weile und drehte sich etwas auf die Seite, damit Gott sein Geschlecht nicht so gut sehen konnte, »ich habe mich ein bisschen auf der Erde herumgewälzt, nicht wahr? Hast Du doch gesehen. Du siehst doch sonst auch immer alles.« Er verstummte, räusperte sich und legte beide Hände über den Unterleib.

Es entstand eine Pause, in der nur das gelegentliche Schnüffeln von Adam zu hören war, der seinen Rotz hochzog. Schließlich spitzte er die Lippen, als ob er gleich pfeifen wollte.

Da trat Gott plötzlich hinter dem Apfelsinenstrauch hervor. Adam erschrak zutiefst. Er krümmte ich zusammen, ohne seine Haltung sichtbar zu verändern, konnte aber ein Stöhnen nicht mehr zurückhalten, das dabei aus seiner Kehle kam.

»Hau ab, Gott«, murmelte er, aber leise, damit Gott es vielleicht doch nicht hören konnte.

»Adam«, sagte Gott und trat noch näher heran. »Adam, du wolltest mir doch etwas sagen vorhin, was war es denn? Sag es doch!«

»Nein«, ächzte Adam, »nichts, ich kann nicht! Geh weg, lass mich allein! Ich bin nackt, nackt, siehst Du das denn nicht, hau doch endlich ab! Bitte geh weg!«

Er krümmte sich immer mehr zusammen und wäre am liebsten wie ein Wurm in den Boden gekrochen. Kaum konnte er noch atmen, so schnürte ihm das, was nicht herauskonnte, die Luft ab.

»Adam«, sagte Gott, jetzt dicht hinter ihm, »Adam, du kennst doch das Bild von Michelangelo, auf dem du die Hand nach mir ausstreckst? Willst du das nicht versuchen?«

Da schrie Adam, und sein Körper begann zu zucken. Er schrie und presste dabei seinen Mund fest gegen die Erde und schlug seine Stirn blutig und Brust und Rücken mit Zweigen, die er ausgerissen hatte. Er riss auch mit beiden Händen an seinen Haaren, dass sie ausgingen in Büscheln, und schlug die Fäuste in sein Gesicht.

»Adam«, sagte Gott, »hör auf, du tust mir weh. So kommst du doch nicht weiter. Ich werde in der Nähe auf dich warten, falls du mir deine Bitte sagen willst«, und ging davon.

Adam hielt inne. Nach einer Weile schlinzte er durch die Finger in die Richtung, in die Gott verschwunden war. »Weg ist er«, murmelte er, »Gott sei Dank!«, und rappelte sich auf. Mit zitternden Knien stand der da, wischte das Blut ab und ordnete die Haare.

»Was bin ich froh, dass er weg ist«, sagte er, aber ganz wohl war ihm dabei nicht. Er war nachdenklich, und so, in Gedanken versunken, die er nicht kannte, und zerstreut seinen Leib betastend, ging er langsam aus dem Paradies heraus. Er wusste zwar, dass Gott ihn sehen konnte, dachte aber nicht im Traum daran, ihn aufzusuchen und seine Bitte vorzutragen.

»Also gehe ich eben«, waren seine letzten Worte, als er in die Wildnis trat. »Wir werden ja sehen, wer länger durchhält.«

Als er sich ein paar Huflattichblätter vor sein Geschlecht band, damit er in Zukunft die Hände zum Arbeiten frei hätte und sich trotzdem nicht schämen musste, fühlte er aber, glaube ich, dass Gott ihn wohl besiegen werde.

»Hoffentlich«, entfuhr es ihm und blickte sich erschrocken um, ob es auch niemand gehört hätte. Dann warf er den Kopf in den Nacken, schnäuzte sich mit den Fingern, zog die Mundwinkel herunter und marschierte los, Eva zu suchen, die ihm ja schließlich die ganze Scheiße eingebrockt hatte.

So nämlich ereignete sich der Auszug aus dem Paradies.[24]

Taiji – die Anfänge

wie mache ich das, mich selbst behaupten?, fragte ich.
mitgehen, sagte mein drache.
aber dann verliere ich mich doch vielleicht!
eben, sagte mein drache.

Dem Drachen aus Fernost begegnete ich – symbolisch – in meiner Bekanntschaft mit dem Taiji. Symbolisch, weil es bestenfalls ein Drachenei war, an das ich zunächst stieß und das noch nichts von der Kraft des geschlüpften Wesens ahnen ließ.

Um Zazen zu lernen, war ich, auf Anraten des Uni-Assistenten, der mich eingeführt hatte, zu seinem Lehrer gegangen, Graf Dürckheim im Schwarzwald. Dort, in der »existenzial-psychologischen Begegnungsstätte«, waren alle unpolitisch, Gott sei Dank. Zazen, das lange Stillsitzen, war zwar nichts für mich, wie ich fand, aber dafür lernte ich bei einem Deutschen, der auf Heimaturlaub vom DAAD in eben jenem Zentrum weilte und dort Qigong-Übungen (die »Acht Brokatübungen«) lehrte, die er aus Fernost mitgebracht hatte. Nach drei oder vier Wochen wieder allein in Frankfurt mit den erlernten Übungen, reichten mir diese bald nicht mehr aus. Also besorgte ich mir ein amerikanisches Taiji-Buch (von Cheng Man-ch'ing), nach dem ich mir die Taiji-Form selbst beibrachte.[25]

In dem einen Jahr, das ich dafür brauchte, traf ich auf zwei Menschen, die das Gleiche praktizierten: einen Frankfurter Arzt, der mich nicht so überzeugte, und einen Chinesen in der Nähe von Frankfurt, der mich schockte. Das sah bei ihm völlig anders aus als meine Form – obwohl es die gleiche war! Und ein Chinese muss es ja richtig machen, anders als so eine Langnase wie ich,

»keck in ein Buch gesteckt«. Lehrer für Taiji gab es damals nicht
in meinem Umfeld, und so flüchtete ich nach dem Ende dieses ersten Jahres zu meinem Schwarzwald-Lehrer, der wieder mal Heimaturlaub hatte und der auch Taiji übte und nicht nur Qigong.
Von ihm wollte ich meine Form absegnen lassen. Da hörte ich
dann zum ersten Mal davon, dass es verschiedene Stile in Taiji
gibt – denn er praktiziere leider eine ganz andere Form.

Eifrig, wie ich war, lernte ich einen Teil seiner Form, brachte
einem Frankfurter Freund aber die von mir aus dem Buch gelernte
Form bei. Der Freund ging wiederum nach New York damit
und lernte dort bei W. C. C. Chen, einem Schüler des Buchautors
Cheng Man-ch'ing, dessen Variante, die er mir seinerseits nach
seiner Wiederkehr beibrachte. Diese Variante der Form war noch
weicher als die von Cheng Man-ch'ing, und ich hielt es für die
höchste Tugend, beim Taiji alles loszulassen, sprich ohne jegliche
Kraftanspannung zu üben.

Ohne Nebenwirkungen

Das Taiji nämlich, das ich die ersten Jahre praktizierte, war der
Versuch einer Selbstheilung: Die schwer erträglichen psychischen
und physischen Spannungen wollte ich durch »Loslassen« min-
dern, also die Taiji-Bewegungen so vorsichtig und behutsam wie
möglich machen, dass sie mir Erleichterung verschaffen würden.
Das taten sie auch, aber eine Veränderung oder eine Öffnung »aus
mir heraus« nach außen fand nicht statt. Ich übte, damit es mir
besser ging, was auch meistens gelang, aber es war wie ein Sedativ.
Und wenn es mir mal ganz gut ging, übte ich nicht, denn es gab
ja keinen Grund. Meine Körperhaltung war ziemlich krumm, die
rechte Schulter hoch- und der Kopf eingezogen, ich war ziemlich
steif und anfällig für Hexenschuss. Es war so, als ob man einem
schiefen Holzgestell einen Mantel überwürfe und ihn glattstriche,
damit er ungehindert bis zum Boden hinge. Das Wichtigste wäre
aber gewesen, das Gestell erst einmal richtig aufzurichten. Zudem

übte ich nun drei Varianten des Yang-Stils – und das war verwirrend. Um Klarheit zu bekommen, brauchte ich einen Meister. Deshalb ging ich 1975 für einige Wochen nach London, besuchte verschiedene Schulen, nach Anzeigen ausgewählt – soweit das möglich war. Bei einer dieser Schulen sollte ich mich gleich für fünf Jahre verpflichten, Zuschauen vorher war nicht möglich; aber diese Schule hat dann nicht lange überlebt, kein Wunder mit diesem Geschäftsmodell.

Meister Chu, zum Ersten

Meister Chu fand ich, aufgrund einer Anzeige in dem Magazin *Time Out*, in seinem Vorstadthäuschen in Wembley, wo er, Jahrgang 1945, mit Frau und zwei Söhnen lebte. Er war von Hongkong nach London gekommen, um den Eltern in ihrem Restaurant zu helfen, war aber gelernter Spielzeugdesigner und erkannte bald, dass die Gastronomie nichts für ihn war: *»I cannot serve people.«* Also versuchte er sein Glück als Taiji-Lehrer, nachdem er in Hongkong intensiv bei Yang Shouzhong, dem Urenkel des Begründers des Yang-Stils und ältesten Sohn von Yang Chengfu, dem wohl bekanntesten Meister im 20. Jahrhundert, gelernt hatte und bis zu dessen Tod 1985 weiter lernte, indem er regelmäßig zu ihm nach Hongkong fuhr.

Ich zeigte ihm das Buch, aus dem ich gelernt hatte, und er unterrichtete mich eine Woche lang widerwillig danach, obwohl er es gleich dem Papierkorb anbefohlen hatte: *»Your master!«*, sagte er und zeigte dabei auf die Fotos. Ich wusste nichts von dem Fettnäpfchen, in dem ich da herumtrat: Cheng Man-ch'ing war Persona non grata bei der Yang-Familie, weil er die Form verändert hatte und auch sonst angeeckt war. Ab und zu ließ er dann mal die Maske fallen und die Sau raus, indem er mir mit Boxhandschuhen demonstrierte, wie es im Taiji *»eigentlich abging«*, und das war ganz anders als der weiche Kram, den ich da praktizierte. Boxhandschuhe? Ich war geschockt. Eine Woche Unterricht verging, es blieb nicht viel bei mir hängen.

Die erste Stunde war allerdings faszinierend: *»Taiji – very light!«* Seine Arme schwebten ein Stück nach oben. Er hob einen Fussel vom Teppichboden auf: *»Like this!«* Die Arme senkten sich, als schwebten sie herab. *»No, like nothing! Like flying! London – there ...«* und er sah aus, als schwebte er über der Stadt.

Man sagt ja, in der ersten Stunde der Einführung in eine neue Disziplin sei alles enthalten und der eigene Weg werde davon geprägt. Im Zen spricht man da vom Anfängergeist, offen, absichtslos, alles aufnehmend. Immerhin, am Ende der Woche sagte er mir dann, bei den Partnerübungen, Push Hands: »*You learn not bad*«, und damit ging ich, das war's. Von hier aus entschwand ich wieder in meine anderen Taiji-Gefilde, bis ich ihn dann 1978 in Taiwan wiedersah.

Ich armer Tor

Zurück in Frankfurt, war ich so schlau als wie zuvor. Die William-Chen-Form (die aus New York) unterrichtete ich bereits, aber inzwischen mit dem Makel, dass sie bzw. ihre »Urfassung« (die aus dem Buch) beim einzigen echten Meister, den ich kannte (dem in London), durchgefallen war; er hatte mich aber anderseits auch nicht überzeugt. Also flog ich 1976 nach New York zu William C. C. Chen. Es entstand ein Kontakt, der dazu führte, dass ich ihn nach Frankfurt einlud und außerdem zu der Abmachung, dass ich seine Fotos der Taiji-Form, die er in einem kleinen Büchlein textfrei veröffentlicht hatte, für ein eigenes Lehrbuch benutzen konnte. Das Buch schrieb ich zusammen mit dem Freund, dem ich den Kontakt zu W. Chen verdankte, und so erschien 1977 das erste deutsche Lehrbuch für Taiji (»Das chinesische Schattenboxen Taichi«), das zwar heute längst aus dem Buchhandel verschwunden ist, aber immer noch bei amazon, ebay etc. in seinen verschiedenen Auflagen erhältlich ist. Das macht ein Auge weinen und eines lachen, weil ich mich ja längst von dem Taiji, wie es darin dargestellt wird, verabschiedet habe.

Nebenher übte ich noch die andere Taiji-Variante von dem deutschen Lehrer aus Fernost. Irgendwann wollte ich mir Klarheit darüber verschaffen, woher diese Fernost-Variante kam, und nahm Kontakt zu Meister Wang Yennien in Taipei auf. Meister Wangs Yang-Stil war ganz verschieden von dem Yang Chengfus, weil er auf dessen Onkel zurückgeführt wurde. Ich korrespondierte mit einem französischen Schüler von ihm dort und durfte kommen. 1978 flog ich im Sommer nach Taipei, Taiwan.

Fernost, zum Ersten

Am Sonntag nach meiner samstäglichen Ankunft, meinem ersten Tag dort, ruhte Meister Wang, also ging ich in den zentralen Park, um mich umzusehen. Dort konnte ich den Schülern eines anderen Meisters einen Korb geben, die mich werben wollten (Ausländer waren rar damals, aber offenbar schon gut fürs Image). Jener andere Meister kam nur sonntags, das wäre mir dann doch zu wenig gewesen bei meinen paar Wochen Aufenthalt, und außerdem gefiel mir sein Taiji nicht. Da sah ich außerdem einen Menschen durch die Büsche, er sah mich auch, und wir sprachen die Worte »*I know you!*« und »*I know you, too!*« – wer welche, weiß ich nicht mehr. Es war Meister Chu, auf Besuch in Taipei, wohin ein Teil seiner Familie aus Südchina 1949 geflohen war. Er nahm mich mit zu Meister Gan, der das lehrte, was ich aus dem Buch gelernt hatte, Gott sei Dank! Ich verließ nach einigen Tagen Meister Wang, den ursprünglichen Grund meiner Reise; der hatte gar nichts von meiner Anfrage gewusst, weil der Franzose eigenmächtig entschieden hatte. Bei den Massen, die da lernten, kam es ja auf einen mehr nicht an. Fortan war ich in der Gruppe von Meister Gan. Meister Chu nahm mich überdies unter seine Fittiche. Ich durfte ihn bei den Besuchen anderer Meister begleiten und mit ihm und Meister Gan nach dem Üben morgens Dim Sum essen gehen. Er selbst zeigte nichts von seinem Taiji in der Öffentlichkeit; das hätte Gesichtsverlust für Meister Gan und einen Auftrag für die Mafia bedeutet. Er nahm mich aber ab und an beiseite: »*No center move here! You come to London, I show you.*«

Meister Chu, zum Zweiten

Das tat ich dann Anfang Januar 79. Es war bitterkalt, aber er heizte mir ein, indem er alles das nachholte, was er in Taipei mir zu zeigen sich versagt hatte: Er knallte mich lustvoll an die Wand, was mich so durchschüttelte, dass ich mich am Nachmittag im Hotelbett versteckte.

Das, was ich nun lernte, war seine Form, die lange (originale) Form des Yang Chengfu, und nicht die in der Länge und um wesentliche Merkmale verkürzte Form des Cheng Man-ch'ing. Diese Form ging nun genau an meine körperlichen Schwächen: größere Schritte, Knie tiefer gebeugt, es war, als wurde mein Körper auseinandergezogen und an den Stellen gestreckt, die ich immer nur versucht hatte, loszulassen – es war sehr anstrengend. Nichts mehr vom »Mantel hängen lassen«, sondern erst einmal ein »Gestell« bauen, die körperliche Basis, auf der es möglich war, zu entspannen.

1979 hatte er noch keine eigenen Räumlichkeiten für den Unterricht; erst einige Jahre später. Er gab die Räume aber bald wieder auf, weil er mit Privatunterricht voll ausgelastet war. Die Schüler kamen in sein Wohnzimmer, lang und schmal, wie in GB üblich; es war sehr eng. Ich durfte zuschauen und Super-8-Aufnahmen machen. Als ich einmal, allein mit ihm, bemerkte, dass es doch sehr eng sei mit über zwanzig Leuten in dem Zimmer, sagte er: »Taiji people like crowded.« Darin war er sehr gut, aus allem das für ihn Beste zu machen. Ich besuchte ihn auch in einem Sportcenter, wo er außerdem unterrichtete: sehr eindrucksvoll, drei Gruppen, außer ihm noch von zwei Assistenten betreut, alles fast schweigend. Als ich ihn später mal darauf ansprach, ob er da der daoistischen Doktrin des »Lehrens ohne Worte« gefolgt sei, sagte er: »In this time no English.« Das er sich dann übrigens

nach der Learning-by-Doing-Methode aneignete und offenbar nie
Unterricht nahm; er hat die Engländer nicht besonders gemocht
und wollte sie auch nicht unterrichten – seine späteren Aktivitä-
ten erstreckten sich dann nur auf Festland-Europa – als »*British
citizen*«, der er inzwischen geworden war.

Fernost, zum Zweiten

Die ganzen Jahre hindurch hatte ich mit der Alternative gelieb-
äugelt, vielleicht doch lieber Theater zu machen und meine Erfahrungen in New York auch praktisch, auf der Bühne, zu verarbei-
ten. Deswegen gründete ich 1979 eine freie Theatergruppe, EXP,
in der ich versuchen wollte, das »Arme Theater« vom archetypischen Kopf auf die kritischen Füße der »Frankfurter Schule« zu
stellen – aber dazu gehörte erst einmal ein Besuch bei Grotowski
in Polen, an der Quelle. Ich meldete mich also zu einem Workshop
Anfang Januar 1979 dort an; nach meinen ersten Besuch bei Meister Chu sollte es sein. Ich wollte von London aus nach Breslau
fliegen. Aber es gab keinen Flug, weil alles vereist war, und mein
Versuch, das Teatr Laboratorium telefonisch zu erreichen, um
zu fragen, ob ich auch noch nach Ablauf des Vierundzwanzig-
Stunden-Zeitfensters, in dem man einzutreffen hatte – mit dem
Zug aus London! – kommen dürfe, schlug fehl, keine Verbindung.
Und da ich im Grunde keine wirkliche Lust hatte, dorthin zu fahren, nahm ich diese Umstände als Zeichen, das mich zum Taiji hin
und vom Theater weg wies und mich in meiner Entscheidung, bei
Meister Chu zu lernen, bestärkte – offenbar war das mein Weg.

Trotzdem fuhr ich im Sommer nochmals zu Meister Gan nach
Taipei (und EXP existierte noch zwei Jahre). In Taipei wurde ich
enttäuscht, weil er kaum Zeit für mich hatte und seine Schüler
zu Jüngern geworden waren, die immer Beifall klatschten, wenn
er etwas zeigte. Ich fand einen anderen Meister Wang – als Inge-
nieur bei Bosch den Deutschen schon von Berufs wegen zugetan –
und lernte von ihm. Er unterrichtete auch die Form von Cheng

Man-ch'ing, aber wieder etwas anders. Meister Chu, dessen Fähigkeiten ich nach dem halben Jahr bei ihm noch überhaupt nicht erkennen konnte, hatte geschwiegen zu meiner Reise. Aber jetzt, als ich wieder bei ihm war, brach es aus ihm heraus, als ich sagte, in vier Tagen bei ihm lernte ich mehr als in vier Wochen in Taiwan: »*Four weeks? Four years!*«, und er knallte mich Begriffsstutzigen abermals mehrfach heftig an die Wand – allerdings ohne Boxhandschuhe; die hatte er inzwischen ausgemustert. Den Nachmittag verbrachte ich im Hotelbett, die Decke über dem Kopf, mal wieder geschockt.

Und mein »Privatleben«? Es liest sich so, als hätte ich in diesen Jahren nur für das Taiji gelebt. Aber genauso wie ich auf der Suche nach dem »wahren« Taiji war, war ich auch auf der Suche nach der »wahren« Liebe. Es gab kurze Beziehungen mit vier verschiedenen Frauen, die alle geprägt und beschwert waren von dieser Suche. Ich wollte immer alles, One-Night-Stands waren nichts für mich. Das Motiv, endlich die Richtige zu finden, trieb mich an und überdeckte, als Willensentscheidung, meine wirklichen Gefühle, die ich, diffus wie sie waren, kaum spüren konnte. Denn ich bildete mir ein, dass die besonderen Umstände des Kennenlernens als Wink des Himmels zu verstehen seien. Zunächst der Schutzraum in Todtmoos-Rütte bei meinem ersten Aufenthalt dort, in dem ich gefestigter schien, als ich tatsächlich war; wollte mir sozusagen etwas davon erhalten durch die Annäherung an eine Mitarbeiterin. Es folgte eine erfolgreiche Kontaktanzeige, die ich aufgegeben hatte und deren Erfolg mich glauben ließ, dass es – Zufälle gibt es nicht! – die Richtige sein müsse; dann während eines Taiji-Seminars in einem Meditationszentrum, als sich eine Teilnehmerin in ihren Lehrer, nämlich mich, wie schmeichelhaft, verliebte; und außerdem einmal auf einer Autorentagung des Süddeutschen Rundfunks, für den ich zwei oder drei Kinderhörspiele geschrieben hatte. Eine Mitautorin wurde mir da sozusagen von den Leiterinnen quasi »anempfohlen« (oder ich redete mir das ein). Jedenfalls brachen drei dieser Beziehungen jeweils nach einer gemeinsamen Urlaubszeit auseinander, als unsere ungefilterten Erwartungen ohne Schutzraum aufeinanderprallten und meine Verschmelzungsfantasien mit all ihren emotionalen Schlacken, die dabei entstanden, die realen Möglichkeiten der Zweisamkeit verglühen ließ. Die erste zerstörte ich durch meine Eifersucht, auch ohne Urlaubsreise ging das sehr gut.

glücksschmied

jeder
schmiedet das eisen
solange es heiß ist
zu viel feuer
zerschmilzt es
zu harte schläge
zerstören es

ich
glücksschmied
ließ meinem eisen
keine chance.

Meister Chu – *forever*

und willst du nicht mein bruder sein,
so schlag ich dir den schädel ein.
warum sind die menschen so?, fragte ich.
hast du dich schon mal mit mir verbrüdert?, fragte mein
drache.
nein, sage ich, du bist ja kein mensch.
eben, sagte mein drache,
in jedem bruder steckt der drache, denk daran.

Das erste und das zweite Jahr bei Meister Chu waren hart. Viermal im Jahr vier Tage Unterricht, jeweils zweimal neunzig Minuten am Tag (vielleicht waren es am Anfang auch mehr). Ich blieb bei ihm, im Ganzen sechsundzwanzig Jahre.

Ich habe ihn sehr verehrt. Wir haben uns sehr gemocht. Er drückte es so aus, dass wir »wie Brüder« seien. In der Tat, es war schon eine Begegnung der besonderen Art, und wenn das Wort vom Zufall eine Gotteslästerung ist, wie Lessing sagt, und man Gott trotzdem nicht bemühen möchte, dann war es eben Bestimmung oder Schicksal. Für ihn bot ich die Möglichkeit, seine Fähigkeiten und seine Tätigkeit in fast ganz Europa auszubreiten und damit sehr viel Geld zu verdienen – diese Brücke habe ich gebaut und über Jahre daran gemauert. Und für mich war es die Möglichkeit, meinen Wunsch nach »wahrem« Taiji zu erfüllen und das zu lernen, was heute die Basis meiner Arbeit darstellt, nämlich das Wissen um die innere Kraft.

Meister Chu war für mich damals eine beeindruckende Persönlichkeit. Er ruhte in sich selbst und strahlte großes Selbstbewusstsein aus. Und doch: irgendwie war er nicht bei sich zu Hause, immer auf der Suche, ja Pirsch nach neuen Erkenntnissen, die seine innere Kraft und seine Fähigkeiten, andere zu besiegen, verbessern konnten. Sein ehrgeiziges Ziel war es offenbar, das traditionelle Taiji der Yang-Familie für sich vollständig zu entwickeln und weiterzugeben. Von sich selbst sprach er nur in der dritten Person: Master Chu. In den ersten Jahren sprach er auch abfällig über andere Varianten des Yang-Stils, später, mit dem Wachsen des eigenen Könnens, legte sich das und er unterschied lediglich »äußeres« und »inneres« Taiji. »Äußeres« Taiji folge, so seine Erklärung, den »inneren Prinzipien« des Taiji, aber mit äußeren Mitteln, sprich mit dem Einsatz von willkürlicher Muskelkraft und der Schwungkraft des Körpers. »Inneres« dagegen entwickle die »innere Energie« und eine innere Kraft, die vom Geist gelenkt und vom Atem erfüllt wirkt und die keiner willkürlichen Muskelanspannung und der Schwungkraft bedürfe, um wirksam zu sein, ja, beide behinderten die Entstehung von innerer Kraft. Ein Meister der Yang-Tradition, Chen Weiming (1881–1958), Schriftsteller, Schüler und Mitarbeiter von Yang Chengfu (1883–1936) und also einer meiner »Vorväter«, beschreibt diese innere Kraft so: »Viele üben heute Taiji, aber es nicht das wahre Taiji. (…) Mit wahrem Taiji ist dein Arm wie Eisen, umwickelt mit Baumwolle. Er ist sehr weich und fühlt sich doch schwer an für jemanden, der ihn zu heben versucht. (…) Wenn du den Gegner berührst, sind deine Hände weich und leicht, aber er kann sie nicht loswerden. Dein Angriff ist wie eine Kugel, die glatt etwas durchschlägt *(gan cui)*[26] – ohne Zuhilfenahme von ›schwerfälliger Kraft‹. Wenn er zehn Fuß weggestoßen wird, fühlt er ein wenig Bewegung, aber keine Kraft. Und er empfindet keinen Schmerz. (…) Wenn du (schwerfällige) Kraft einsetzt, kannst du ihn vielleicht bewegen, aber es ist nicht *gan cui*. Wenn er versucht, (schwerfällige) Kraft einzusetzen, um dich zu kontrollieren oder dich wegzustoßen, ist es, als wollte er den Wind oder die Schatten fangen. Überall ist Leere (…) wahres Taiji ist wirklich wunderbar.« (1928)

Meister Chu war nicht von Beginn seiner Lehrtätigkeit an im Besitz der inneren Kraft. Er selber sprach davon, dass er erst fünfzehn bis zwanzig Jahre nach seiner Lehrzeit bei Meister Yang Shouzhong, die mit dessen Tod 1985 endete, zur inneren Kraft gefunden habe – zur »*pure internal energy*«, wie er es ausdrückte.[27] Er sprach aber während seiner Entwicklung nie davon, dass er auf der Suche sei, im Gegenteil, er konnte meisterhaft den Eindruck erwecken, er hole Stückchen für Stückchen die Geheimnisse aus seiner Schatztruhe hervor und gebe sie huldvoll an uns weiter. Entwicklung ist natürlich legitim, ja es ist gar nicht anders denkbar, als dass »Meistersein« bedeutet, allein auf der Suche sein zu können; aber den gegenteiligen Eindruck zu erwecken und manchmal sogar ohne Erklärung genau das Gegenteil vom letzten Mal zu unterrichten, verlangt schon geduldige (oder hörige) Schüler und ordentliche Chuzpe.

In den ersten Jahren meines Unterrichts erklärte er viel, und auch in den Seminaren, die ich mit ihm veranstaltete, war er allen Fragen gegenüber sehr offen. Er sagte, er mache sich nicht Sorgen darüber, dass die Schüler ihn nicht verstünden, also zu dumm seien, sondern eher darüber, dass sie zu clever seien, sprich nach Abkürzungen suchten. Bleibt die Frage, ob nicht beides das Gleiche ist. Heute, wie ich höre, soll er auf Fragen so antworten: »*Because I say so*« – immerhin eindeutiger als sein Lehrer Yang Shouzhong, der auf Fragen, ob es nun so oder so richtig sei, nur mit »Ja« geantwortet haben soll.

ITCCA

Der Verband, den Meister Chu in Abstimmung mit Yang Shouzhong gegründet hatte, um den »Yang-Familienstil« zu verbreiten, heißt ITCCA (International Tai Chi Chuan Association). Ihm, dem Leiter und Meister, arbeiten die einzelnen »Unterabteilungen« *(branches)* in den europäischen Ländern zu, in denen die ITCCA vertreten ist. Alle Schüler und Schülerinnen müssen eine

jährliche »Mitgliedsgebühr« zahlen (es waren zu DM-Zeiten sechzig Mark), ohne dafür eine Vereinsmitgliedschaft zu erwerben,
denn »ITCCA« war nur ein Name ohne Rechtsform. Von diesem
Geld bekam Meister Chu ein jährlich steigendes Fixum, von dem
er einen Teil an die Familie seines Meisters weiterleitete, wie er
sagte, ein weiterer Teil blieb beim »Branch-Leader«, der kassiert
hatte; also das »Teile-und-herrsche-Prinzip«, das alle zufrieden-
stellte – außer immer wieder Schüler, die nicht einsahen, wofür sie
diese Gebühr zahlen sollten. Die Leiter der Unterabteilungen werden von Meister Chu ernannt und bilden Lehrer und Lehrerinnen
aus, die sie zu Meister Chu zur jährlichen Lehrerprüfung schicken.
Untereinander haben diese Leiter kaum Kontakt; der ist nicht
erwünscht, und obwohl es eine Hierarchie gibt, steht die nur auf
dem Papier. Ich war Leiter der ITCCA Germany (und zeitweise
auch für die Schweiz), hatte aber keinerlei Weisungsbefugnis für
die weiteren »Branches«, die es gab – in Deutschland zu meiner
Zeit noch drei. Es galt die Regel, dass die Lehrer der ITCCA
untereinander ca. 50 Kilometer Abstand haben sollten (»Gebiets-
schutz«), aber der Kontakt untereinander war spärlich, sodass das
nicht wirklich funktionierte.[28]

Der Unterricht

Mein Unterricht unterschied sich von dem der anderen Lehrer
und Lehrerinnen: Ich hatte ja außer Meister Chu niemanden, von
dem ich lernte. Insofern waren meine Prüfungen eher Formsache,
weil ich ja aus erster Hand alles bekam. Es gab die Form zu lernen
(manche sagen »Handform«, da ohne Waffen; ich mag diesen Ausdruck nicht, da er mich an »Handcreme« o. ä. erinnert), die Waf-
fenformen mit Schwert, Säbel und langem Stock, Partnerübungen,
auch mit Waffen, Selbstverteidigung, dazu Qigong, daoistische
Meditation und Selbstmassage. Kernstück war die Form mit ihren
»*internal principles*«, von mir übersetzt als »Vertiefungsstufen«.
Inhalt der Vertiefungsstufen ist es, den Körper in der Form nach

und nach Spiralbewegungen erlernen zu lassen, um so zu einer Art der Atmung zu gelangen, die Meister Chu den »inneren Atem« nannte.[29]

Der Privatunterricht bei ihm in London bestand in den letzten Jahren, in denen ich bei ihm war, aus vier Privatstunden zu je fünfundsiebzig Minuten an zwei Tagen. Kosten: achthundert englische Pfund. Es waren erst vier, dann fünf Schüler am Tag, die sich in das Zeitfenster quetschten. In meiner Anfangszeit, als ich oft der Einzige am Tag war, gab es noch Zeit, mittags zusammen zu essen (die gute Küche seiner Frau) und den Weißwein zu trinken, den ich geschmuggelt hatte (damit der schreckliche »Blue Nun«, Export Weißwein-Verschnitt für unwissende Ausländer, von dem sich die leeren Flaschen hinter dem Haus stapelten, ersetzt werden konnte). Bei fünf Schülern am Tag geben sich alle die Klinke in die Hand, stehen die ersten fünfzehn Minuten des eigenen Unterrichts – während der letzten fünfzehn Minuten des Vorgängers – stumm zum Fenster gewandt im Qigong, ab und zu korrigiert vom Meister, der ein, zwei Minuten so dem Vorgänger abzwackt. Dann eine Stunde Unterricht, oft unterbrochen von Telefonaten oder Ausflügen in die Küche oder in den Garten – »*very private*« seien seine Privatstunden. Je nach Sympathiegrad war dabei viel oder eher weniger Engagement des Meisters vorhanden, was bedeutete, dass die Zahl der Korrekturen oder Hilfen für den Schüler jeweils unterschiedlich waren (so wenig manchmal, dass einige bereits nach dem ersten Besuch bei ihm die Brocken hinschmissen). Denn der Unterricht war ja in erster Linie Prüfung. Das System war/ist so aufgebaut, dass die Lehrbeauftragten im Heimatland den Kandidaten auf die jeweilige Vertiefungsstufe vorbereiten und der Meister sie dann nur noch prüft. Und da in allen Stufen die jeweiligen Bewegungsphasen angesagt werden müssen, ergibt sich eine Prüfungsmethode, die die Qualität des Taiij nach der richtigen Ansage bemisst – fünf Fehler durfte man machen –, und es ist am Meister liegt, inwieweit er sich um die Defizite jenseits des richtigen Aufsagens kümmert. Bei mir war er immer bereit, Fragen zu beantworten, aber es gibt eben auch andere Schilderungen.

Meine »Upgrades« – Meisterschüler, Meister

Als ich 1988, nach neun Jahren Unterricht, von Meister Chu aus heiterem Himmel zu seinem ersten Meisterschüler[30] ernannt wurde, erschien mir das viel zu früh, wobei auch meine Vermutung, dass er damit seine »Vasallenordnung« nach Austritten wieder festigen wollte, eine Rolle spielte. *»You asked me many times«* – Schüler müssen traditionell den Meister zuerst fragen, ob er sie annimmt –, aber ich hatte nie gefragt, weil ich mich nicht getraut hatte. Und doch nahm ich sie natürlich an, diese Ehrung, hatte aber – es war bei einem Ferienkurs – in der Nacht darauf eine überaus schmerzhafte Nierenkolik, die sich nach der Untersuchung daheim in Frankfurt dann als offenbar psychosomatisch erwies: etwas Gries war da, aber in der anderen Niere, und die war ja ruhig geblieben. Naja, wahrscheinlich waren Gries oder Stein abgegangen, würde die Schulmedizin sagen, und ich konnte es wegen der Schmerzen nicht spüren. Aber die Angst vor Abhängigkeit, die war noch da. Und als ich von ihm 2002 zum Meister ernannt wurde – diesmal ohne Symptome –, begriff ich das eher als Bestätigung, dass ich vielleicht auf dem richtigen Weg sei, und nicht als »Titelgewinn«, nach dem nichts mehr kommt an Entwicklung und Veränderung, will sagen: Entwicklungen brauchen ihre Zeit, Transformationen etwas länger und Einsicht in das, was stattgefunden hat, gibt es auch nicht gleich dazu. Dafür aber Schmerzen.

Das Schwert über mir

wie kann ich alles leichter nehmen, fragte ich.
indem du weniger hältst und schleppst, sagte mein drache.
das muss ich doch aber, sagte ich, das bin doch ich!
eben, sagte mein drache.
du musst den lassen, der alles halten möchte.

Diese Abhängigkeit, vor der ich Angst hatte, war manifest in dem Damokles-Schwert, das über allem Lernen hing: die Frage von ihm, ob ich ihm wieder Geld borgen könne für seine Antiquitätenkäufe. Am Anfang unserer Lehrer-Schüler-Beziehung waren es Einkäufe während seiner Kurse in Frankfurt oder bei Familienausflügen mit mir nach Bath in England gewesen, wo es viele entsprechende Geschäfte gibt; später dann ging es um das telefonische Ersteigern von hochwertigen Objekten bei Sotheby's und Christie's. Dafür lieh er sich Geld von Schülern, das er dann im nächsten Jahr mit den Honoraren des Einzelunterrichts und für die Ferienkurse verrechnete, die sie, falls Leiter eines »Branch«, mit ihm veranstalteten.

So stand mein Lernen fast immer unter dem Druck, wie viel er diesmal wollen würde. Meist zwischen 15.000 und 25.000 DM, was etwa dem Honorar eines Seminars (es gab kürzere und längere) mit ihm entsprach. Etwa nach der zweiten Stunde rückte er damit heraus, die dritte Stunde verbrachte ich im Überdenken dieser Forderung, und wenn ich dann schließlich zusagte, war die letzte Stunde voller Taiji-»Geheimnisse«, die er dann auspackte. Bei ihm scheint zu stimmen, dass die Chinesen als ein Volk von Händlern gelten. Eine Weile konnte ich mich wehren, unterstützt von meiner damaligen Frau, und ihm seine Bitten abschlagen, aber dann wurde ich wieder schwach. Da ich das Geld immer von der Bank leihen musste, stellte es eine erhebliche Belastung und überdies auch eine Verpflichtung für ein Engagement im nächsten Jahr dar, in dem die Rückzahlung anstand – aber eben nur, wenn alles, Weiterbildung und Ferienkurs, auch stattfanden.

Dieses Finanzgebaren war es unter anderem auch, was den Bruch zwischen uns 2005 herbeiführte. Die Balance stimmt nicht mehr: Meine Schüler wurden weniger, auch in seinen Kursen bei mir, aber sein Honorar immer höher (es stieg jedes Jahr), sodass für mich als Veranstalter, anders als in früheren Jahren, kaum etwas blieb. Das sah er nicht ein. Er hatte aus seinen Fähigkeiten ein System gemacht, dabei mit der Zeit immer mehr den Blick aufs Geldverdienen gerichtet (»Geldmaschine«, wie einer der Schüler sagte) und den Blick auf die Bedürfnisse der Schüler und deren Entwicklung weitgehend verloren; und das wollte ich nicht mehr mittragen und vertreten. Aber der Mensch trennt sich nicht wegen Geld allein.

Vater gut, Vater bös

Warum konnte ich sechsundzwanzig Jahre von ihm lernen? Außer den offensichtlichen Gründen – gegenseitige Sympathie, mein Ehrgeiz, »richtig« Taiji lernen zu wollen, auch gut zu verdienen in der ersten Zeit mit ihm im Rücken, meine Empfänglichkeit für seine Schmeicheleien, die meine Eitelkeit trafen – war es wohl im Grunde die Situation, dass ich in ihm jemand traf, der den Flug des Drachen verkörperte und den ich bewundern und unterstützen konnte. Er hatte sich aus kleinen Anfängen – 1975 konnte er gerade mal eben überleben mit dem Taiji-Unterricht – in eine Position von Einfluss und Reichtum gebracht, an welcher Entwicklung ich nicht nur teilhaben, sondern sie auch fördern konnte, indem ich die ITCCA aufbaute und ihm Lehrerschüler zuführte: »Branch-Leader« in Deutschland, der Schweiz und Österreich entstammen meiner Schule.

Da war der Drache, dessen Flug ich begleiten konnte, sozusagen als irdischer Helfer, der selbst (noch) nicht fliegen kann, so wie irdische Helfer einem Vampir helfen, tags zu überleben, damit er nachts ausfliegen und saugen kann (und die selbst niemanden aussaugen; natürlich meine ich nicht ihn damit, er hat ja, anders als ein Vampir, auch viel gegeben). Es waren meine Lehr- und Wanderjahre, in denen ich qua Identifikation an der fremden Drachenkraft teilhaben konnte – was nur ging, weil ich diese Kraft in mir bereits gespürt hatte. Auch lernte ich die ersten Ausritte auf meinem Drachen von ihm.

Es war aber auch meine masochistisch geprägte Bereitschaft, mich für einen anderen zu opfern und davon zu profitieren, die mich bei ihm hielt, so wie ich es mit meinem Vater getan, aber da vor allem Leid geerntet hatte. Im Gegensatz zu diesem, der sein Leben als unglücklich empfand und es deswegen auch so lebte und der mit fünfzig, mit dem ersten Infarkt, es der Welt in Zeitungsartikeln verkündete und bis zu seinem Tod keinen Weg zum Glück der Selbstannahme und des Verständnisses anderer fand, war hier nun ein Kämpfer, der immer strahlender und stärker und erfolgreicher wurde – und ich hatte Teil daran. Auch wenn ich spürte, dass in seiner Sympathie ebenso viel Berechnung war, mich für seine Zwecke einzuspannen – die Identifikation war zu stark. Immer, wenn ich aus London vom Unterricht zurückkam, war ich wie er, dachte ich zumindest. Aber ich war ja ich, und mir seine Art zu borgen – sozusagen wie John Wayne zu gehen, wenn man aus einem Film mit ihm aus dem Kino kommt – hielt nicht lange vor.

Erste deutliche Risse bekam diese Beziehung nach zwei OPs, die ich 2004 hatte, und aufgrund deren er mich besonders vorsichtig behandelte, aber eben nur auf der persönlichen Ebene, die Geschäftsbeziehung blieb davon unberührt. 2005 kam es dann zur Trennung, äußerlich wegen »Business«, aber sicherlich auch, weil ich gemerkt hatte, dass mir an einer Beziehung, die von meiner Seite persönlich so voller Hingabe war, nichts lag, wenn das Gegenüber vor allem den eigenen Nutzen sah, auch wenn ich echter Rücksicht bedurfte. So sah ich es damals.

Der Vater-Archetyp[31]

Tiefenpsychologisch gesehen, traf ich in ihm auf das Prinzip des
Männlichen, das dabei war, sich bei mir zu entwickeln.
»Die Entwicklung des Bewusstseins und des Ich (...) bestand
in der allmählichen Emanzipation von der überwältigenden
Umklammerung durch das Unbewusste, die im Uroboros völ-
lig, bei der großen Mutter noch teilweise bestand. Wenn wir
diesen Prozess näher betrachten, handelt es sich also um ein
Selbständigwerden des Männlichen, das ursprünglich nur als
Keimanlage vorhanden war, und um die Entfaltung des Ich-
und Bewusstseinssystems ...« (E. Neumann, S. 108)

Meister Chu repräsentierte das männliche »Prinzip des Himmels«
für mich, indem er ein System des traditionellen Taiji vertrat, das
von den Vätern – der »Yang-Familienstil«, dem er qua »Adop-
tion« zum Meisterschüler zugehörig war – überliefert war und
exakt übernommen werden musste. Es ging nicht mehr um die
Erfahrung des Unbewusst-Schöpferischen, gewonnen durch die
Regression im Schoß der Großen Mutter, also darum, vor allem
sich selbst im Taiji kreativ zu erfahren, sondern darum, teilzuha-
ben am traditionellen »Geist der Gesetze«, der mit Ordnung und
Regeln das Kollektiv regiert. Letztlich ging es also darum, eine
männliche Stellung in der Welt zu finden. Das tat ich die ersten
Jahre, ohne zu fragen, weil es mich stärkte in meiner Rolle als
Lehrer und Leiter einer Taiji-Schule. Mehr und mehr erfuhr ich
das aber dann als einengend und distanzierte mich schließlich
innerlich von der Lichtgestalt Meister Chu und dem Prinzip des
»Großen Vaters«[32] und schließlich auch von dem Bild des »furchtbaren Männlichen«, das überwunden werden musste.

Der furchtbare Vater

»Das zu tötende ›furchtbare Männliche‹, dessen letzte Form
der ›furchtbare Vater‹ ist (...) wirkt aber nicht nur als ein
bewusstseinsauflösendes, sondern mehr noch als ein das Bewusstsein falsch fixierendes Prinzip. Immer ist es das, was die
Weiterentwicklung des Ich und des Bewusstseins hindert und
das alte Bewusstseinssystem festhält.« (E. Neumann, S. 153)

Es stimmte nicht mehr zwischen uns, weil meine archetypische
Suche nach einer Projektionsfläche für Inhalte des Großen Vaters
mit seinem tatsächlichen Bild nicht mehr vereinbar war. Er wurde
zum »furchtbaren Vater«, der mich durch seine Art bedrohte. Ich
empfand meine Abhängigkeit und seinen Wunsch, mich festzuhalten, als »patriarchale Kastration«, ohne diesen Begriff damals zu
kennen. Immer wenn ich, frohgemut und ein wenig mehr bei mir
selbst als das vorherige Mal, zu ihm kam, reichte dieses Selbstbewusstsein gerade mal für eine Unterrichtsstunde, bis ich wieder
in die alte Abhängigkeit verfiel und ihn »anhimmelte«. Vollends
gab es mir den Rest, wenn die Frage nach dem Geld kam; da spielte er so geschickt auf der Klaviatur meiner Schuldgefühle (denn
meistens stellte er es so dar, dass er es für irgendeine Familien-
angelegenheit brauchte), dass ich einknickte. Aber irgendwann
war es zu viel.[33]

Nach Erich Neumann ist dies der Zeitpunkt, an dem der Held
nicht nur die Mutter überwinden muss, sondern auch der Drachenkampf mit dem Vater. ansteht Ich musste ihn »töten«, um
mich zu retten. 2005 kam es zur Trennung.

Meister Chu – heute

Heute, d. h. im Jahr 2013, habe ich keinen Kontakt mehr zu meinem langjährigen Lehrer, und ich habe auch kein Interesse, ihn
wieder zu suchen. Zu groß waren die Verletzungen auf beiden

Seiten; sein Gesichtsverlust, von seinem »dienstältesten« Schüler
und in den Meisterstand Erhobenen verlassen zu werden[34], und zu
groß war auch mein Schmerz, zu erkennen, wie ich, trotz allem,
was ich ihm fachlich verdanke, eine Schachfigur in seinem System
gewesen war. Aber ich war sie ja freiwillig gewesen, und deswegen
habe ich ihm auch nichts zu verzeihen, weil ich ja beteiligt war
an seinem Spiel; und außerdem habe ich ihn »getötet« – und er
mich –, wer sollte sich da begegnen?[35]

Lebensmitte – Vaterzeit

manchmal bin ich glücklich, sagte ich.
warum?, fragte mein drache.
weil ich dann erkenne, warum ich unglücklich bin, sagte ich.
warum?, fragte mein drache.
warum ich unglücklich bin
oder warum ich es erkenne?, fragte ich.
eben, sagte mein drache,
weil du glücklich bist.

1979 und die folgenden Jahre ging es mir gut. Ich hatte einen Lehrer gefunden, war in einer emotional und sexuell befriedigenden
Beziehung mit U., einer Psychologin, die ich als meine Schülerin
kennengelernt hatte und die mich sehr unterstütze. Wir lebten zusammen in einer großen Wohnung, in der auch für Meister Chu
ein Bett frei war bei seinen ersten Seminaren in meiner eigenen
Schule, die ich 1980 gegründet hatte. Taiji unterrichtete ich seit
1975, also zwei Jahre, nachdem ich begonnen hatte, es zu lernen –
was o.k. ist, wenn man gut ausgebildet ist; tja, das war ich zwar
nicht, aber ich wollte anderen unbedingt zeigen, was ich da gelernt hatte. Bis 1980 war ich damit in verschiedenen Räumen zur
Untermiete.

1980 fand ich Schulräume in einem Frankfurter Vorort und
traute mich, diese fest zu mieten, weil es auch das Domizil meiner

Theatergruppe EXP sein sollte: tagsüber Proben, auch mal Aufführungen am Wochenende, abends Taiji. Ich konnte vom Taiji-
Unterricht gut leben. Meine Theater-, Funk -und Fernsehlaufbahn
war beendet. Ich hatte zwei Autos, einen Golf Diesel für den Alltag und einen Alfa Junior – oder so ähnlich hieß das gute Stück –
(gebraucht) zum Angeben.

Die Eltern kamen schauen, und bei der Gelegenheit schenkte
Vater mir die Kamera, weil ja die gute FAZ-Kritik für das EXP-
Stück »Wieder Holen« noch dadurch verstärkt wurde, dass ich
jetzt eigene Räume hatte. Aber lieber hätte er gesehen, wenn ich
noch etwas Anständiges studiert hätte, um zum Beispiel Volks-
schullehrer zu werden. Damit hatte er mich in der Zeit nach New
York, als ich wirklich orientierungslos war, gelöchert, was mich
zutiefst kränkte, denn er erkannte nicht, was da bei mir in Bewegung war. Bei der wohl einzigen Aussprache, die wir 1970 nach
meiner Rückkehr von dort hatten und in der ich davon sprach,
glücklich sein zu wollen, raunzte er nur verächtlich »Glück« und
verließ das Zimmer – er war eben unglücklich und wollte, so mein
Gefühl, dass ich es auch würde.

Aber jetzt war Burgfrieden. 1981 hatte ich EXP aufgelöst, weil
die Arbeit mich total überforderte: Die Drachen, die ich bei den
Mitspielern weckte, allesamt unausgebildete, aber theaterbeses-
sene Laien, wandten sich auch gegen mich, und damit konnte ich
nun gar nicht umgehen. Dankbarkeit wollte ich, aber keine Kri-
sen, und schon gar nicht die Erwartung, diese zu bewältigen. Ich
war ja gerade erst dabei, meinen eigenen Drachen zu entdecken
und zu zähmen. In der Taiji-Schule hatte ich schon 1980 zum Stil
von Meister Chu gewechselt, die meisten der etwa achtzig Schüler
damals zogen mit und die, die bei der Chen-Form bleiben wollten,
unterrichtete ich lieblos weiter, sodass sie sich, bald – Zitat – »wie
die Neger vom Taiji« fühlten und sich verabschiedeten. Also eigentlich war alles gut.

Tötung auf Verlangen

Aber 1983 starb mein Vater, mit zweiundsiebzig, nach einer OP und drei Monaten Siechtum an Herzversagen. Das Herz war schon seit zwanzig Jahren angeknackst gewesen – aber ich konnte in dieser Zeit nicht zu ihm. Die Abwehr gegen seine stummen Vorwürfe, die ich erwartete, war einfach zu groß. So überdeckten heftige Schuldgefühle meine Trauer, wenn sie denn da war, und ich brauchte noch etliche Jahre, um Frieden mit ihm zu schließen.

Die Trennung von meinem Vater, die ich durch meinen eingeschlagenen Weg zwar langsam, aber konsequent vollzog, bescherte mir doppelte Schuldgefühle. Zum einen litt er darunter, dass ich ihn, seinen Einfluss, verließ und seine »Ich-meine-es-nur-gut-mit-dir«-Haltung ablehnte. Er zeigte mir sein Leid überdeutlich und machte mir Schuldgefühle, die ich nicht abweisen konnte, und so erfuhr ich seinen Tod als letzte Anklage, als wollte er mir sagen: »Du hast mich umgebracht.« Das verstärkte zum anderen die archetypische Schuld, die erfährt, wer den »vollkommenen Weltzustand (zerstört), den der Uroboros bedeutet«. Neumann fährt an dieser Stelle fort:

> »Entscheidend ist ... dass diese Trennung nicht nur als passives Leiden und Verlust erfahren wird, sondern als aktiv-destruktives Tun. Die Trennung ist symbolisch identisch mit Tötung, Opferung, Zerstückelung und Kastrierung. (...) Tötung des Alten, seine Zerstückelung und Unwirksammachung ist die Voraussetzung jeden Neubeginns. (...) Es ist aber selbstverständlich, dass diese Tötung eine echte, wenn auch notwendige Schuld bedeutet.« (E. Neumann, S.105)

Und nun war er tatsächlich tot – das, was ich symbolisch vollzogen und erlebt hatte, war Realität.[36]

Wieder das Schwert in meiner Hand

in jedem von uns steckt ein amokläufer, sagte mein drache.
in mir doch nicht, sagte ich,
und wenn, dann sind das deine kinder,
geboren, als du noch in mir warst.
eben, sagte mein drache,
ich bin immer noch teil von dir.

Was sein Tod in mir auslöste bzw. mein Handeln kurz darauf, kann ich mir nur rückblickend erklären; damals sah ich keinen Zusammenhang.

Ich verließ U. wegen einer attraktiven Blondine, die ich auf einem Taiji-Workshop außerhalb von Frankfurt kennenlernte, die mich aber nie erhörte. Es war der berühmte Blitz, der eingeschlagen war und meine Macho-Seite weckte, zusammen mit sorgenden Gefühlen, weil ich meinte, mich um diese Frau kümmern zu müssen – in der Beziehung mit U. war ich seelisch eher das umsorgte Kind, wenngleich körperlich Mann gewesen. Das war meine Erklärung, damals. Meine Analyse war 1980 beendet und ich hielt mich für »geheilt«.

Rückblickend meine ich zu erkennen, dass mir in der Beziehung zu U. die Tiefe fehlte: Die Liebe, die ich als kleines Kind meinem Vater gegenüber empfand, war traumatisiert und verborgen, wie in einer alten Höhle. Sie hätte die Tiefe abgegeben in meiner Beziehung zu U., aber sie war mir nicht zugänglich, lebte ich doch inzwischen konfliktfrei – zumindest damals noch – eine Neuauflage der Vaterbeziehung zu Meister Chu. Ich suchte diese Tiefe auch nicht, weil ich gar nicht wusste, dass sie da war – es gab ja nur den Status quo mit dem Vater, und der war »lieb-los«. So wie meine klein-kindliche Liebe von meiner Mutter nicht erfüllt wurde, erfüllt werden konnte, so suchte ich immer, unbewusst, den regressiven Rausch, die Hoffnung, alte Sehnsucht erfüllt zu bekommen, immer mit der eingebauten Versagung, die sich fest mit meinem Bild des Heils der »wahren Liebe« verknüpft hatte. Also »befreite« wohl der Tod meines Vaters meine Kinderliebe. Bei U. fand ich sie nicht. Sie, drei Jahre älter als ich, war als kleines sudetendeutsches Kind in den letzten Kriegstagen oder danach in einem tschechischen Lager interniert gewesen und dadurch traumatisiert worden. Fotos von ihr aus der Zeit davor und danach zeigen zwei völlig verschiedene Personen, und ich wollte die nichttraumatisierte finden, um mich mit ihr im »uroborischen Inzest« zu vereinen. Aber dieses frühe Kindwesen war ihr – und mir – nicht zugänglich, ihre Lebenstüchtigkeit hatte auf der Verdrängung dieser Zeit aufgebaut und war groß. Und jetzt setzte der Vater-Tod die alten Strukturen in mir frei und lockten mich, regressiv, in andere Gefilde. Natürlich war mir das damals nicht klar, aber als ich der blonden Frau begegnete, empfand ich darin offenbar das Versprechen, mich mit ihr in dieser archaischen Zeit vereinen zu können; wie schimärenhaft das war, zeigt die Tatsache, dass es nie zu einer tatsächlichen Liebesbegegnung, geschweige denn zu einer Beziehung mit dieser Frau kam. Jetzt allein hausend in einer an die Taiji-Schule angrenzenden Kammer, die ich dazugemietet hatte, verbrachte ich meine Zeit mit langen Telefonaten, frustrierenden Besuchen und wieder Therapie, weil alles so schwer erträglich war. Und doch war die psychische Wirklichkeit so stark, dass ich dafür eine reale Beziehung aufgab.[37]

Atemholen

Auf der Heldenreise hatte ich eine Midlife-Pause eingelegt, mich sozusagen mit meiner von Meister Chu erborgten Männlichkeit am Rand des Kraters eingerichtet, der erloschen schien, aber immer noch den Vulkan des uroborischen Inzests enthielt, in den ich eigentlich hineinwollte. Mich begleitete eine Frau, U., die fürsorglich und einfühlsam war, was mich an sie band. Was uns als Mann und Frau zueinanderzog, war der unerfüllte und unbewusste Wunsch, uns in der Tiefe des Kraters zu treffen – und die Traurigkeit, die daraus entstand, dass es nicht geschah und damit unsere »Erlösung« nicht möglich war, die daraus hätte folgen können. Und die neue Frau, die auf der Bühne der Heldenreise auftauchte, war die Prinzessin, um die ich kämpfen und die ich befreien wollte. Aber sie war nicht bereit dazu – und ich nicht stark genug. Der Drachenkampf musste warten. Aber ich hatte ihn gereizt, den Drachen.

Es war geradeso, als hätte ich den schlafenden Drachen mit einem Schwerthieb zu einer Unzeit geweckt, weil er eigentlich noch viele Jahre des Schlafs vor sich hatte, und als hätte der Feueratem im kurzen Moment des Erwachens meine Haut und meine Augen versengt. Ich fuchtelte also, fast völlig blind, mit dem Schwert herum und verletzte dabei die Frau, die mich offenbar tatsächlich liebte, tief.

Die folgende Geschichte, noch während der Analyse geschrieben, zeigt die emotionale Wucht des Wunsches, endlich aus mir herauszukommen, der nun, etliche Jahre, nachdem ich die Geschichte schrieb, seinen Weg in die Wirklichkeit fand. Aber nach diesem Ausbruchsversuch ging ich wieder zurück in meine Höhle.

Der Ritter vom schwarzen Gespinst

Lange hatte er in seiner Höhle gelegen, zugedeckt vom dunklen Erdreich und angehäufelt von schweren, klobigen Steinen. Lange hatte er nicht gewusst, ob er lebte – wohl gab es immer wieder Ausflüge in die Welt, unter die Menschen, aber die waren, sobald er abends in seinen Schlupfwinkel zurückgekehrt war, bald aus seiner Erinnerung geschwunden – so wie alles, was außerhalb der Höhle war, nachdem er es wahrgenommen hatte, bald wieder in die Höhle der Vergessenheit versunken war.

In den letzten Jahren waren die Ausflüge immer spärlicher geworden, die Erinnerung daran immer kürzer, und bald schwand jegliches Bewusstsein davon, die Höhle je verlassen zu haben: Die Höhle wurde Überall. Zu dieser Zeit, als sie solcherart allmächtig würde, begannen Gespinste den ruhenden Ritter zu überwuchern und ihn einzuspinnen – erst aus dem Boden der Höhle hervorsprießend, sich ihren Weg durch die klobigen Steine bahnend und mit den Brüdern der anderen Seite über dem Leib des Ruhenden vereinend, dann sich ihren Weg durch die erhalten gebliebenen Kleiderreste des Ritters wühlend und anschließend durch seine Haut hindurchbrechend, so, als entspränge sie selbst im Innern des Ritters. Er merkte es nicht; er merkte auch nicht, dass es ihm jedes Mal schwerer und schwerer wurde, sich zu erheben und die Höhle zu einem der immer seltener werdenden Ausflüge zu verlassen, und merkte auch nicht, dass er schließlich nur mehr kroch, so sehr hielten die Gespinste, die sich in ihm verwurzelt hatten, seinen Leib in einer Lage, die den aufrechten Gang früherer Zeiten unmöglich machte. Mit der Zeit wurde er gänzlich unfähig, sich zu bewegen – aber er merkte es nicht. Von nun an verließ er die Höhle nicht mehr, sie, die längst zur ständigen Zuflucht seines Geistes geworden war, wurde nun endlich auch die Ruhestätte des Leibes. Lange lag er so, behütet vom unhörbaren Wachsen der Gespinste.

Dann kam der Tag, an dem die Gespinste zu wachsen aufhörten. Jede Ranke und jeder Zweig vereinigten sich an dem Ort mit dem anderen Teil des Gewächses, der ihnen bestimmt war, und es trat Stille ein. An diesem Tag kehrte das Leben in die ruhende Gestalt zurück. Es war, als ob die Pflanze, die ihre Vollendung erreicht hatte, damit ihr Leben aufgäbe und es fallen ließe in den leblosen Körper, den sie umschlungen hielt. Sie fiel herab, und die Gestalt begann, sich zu regen. Erst regte sich ihr Atem, wuchs an, dehnte die Brust, bis ein Laut der Qual die Lippen öffnete. Der Leib begann langsam zu zucken, die Augen rollten gegen die geschlossenen Lider, die Nase bebte. *Alle Kraft der Pflanze war eingegangen in den Leib, der sich nun anschickte, den Panzer seiner gewachsenen Rüstung aufzusperren wie der Keim das Korn.*

Der Kampf dauerte sieben Tage und sieben Nächte, dann war das Leben, das die Pflanze ins Innerste gesenkt hatte, nach außen gelangt bis in die äußerste Region des Leibes. Zitternd, schwer atmend stand der Ritter auf seinen Füßen. Wenn auch die Gewächse, die noch, gleichwohl abgestorben, durch seinen Körper hindurchgingen, seinen Leib verbogen und krümmten, dass niemand in dieser Kreatur die einstmals hohe Gestalt eines Ritters verborgen gesehen hätte – so stand er doch und war frei, sich zu bewegen. Sein Blick suchte den Ausgang der Höhle, in dem ein Stück Blau des Himmels zu erkennen war. Er riss die letzten Wurzeln aus dem Höhlenboden und schritt auf den Ausgang zu.

Ein Gedanke durchschoss ihn sofort, als er ins Freie trat – ganz so, wie das Leben der Pflanze, als sie starb, in ihn fiel, befiel ihn jetzt ein einziger Gedanke, nämlich der, schreien zu müssen. Der Schrei war es, der seinem Leben das Leben vorenthalten hatte, und folglich es ihm wiedergeben konnte. War es nicht so?

Menschen, wo seid ihr? Kommt her, dass ich vor euch schreien kann! Der erste seiner Schreie drang nach außen, ein heiseres Krächzen aus der erstorbenen Seele. Aber ein Schrei. Von nun an verließ jeder Atem seinen Körper als Schrei – der Ritter wurde zum Schrei, schreiend tappte er auf seinem Weg ins Land der Menschen.

Die Ersten die ihn sahen, erschraken: ein wandelnder Dornbusch, aus dem das Entsetzen und der Schmerz sprachen! Und mieden ihn. Aber der Ritter schrie immer fort, und nachdem die Menschen eine Weile aus der Ferne zugehört und keine Veränderung an ihm gesehen hatten, wurden sie neugierig und begannen, der seltsamen Gestalt zu folgen. Er schrie und schrie, und die Menge derer, die ihm folgten, wuchs und wuchs.

Schließlich, nach sieben Jahren, gelangte der Zug auf den höchsten Berg des Landes. Ganz kahl war der, nur ein einziger großer Felsen lag auf seinem Gipfel. Der Ritter erreichte den Fels und verstummte. Es war, als könnte er den Schrei stumm in den Felsen hineingeben, indem er ihn berührte, und als hätte er das Ende seiner Reise erreicht – so wie damals die Pflanzen auf dem Höhepunkt ihres Wachstums, der ihr Tod war, ihr Leben in ihn weitergegeben hatten.

Er wandte sich stumm um und sah die Menge, die ihm gefolgt war. Es schien ihm, als seien endlich alle Menschen der Welt zusammengekommen, um ihm zuzusehen. »Endlich die Erlösung!«, dachte er, »ich danke euch.«

Langsam erstieg er den Felsen, bis auf dessen höchste Spitze. Dort richtete er sich auf, so hoch er konnte, und stieß den längsten Schrei aus, dessen er fähig war. Er traf seine Zuhörer ins Mark. Wie vom Blitz getroffen, sanken sie auf die Knie, zu Tode getroffen in ihrer Lust, sieben Jahre einem Schrei gefolgt zu sein, ohne zu fragen, wer es denn sei, der da schreit. Und wie das Leben der Pflanze in den Ritterkörper, so fiel jetzt sein Schrei in die Menschen hinein, die ihn vernahmen, und grub sich mit harten, starren Fingern in ihnen fest, nahm ihnen den Atem, trübte ihren Blick und lenkte ihn nach innen auf das Schlachtfeld, in das er gefahren war, in das er ein Loch geschlagen hatte und das langsam, in jedem Einzelnen, das Aussehen einer dunklen Höhle anzunehmen begann. Der Ritter aber stieg herab vom Felsen und verließ die Menschen wieder und kehrte in seine Höhle zurück, zufrieden, ihnen jetzt endlich gleich zu sein.«

liebe ist eine freiwillige gabe, sagte ich,
ich gebe sie, aber wehe,
sie wird nicht angenommen.
was dann?, fragte mein drache.
dann gebe ich sie mit gewalt.
was dann?, fragte mein drache.
dann wird sie anerkannt, meine liebe,
sagte ich.
und erfreut?, fragte mein drache.
nein, aber ich habe sie gezeigt, meine liebe.
eben, sagte mein drache,
manche wollen keine gabe von dir,
und diese schon gar nicht.

»Die Schwäne singen, bevor sie sterben.
Bei manchen Menschen wünschte man,
es wäre umgekehrt.«

ALTE VOLKSWEISHEIT

Hauptsache, laut

Als mein Vater 1983 starb, wollte ich wieder mit dem Singen anfangen. Das geschah nicht absichtlich, es ergab sich so. Sagt der Verstand heute. Offenbar war mit seinem Tod ein Hindernis vergangen, das mir das Singen unmöglich gemacht hatte: diese verfluchte Ambivalenz, das Höchste zu wollen im immer wiederkehrenden Anflug an große Ziele und mit der ständig lauernden Selbstvernichtung dahinter. Ich hatte meinen Weg eingeschlagen und Energien frei, um meine alte Liebe zu Musik und Gesang

wieder ernst und aufzunehmen. Da war die Welt noch in Ord-
nung, ich war noch mit U. zusammen. Ich sah mich nach einem Gesangslehrer um, unter anderem in
den Kleinanzeigen der Frankfurter Rundschau. Da flatterte ein
Brief ins Haus, in dem eine Stuttgarter Gesangspädagogin anfrag-
te, ob ich einen Taiji-Kurs für ihre Schauspielstudenten in ihrem
Haus in der Nähe von Frankfurt geben könnte. Ich konnte, umso
mehr als mir die Telefonnummer im Briefkopf irgendwie bekannt
vorkam: Hatte ich sie nicht unlängst in einer Kleinanzeige »betr.
Gesang« in der FR gesehen? Das Telefonat zu ihrer Anfrage das
Taiji betreffend endete dann auch mit meiner Anfrage, ob ich
meine Noten zur Besprechung über das Seminar mitbringen dürfe,
denn ich suchte ja zufällig einen Gesangslehrer, natürlich auch
gern eine Lehrerin. Ich durfte, brachte Schubert und altitalienische
Arien mit. Damit begann meine Ausbildung bei Dietburg Spohr,
die heute noch andauert und aus der eine freundschaftliche Verbindung geworden ist – ein wichtiger Mosaikstein im Puzzle meiner Lebenssuche.

Tiefenpsychologisch, von heute aus betrachtet, verschwand
der (äußere) Vater aus meinem Leben und ich wurde frei, meine
weibliche Seite zu entdecken, indem ich mich einer »Mutterfigur«
anvertraute, die mir half, das Verschüttete in mir freizulegen. Es
war eine Art der Hingabe, die einerseits von großem Vertrauen zu
meiner Lehrerin zeugte, andererseits wieder meine Disposition
zum »uroborischen Inzest« – der hier überhaupt keine erotische
Konnotation hatte! – aktualisierte: Ich versuchte (unbewusst) alles
Mögliche, mich vor dem drücken, was ich doch wollte, nämlich
singen lernen, und stattdessen meine Lehrerin in meine neuroti-
schen Spiele hineinzuziehen, um nicht an mein »Eingemachtes«
herangehen zu müssen und mich aus dem Uroboros-Kreis heraus-
zulösen. Aber sie ließ sich auf nichts ein, war eine wirkliche Meis-
terin darin, mich gleichzeitig anzunehmen und zu führen, anders
als Meister Chu, der meine Unterwerfungsgesten, die ihm huldigen
sollten, als Opfergaben dankbar annahm. Sie hat maßgeblichen
Anteil daran, dass ich zu dem werden konnte, was ich heute bin.

Es war also ein hartes Stück Arbeit, mich zum Singen zu bringen. Ich war überhaupt nicht locker, wollte alles mit dem Willen schaffen, und wenn das, immer wieder, nicht gelang, weil die Lehrerin ihn mir nahm, dem Starrkopf, wurde ich jähzornig. Zum Glück nahm sie das nicht persönlich – litt zwar darunter, wie sie mir später gestand –, legte den Fokus aber immer darauf, mir das Singen beizubringen. Es gab keine Animositäten, keine Versuche, mich für ihre Zwecke einzuspannen; wie man mit Schülern umgeht, lernte ich von ihr, nicht von Meister Chu. Aber es war hart, denn ihre Ansage war klar: Entweder würde ich bei ihr das Singen lernen oder verzweifeln, ich müsse nur regelmäßig kommen. Wobei ich manchmal nicht wusste, was denn nun tatsächlich anstand.

Der Knackpunkt war das Wollen, etwas »machen« zu wollen. Ich war innerlich unfrei und von Kopf bis Fuß verspannt. Beides, Unfreisein und Verspannung – die natürlich zusammenhingen –, wollte ich bezwingen mit lauten Tönen, die Kunde geben sollten von etwas in mir, das ans Licht wollte. Da war er, der Ritter, der sich mit dem Schrei befreite. Aber was in mir war, war im Grunde klein und schwach, und die lauten Töne sollten die Schwäche wie das Pfeifen im Walde die Angst übertönen, und genau wie im Wald, wo die Bedrohung nicht auszumachen ist, war auch diese Schwäche nicht erkennbar – es ging mir ja gut. Mein Drache war aus dem Ei geschlüpft und durfte, an der Leine geführt, ab und zu Gassi gehen und Arien schmettern; rückblickend finde ich es wirklich toll, dass ich laut singen durfte – die Lehrerin ließ es immer wieder zu –, obwohl noch meilenweit von der richtigen Technik, die den Gesang fließen lässt, entfernt.

Der Unterricht war körperbetont. Da ich keine »Naturstimme« besaß, mussten alle Räume im Körper freigelegt werden, um die Stimme zu finden und durchzulassen. Da gab es am Anfang die Phase, in der ich mit dem Kopf nach unten hängend Schubert singen musste, und die ganzen ersten Jahre hindurch wurde ich angehalten, mich körperlich heftigst zu bewegen und dabei zu singen. Bald gehörten Liederabende (Hauskonzerte) zum Programm, um das Vorsingen zu üben; in der Tat verhageln einem manchmal die blödesten Dinge die Kunstausübung: der Schuh ist offen, jemand im Publikum gähnt, die Hose rutscht etc., aber das kann man in der Praxis kennen und bestehen lernen. Ich erinnere mich, dass bei einem Konzert im Haus der Lehrerin ihr alter Vater zu Besuch war, der in der ersten Reihe saß und während meiner altitalienischen Arien seine Tochter neben ihm fragte, flüsternd zwar, aber die erste Reihe war sehr nah, was das denn für eine Sprache sei, in der der Sänger singe. Auf die geflüsterte Antwort »Italienisch« erwiderte er nach einer Pause: »Das ist nicht Italienisch!« Mein Vortrag war gelaufen, er hatte ja recht, Sprache mangelhaft. Also: Italienisch-Unterricht nehmen, auch einen Sprachkurs in der Toskana machen; das half, wenigstens ein bisschen.

Am liebsten sang und singe ich Stücke, in denen ich die Drachenkraft spürte: Monteverdi, Purcell, Händel, Verdi, auch die düsteren Varianten der Russen, von der ich mich davontragen lassen kann, weg vom Erbe der deutsch-romantischen Innerlichkeit von Schubert, Schumann und Brahms. Die lieb(t)e ich zwar auch, vor allem Schubert, aber ich bekam sie nicht hin, weil irgendetwas dabei immer auf Schmalspur schaltete und ich vor lauter Rührung meine Sangeskraft vergaß, was meine Lehrerin mit den Worten kommentierte, nicht ich solle weinen, sondern die Zuhörer. Die Kluft zwischen Seele und Körper, zwischen Emotion und Stimme, war noch nicht geschlossen.

Was hat Taiji mit Singen zu tun?

Ich werde manchmal gefragt, wie mein Gesang und Taiji sich gegenseitig beeinflusst hätten bzw. ob sie sich überhaupt beeinflusst hätten. Ja, sicher. Und zwar am Anfang der Gesang mehr das Taiji als umgekehrt. Im Taiji war ich noch dabei, die Knoten zu lösen, die meine innere Energie festhielten, und der Zugang, über Körperarbeit die Stimme – also eine bestimmte Form der inneren Energie – zu finden und zu befreien, hatte starke Auswirkungen auf mein Taiji. Bekam ich doch die Erfahrung einer Körperlichkeit durch den Gesang, die mir einen anderen Zugang zu den Taiji-Bewegungen verschaffte, weg vom Willen-gesteuerten »Machenwollen« hin zum »das Nichttun tun«. Das hing natürlich auch damit zusammen, dass ich viel mehr Unterricht im Gesang als im Taiji hatte; da standen zwei Stunden wöchentlich gegen viermal jährlich vier Stunden.

Gemeinsam war beiden Disziplinen die Arbeit an der Aufrichtung. Ich hatte damals, mit Anfang vierzig, eine ziemlich schlechte Haltung, Schulterhochstand rechts, und dazu war ich auch noch bewegungsfaul. Die Aufrichtung darf, damit innere Energie fließen kann, aber nicht von außen gemacht oder antrainiert werden; damit würde man vielleicht einen Disco-Türsteher-Job bekommen, aber keine innere Kraft entwickeln. Entscheidend ist die innere Aufrichtung, die die äußere erschafft. Damit ist aber kein seelisches »Sich-zusammen-Reißen« gemeint, sondern eine Körperhaltung, in welcher die fünf Energiezentren des Rumpfes (bei den Indern sind es die sieben »Chakras«) übereinander balanciert werden und der Muskeltonus so beschaffen ist, dass diese Energiezentren »offen« sind und der Atem frei fließen kann. Seelische Niedergedrücktheit erschafft den »krummen Hund«, der untertänig jammert beim Singen, oder umgekehrt den Dauerjubler, der sich mit diesem Habitus von eben jener Niedergeschlagenheit ablenken will und unechte Töne produziert. Ich konnte beides. Tito Gobbi, ein berühmter italienischer Bariton der fünfziger und sechziger Jahre, der wegen seiner darstellerischen Präsenz auf der Opernbühne den Beinamen »Acting Voice« hatte, sagte, indem er auf sein Rippendreieck deutete, wo das Herzchakra oder nach der chinesischen Lehre das »mittlere Dantian« sitzt: »*Qui anima, qui canta*«, also sinngemäß: »Nur das Herz, das frei ist, kann singen.«

Eine weitere Parallele betrifft die Führung des Geistes in beiden Disziplinen. Im Taiji heißt es, der Geist führt, Qi (Atem und Energie) folgt und es entsteht die wesentliche Kraft (Jin). Das bedeutet, dass jede Bewegung im Geist vorweggenommen werden muss; wie beim Sprung über den Bach, der gerade so breit ist, dass man nicht sicher sein kann, ob man trockenen Fußes drüben ankommt, erfordert es die Vorwegnahme des Sprunges im Geist, damit man trocken landet. Dadurch erlangt der Körper die rechte Spannung, um das Ziel zu erreichen; eine Eigenschaft des Zusammenspiels von Geist und Körper, die sich auch Sportler zunutze machen, indem sie »mental« die anstehenden Bewegungsabläufe durchgehen.

Maria Callas, die berühmte Sopranistin, deren Bühnenpartner auch Gobbi war, sagte einmal zu ihm, sie habe jeden Ton in der Vorstellung gebildet, bevor sie ihn gesungen habe. Das bedeutet, dass der Kunstgesang, wie inneres Taiji, eine Disziplin ist, bei der der Geist führt, Energie und Atem folgen und die innere Kraft entsteht, hörbar am richtigen und schönen Ton. Das kann man hören, und Sänger, bei denen die Emotion führt, gehören in ein anderes Genre. Sie können toll sein, wie zum Beispiel die Größen aus der Rock- und Soulmusik, falls die Emotionen echt sind. Aber wenn sie nur so tun, als fühlten sie stark und betrieben künstlerischen Gesang (wie zum Beispiel in der »Volksmusik« manchmal üblich), ist es unerträglich.

Aber auch als Weisheitslehre, durch Erfahrung vermittelt, ergänzt der Gesang das Taiji. Dass »alles fließt«, wie Heraklit sagte, oder alles in Wandlung begriffen ist – hier decken sich griechische und chinesische Einsichten aus der »Achsenzeit« um 500 v. u. Z. –, spürte ich am eigenen Leib, als mir meine Lehrerin einmal sagte, heute hätte ich einen richtigen Ton gesungen; sie meinte das durchaus positiv. Neben der Zeit, die ich brauchte, um das zu akzeptieren – wollte ich doch immer und jederzeit nur richtige Töne singen können! (Aber Kunst kommt von Können und nicht von Wollen, sonst hieße es »Wunst«) –, brauchte ich weitere Jahre, um zu lernen, dass ich die richtigen Töne, wenn sie denn am Vortag da waren, nicht wiederholen konnte – wäre aber auch zu schön gewesen. Jeder Tag ist neu (ach so!) und will neu gelebt und erlebt werden – glücklich, wer das kann, aber beim Singen und mit Taiji kann man es üben. Dann wächst die Stimme mit dem Körper mit und bleibt frisch. Heute kommen endlich die baritonalen

Spitzentöne, die mich die ganze Zeit über im Stich gelassen hatten bzw. die ich nicht erreichen konnte. Hätte ich eine Naturstimme gehabt, mit richtigen Tönen von Anfang an, hätte die wahrscheinlich mit der Veränderung des Körpers nicht Schritt gehalten und sich längst verabschiedet, weil ich nicht so daran hätte arbeiten müssen, sie zu entfalten. Glück gehabt, so gesehen.

Reiner Geist, Bariton

»Die Energie, die unseren Gefühlen zugrunde liegt,
ist eine neutrale Kraft.«

LAURA ARCHERA HUXLEY

Was ist denn nun ein »richtiger« Ton? Schwingung und Resonanz. Und zwar von reiner Energie, und nicht von einer persönlich genutzten Energie, die das eigene Glück oder Unglück ausdrücken will und nicht »leer« von Emotionen ist. Anders gesagt: Wenn das Ego singen will, entstehen keine »richtigen« Töne, sondern es drängt sich vor und benutzt oder missbraucht die Stimme. Singen muss »ichfrei«, aber nicht »ichlos« sein.[38]

Im Unterricht

Die Lehrerin und ich wählten für eine bestimmte Unterrichtsstunde Schuberts »Wanderers Nachtlied« zum Einsingen. Einsingübungen machen wir nur, wenn die Stimme, also mein Allgemeinzustand, darniederliegt, sonst arbeiten wir gleich an Stücken, wobei ich die Wahl habe, die von ihr nur korrigiert wird, wenn sie allzu offenkundig unpassend ist. Zum Beispiel ist es keine gute Idee, mit einer Verdi-Arie beginnen zu wollen, nur weil ich Frust loswerden möchte. Also Schubert. Nach den ersten Versuchen, das Lied in einer tieferen Tonart durchzusingen – die Lehrerin transponierte –, sang ich es dann in der passenden Lage, auch eher »tief« als »mittel«. Es klang ganz schön, aber zunächst wurden mir die seitlichen Bewegungen ausgetrieben: Immer, wenn ich den Gefühlen der Musik, bzw. meinen Gefühlen, die diese auslöst, nachgeben möchte, neige ich dazu, seitlich hin- und herzuschwanken. Stehe ich still und aufrecht, bekommt die Stimme einen anderen Kern. Dann kam die Stelle »Ach, ich bin des Treibens müde, was soll all der Schmerz und Lust?«, und dazu stellte sich meine persönliche Jammersoße ein, weil ich nun annahm, diese Stelle sei extra für mich geschrieben, für meine als ziemlich unerträglich empfundene aktuelle – oder gern auch frühere, ich bin da nicht so wählerisch – Lebenssituation, mit der ich die Musik zukleisterte. Schrecklich! Nachdem die Lehrerin mich darauf hingewiesen hatte, merkte ich es auch. Fortschritt in meinem Gesang kann auch so definiert werden, dass ich lernte, diese egohaften Zutaten, wenn sie denn auftreten wollten, immer früher zu erkennen und zu vermeiden.

Abhilfe brachte in jener Stunde die Konzentration auf die Sprache, die Worte einzeln plastisch auszuformen und lange Noten auf kurzen Vokalen dynamisch abzukürzen – und siehe da, die Phrase bekam eine Linie und einen Sinn, ihren Sinn, nicht meinen. Und doch war ich es, der ihn unverwechselbar hervorbrachte – es geht gar nicht anders. Denn die Hinwendung zum Wort bringt dessen Bedeutung hervor, und nicht das Überzuckern mit gefühlter Bedeutung. Das habe ich auch erfahren, als ich russische und tschechische Lieder sang, also in Sprachen, die ich nicht spreche. Erst die Bedeutung der Wörter nachschauen, dann die Aussprache lernen, optimieren, dann in die musikalische Linie einbringen – so erstand der Sinn des Ganzen. So gesehen sind die Fremdsprachen leichter zu singen für mich, weil sie nicht den ganzen »Hof« muttersprachlicher Bedeutung mit sich schleppen wie die deutsche, eben jene romantische Innerlichkeit des Vaterhauses, die ja immer sehr fragil war.

Ein- oder Ausatmen?

Und die Atmung? Im Bemühen, dem empfundenen Ausdruck gerecht zu werden, versuche ich, lange Phrasen zu singen, ähnlich wie langes Seufzen und Stöhnen eindrucksvoller sind als kurzes Ausschnaufen. Damit untergrabe ich aber meine Einatmerkraft.[39] Als Einatmer darf, muss, soll ich so oft einatmen, wie ich will, damit der Energieball in mir immer wieder gefüllt wird, auf dem die Stimme des Einatmers »tanzt«. Das ist lustvoll und ein Vergnügen, und wenn es technisch gelingt, bemerkt der Zuhörer das häufige Atmen nicht, und wenn er es doch bemerkt, dann empfindet er es als organisch. Und wehmütige Lieder – die mich immer in den Bann schlugen, man merkt es schon – bekommen dadurch ihre vitale Basis und können darin wurzeln und wirken.[40]

Kunde aus Unglücksland

ich will den schwachen helfen, sagte ich,
aber wehe, sie wollen es nicht.
was dann?, fragte mein drache.
dann töte ich sie, sagte ich.
du willst auf jeden fall stärker sein,
sagte mein drache.
was ist, wenn du schwächer bist?
dann lasse ich mir helfen, sagte ich.
eben, sagte mein drache,
auch eine art, zu gewinnen,
und schlug mich mit seinem schwanz.

Mein Singen war also geprägt von der Ambivalenz, einerseits den reinen Ausdruck der Musik finden zu wollen und den Gesang andererseits dazu zu benutzen, meine persönliche Befindlichkeit auszudrücken. Und die war latent unglücklich. Kurz nach Beginn der Aufnahme meines Unterrichts war die Trennung von U., danach einige verwirrte Single-Jahre und dann meine (erste) Ehe, geschlossen 1988. Taiji und Gesang begleiteten mich durch diese Zeit.

1984 zog ich mit der Schule um, vom Vorort in die Stadt, als Nachmieter in ein großes Hinterhaus, das Noch-Domizil eines versprengten Trupps von Sanyasin, die dort bessere Zeiten gesehen hatten. Sie waren froh, das Haus verlassen zu können, und für mich gab es dort eine Wohnung unterm Dach. Ich führte die Schule nun mit zwei Mitarbeitern und einer Mitarbeiterin: meinem ersten deutschen Lehrer aus dem Schwarzwald, der inzwischen dauerhaft in Deutschland war und nun bei mir lernte, auch unterrichtete und wertvoller Co-Autor meines zweiten Buches war, und einem Mitarbeiter, den ich als Zivi in einem Meditationszentrum, wo ich Kurse gab, »entdeckt« und eingestellt hatte, damit er Taiji lerne und unterrichte. Beide Herren wohnten im zweiten Stock, mit gemeinsamem Bad, in welchem der eine den anderen morgendlich zum Buddhismus bekehren wollte, was aber unerwünscht war; kurz, sie waren sich spinnefeind – und ich zwischendrin, obwohl ich mein eigenes Bad hatte. Da half auch das Engagement der Mitarbeiterin nicht, die als ehemalige »Pressesekretärin« aus Bonn zu mir gekommen war, um Taiji zu lernen, damit ihre leichte Gehbehinderung sich bessern möge, und die nun mein Büro betreuen und für uns Männer-Kindsköpfe mittags gesund kochen sollte. Auch sie hatte ein Zimmer im Haus. Die Büroarbeit klappte bei ihr nicht so gut – ich weiß nicht, was Pressesekretärinnen so tun –, jedenfalls hatte sie eine spezielle Art der Buchführung, sie schrieb nämlich immer nur die Summe eines Zahlungseingangs, der bar erfolgte, auf, aber ohne den Namen dessen, der sie veranlasste. Mir fiel das nicht weiter auf, denn die Schüler waren sowieso alle ehrlich, und Geld war mir nicht so wichtig.

Die »Nicht-Beziehung« mit der blonden Frau war zu Ende. Auch das Werben eines Menschen aus Norddeutschland um mich, der seine Kampfkunst-Schüler ohne Berührung stoppen und mit Berührung verletzen, aber gleich darauf wieder heilen konnte, und mir das einige Male, noch in der alten Schule, vorgeführt hatte und dies mit dem Versprechen verband, er könne mir »Abkürzungen« zeigen, hatte ich überstanden; das fand ich ätzend, jemanden zusammenzuschlagen, nur um die eigenen Heilkräfte demonstrieren zu können.

Und ätzend, ein Horror, war auch die ganze Situation. Ich zwischen den feindlichen, zur Beziehung unfähigen Leuten, selber unfähig, etwas zu ändern. Die Schule lief gut, doch mein Taiji wurde immer schlechter, weil ich nicht zum Üben kam vor lauter Organisieren und Schlichten. In mir nagte das, was durch die letzte Beziehung geweckt worden war: Der Drache hatte die Eierschale schon gesprengt, wurde im Gesang immer mal freigelassen – eine resolute Therapeutin hatte mir zwar gezeigt, dass die »Nicht-Beziehungs-Dame« Katz und Maus mit mir gespielt hatte, aber den in mir schlummernden Drachen hatte sie nicht gesehen oder ihn gemieden. Das Singen gab mir zwar Kraft, aber weil aus einem verzagten Mund kein fröhlicher Ton kommen kann, wie Luther so oder ähnlich sagte, waren meine Darbietungen Botschaften aus Unglücksland, gleichermaßen in und außerhalb von mir.

Ehe – uroborischer Inzest

aber liebe und hass sind doch nicht gleich, sagte ich.
warum nicht?, fragte mein drache.
weil liebe liebt und hass zerstört, sagte ich.
aha, sagte mein drache.
ja, ist doch klar, sagte ich.
wer hasst denn?, fragte mein drache.
der nicht genug liebt, sagte ich.
warum?, fragte mein drache.
weil er nicht genug liebe bekommen hat, sagte ich.
gleiche energie, sagte mein drache.
du meinst, hass ist eine form von liebe?
eben, sagte mein drache.

>>Jeder Mensch hat etwas,
das ihn antreibt.<<
Spruch der Volksbanken Raiffeisenbanken

In dieser Situation trat G. auf den Plan. Wir lernten uns kennen,
als sie mit einer Freundin in die Schule kam, um den großen Raum
für eine buddhistische Veranstaltung zu mieten. »Bist du der Frieder Anders?«, fragte sie in den Flur hinein, in dem sich außer mir
noch einer meiner Mitarbeiter aufhielt. Heute scheint mir, als sei
diese Eröffnung das Motto unserer Ehe gewesen: Ich wusste nicht,
wer ich war, wie sollte sie wissen, wer ich war? Und ich wollte
nicht wissen, wer sie war.

Aber sie schickte der Himmel. Nicht der siebte, sondern der
Himmel der Bedürftigen. Aber auch für sie war unsere Beziehung,

die jetzt entstand, mehr Himmel als das, wo sie vorher geschwebt hatte. Nur gelegentlich jobbend, mit abgebrochenem Studium, fand sie nun Heim, Arbeit und Mann. Ohne Liebe zwar, aber ich hielt meine damalige Gestimmtheit, in der mir meine Hilflosigkeit durch sie gemildert wurde, tatsächlich für Liebe. Oder mein hilfe-suchender Menschenverstand wollte mir die Win-win-Situation schmackhaft machen. Ihre Liebe erkannte ich nicht, wenn sie denn da war.

Sie räumte auf, die Mitarbeiter gingen, sie lernte Taiji bei mir und unterrichtete bald auch. Wir heirateten 1988, kauften 1990 ein Haus in einem Wochenenderholungsgebiet, wo wir den Strom selbst erzeugen mussten und das Wasser aus dem Brunnen kam, renovierten es teuer und zogen dort ein. So lebten wir eine Weile glücklich und zufrieden, beide mit der Schule ausgelastet, ich da-neben mit der Musik, sie mit dem großen Garten und dem Hund beschäftigt, den sie verwöhnte; wir machten Reisen, gingen es-sen – es ging uns gut. Bis ich dann, nach zehn Jahren, wieder einen Bruch inszenierte, weil ich dieses Leben nicht mehr aushielt.

Was hat uns angetrieben? Zueinandergeführt? Liebe war es nicht bei mir, denn dazu war ich noch nicht fähig. In der Zeit, als wir uns trafen, 1986, war ich sieben Jahre bei Meister Chu und ihm »verfallen« – das ist vielleicht nicht ganz das richtige Wort, also besser: von ihm »abhängig«. Ich schaute zu ihm auf, zum »Großen Vater«, er war die Autorität, die ich ganz anerkannte, weil es eine Ehre war, von ihm zu lernen und ihm den Boden zu bereiten, seine Tätigkeit in Europa auszubreiten. Nur konnte sich meine eigene Männlichkeit so nicht entwickeln; meiner selbst un-sicher, schwankte ich zwischen den Menschen, mit denen ich zu tun hatte, hin und her, zwischen äußerstem Langmut und gele-gentlichem heftigem Ausrasten.

Als G. in mein Leben ein- und dazwischentrat, zwischen mich und meine Mitarbeiter, war mir das recht, weil ich nicht lernen musste, zu entscheiden. Das tat sie jetzt in der Schule und in der Ehe, und im Taiji bestimmte Meister Chu, alles wunderbar. Wir machten Urlaub auf den Cayman Inseln – bei der Erfinderin der

Fernsehmaus, die eine Weile Taiji bei mir gelernt hatte, die Rechte an der Figur ver- und sich davon auf den besagten Inseln ein Haus gekauft hatte, in dem sie nun Bekannte als Feriengäste für sechzig DM die Nacht beherbergte. Ich erinnere mich, dass mir eines Nachts mein Wunsch ganz deutlich wurde, dass G. immer die Stärkere sein sollte, woraufhin ich ihr einen Antrag machte, den sie annahm.

Große Mutter

> »*Hell has no fury like a woman scorned.*«
> (»Keine Höllenglut gleicht der Wut
> einer verschmähten Frau.«)
> WILLIAM CONGREVE ZUGESCHRIEBEN

Die Tiefenpsychologie lehrt, dass hinter der persönlichen Mutter der Archetyp der Mutter steht und je nach Anlage und individueller Lebenserfahrung eher lebensfördernd oder eher lebensverneinend wirkt. Ich war jetzt, in diesem Verständnis, nicht mehr Embryo und nicht mehr Kind, sondern hatte mein männliches Anders-Sein erfahren und »wurde beinahe zum Partner des mütterlichen Unbewussten«, war aber »diesem Mütterlich-Weiblichen noch nicht gewachsen, (erlag) ihm sterbend und (wurde) von ihm eingeschluckt.« (Vgl. E. Neumann, S. 49)

Ich hatte mich freiwillig in den uroborischen Inzest begeben und mich von G., die den Archetyp der Großen Mutter verkörperte, obwohl sie so gar nichts Mütterliches an sich hatte, »einschlucken« lassen.[41] Die äußere Not, meine Angelegenheiten nicht regeln zu können, entstanden aus meiner unterentwickelten Eigenständigkeit, war so dominierend, dass der Eros, wenn er denn je da war zwischen uns, erdrückt wurde. Wieder war es die Ahnung, dass in ihr das verletzte Kind verborgen war, zu dem ich

Zugang finden wollte, aber ich fand ihn nicht. Denn emotional spürte ich bei ihr eine tiefe Schwäche und Verletzlichkeit, die sie unter einem Panzer verbarg, an dem ich mich rieb. Immer, wenn ich mich auf ihre geahnte Weichheit beziehen wollte, lief ich in die Stacheln, und mein eigenes Bedürfnis, endlich zur Nähe mit ihr zu finden, wurde aufgespießt. Da gab es den in Granit gemeißelten Hass auf den Vater, der die Familie verlassen hatte und dem sie jede Versöhnung abschlug – auch über den Tod hinaus, indem sie sich weigerte, zu seiner Beerdigung zu gehen. Keine Weichheit, kein Versuch, nachzugeben in den Taiji-Partnerübungen mit mir, ständig der Versuch, mit Starrheit und Härte zu gewinnen; und dann der grundsätzliche Zweifel an mir als Lehrer, der ich auch auf mühsamem Pfad auf dem Taiji-Weg war, aber, immerhin ihr Lehrer, mich bemühte, dort weiterzukommen und ihr diesen Weg näherzubringen. Granit. Bis heute ist unser Verhältnis versteinert, wenn es darum geht, noch bestehende »Altlasten« auszuräumen. Zwar keine Steine mehr, die nach mir geworfen werden, wie die einstweiligen Verfügungen nach dem Ende der GbR, aber auf Stolpersteine bin ich doch immer gefasst. Aber das ist eine andere Geschichte.

In dieser Konstellation gab es keine emotionale Nähe und keine Kommunikation darüber. Mein Herz war auf Eis. Unser Feld, das wir beackerten, lag außerhalb von uns: die Schule voranzubringen, unser Haus, das ja im unerschlossenen Erholungsgebiet lag, umzubauen und bewohnbar, also unsere äußere Welt »urbar« zu machen, unser Leben in Restaurants und auf Reisen zu genießen. Was angestanden hätte, nämlich unsere innere Welt zu erschließen, war nicht vorgesehen. Als mir dann mein Pakt mit mir selbst, ihr gegenüber immer der Schwächere sein zu wollen, bewusst und fraglich wurde, war das der Anfang vom Ende. Dunkel erinnerte ich mich an die Trennungsschritte aus dem uroborischen Inzest, die ich schon mal vollzogen – und wieder vergessen hatte. Ich wollte gehen. Ich zog aus. Es folgten Trennung, Scheidung, Depression und Schuldgefühle, aber ich hatte entdeckt, dass ich ein Herz habe.

Mutterzeit

hilflosigkeit bei der geliebten person
macht mich selbst ganz hilflos,
wenn ich nicht helfen kann, sagte ich.
warum?, fragte mein drache.
weil ich die hilfe wäre, sagte ich.
du willst, dass dir geholfen wird, sagte mein drache,
dann hilf dir doch gleich selbst.
das ist doch egoistisch, sagte ich.
eben, sagte mein drache.

Mein Gesang war inzwischen so weit gediehen, dass ich öffent-
liche Liederabende gab und nun, 1996, zum ersten Mal die Gelegenheit hatte, im Frankfurter Ikonen-Museum aufzutreten. Dafür
suchte ich einen Pianisten, der sich auf russische Musik verstand,
denn russisch sollte das Programm sein, inmitten der Ikonen, und
außerdem liebte ich russische »Romanzen«, wie die Kunstlieder
von Tschaikowsky, Mussorgsky, Rachmaninow u.a. dort heißen.
Durch Vermittlung des Museumsleiters fand ich B. L., einen russi-
schen Pianisten von hohen technischen Graden, die er, möglichst
laut, gnadenlos dem Flügel abverlangte. Wir probten einige Male
zusammen, bis er mir mitteilte, er könne wegen einer Russland-
reise jetzt das Konzert doch nicht bestreiten, aber er könne mir
einen Ersatz beschaffen. Nach anfänglichem Zögern war ich ein-
verstanden, Gott sei Dank, denn da kam eine kleine, energische
Frau in die Taiji-Schule, wo auch der Flügel stand. Als Pianistin
war sie in der UdSSR überall herumgekommen, hatte Rundfunk-
aufnahmen in Moskau gemacht und lebte seit 1992 in Frankfurt.
Mit ihr arbeitete ich zwölf Jahre lang, wir gaben Liederabende

und nahmen zwei CDs auf. Fast täglich probten wir zwei oder drei Stunden.

Mit ihr lernte ich nicht nur die professionelle Auftrittspraxis – meiner Gesangslehrerin verdanke ich die Ausbildung meiner Stimme und meiner Person –, sondern erfuhr auch, dass auf mein Herz ein anderes antwortete. In meiner Ehe hatte »Herz« ja keinen Platz, wohl nicht am Anfang und jetzt schon gar nicht mehr, als wir uns in unseren Gewohnheiten aneinander vorbei eingerichtet hatten. Diese Entdeckung zeigte mir, dass ein wichtiger Teil von mir nicht gelebt wurde in unserer Ehe; ich war immerhin 56, als ich Ende 2001 aus dem gemeinsamen Haus auszog. Lebte dann erst wieder eine Weile in der Schule, inzwischen in neuen Räumlichkeiten in der City, fand dann eine billige Wohnung in dem Stadtteil, in dem auch die Pianistin lebte, und verliebte mich schließlich in sie. Das Leben war nun ganz der Musik und unserer erwärmenden Beziehung gewidmet, die Schule lief, nicht zuletzt dank der weiteren Tätigkeit meiner Frau, bald Exfrau, zunächst gut weiter.

Ich erfuhr nun, was eine »gute Mutter« war: nährend, pflegend, fürsorglich – alles Attribute, die ich bei meiner Mutter nicht erleben durfte. Das war wirklich wie die Rückkehr in den Schoß – für den Preis, das ich »stillhalten« musste; im Mutterschoß geht höchstens Strampeln. Der Drache, der kurz geweckt worden war in mir, wurde nun besänftigt. Das zeigte sich auch beim Singen. S. mochte es nicht, wenn ich laut sang, am liebsten waren ihr die leisen Töne der deutschen Romantik. Ich folgte, ihr zuliebe, hatte sie doch musikalisch mir Seiteneinsteiger einiges voraus: mit acht auf den Klavierhocker der Moskauer Musikschule gesetzt und, so schien es, nur noch aufgestanden, um ins berühmte Tschaikowsky-Konservatorium umzuziehen und danach zu reisen, von Konzerthocker zu Konzerthocker.

Uroborischer Inzest – da capo

Aber die Zeit bis 2003, dem Jahr der Scheidung,[42] war schwierig wegen meiner starken Schuldgefühle, und es wurde bis zum Ende der Zusammenarbeit mit meiner Exfrau 2006 auch nicht besser, sodass ich dankbar war für den Schutz und den Seelentrost, den ich in dieser Beziehung hatte, und gern diesem Zustand entsprechend eher leise sang, »säuselte« wie ich es manchmal empfand. Manchmal brach der Konflikt aber aus, wenn wir bei meiner Lehrerin ein neues Programm vorsangen (in Russland »singen« die Klavierbegleiter auch) und sie mit mir in den Unterrichtsstunden danach die Lieder durchging, die dann viel kräftiger herauskamen als vorher. Aber ich konnte ihn nicht austragen, den Konflikt, dafür gab es keinen Platz in unserer Schutzgemeinschaft, laute Töne, aber auch laute Worte durften nicht sein. Und zu leisen kritischen Worten war ich nicht fähig.

Diese Version des uroborischen Inzests war nun ganz geprägt vom Trost. Meine Trennungen hatten mich in einen depressiven Dauerzustand versetzt, der nur von den Gesangsausflügen bei meiner Lehrerin aufgehellt wurde: Ich hatte meine Frau verlassen, die mir geholfen hatte, mich von den Mitarbeitern zu trennen, etwas später verließ ich Meister Chu, der größte Teil meiner Lehrerschüler verließ mich daraufhin – das war heftig, was sich da auf meinem »Schuldgefühle-Konto« angehäuft hatte. Und S. nahm mich an ihre mütterliche Brust und spendete Trost, was ich ihr vergelten wollte.

Sie lebte in einer Sozialwohnung, ich war inzwischen innerhalb des Stadtteils umgezogen, hatte mich »verbessert«, verbrachte aber die Nächte bei ihr, auf der Ausziehcouch im Wohnzimmer, weil das Schlafzimmer zu klein für ein Doppelbett war und eben nur ihre Single-Liege reinpasste. Ich hielt Wache und beschützte sie, lebte gleichsam die Einheit von Nachgiebigkeit – Unterwerfung würde hier nicht passen – und Stärke, weil ich als Deutscher hier zu Hause und sie ein jüdisch-stämmiger »Kontingentflüchtling« war, abhängig vom Sozialamt, sodass ich sie, falls nötig,

unterstützen konnte beim Ämterkram. Ich war so etwas wie ein
Papierdrache, denn die musikalische Arbeit mit S. verharrte in der
Ambivalenz, mich in meiner Kraft zu zeigen oder diese zu verleugnen zugunsten eines künstlerischen Ideals der Sublimierung, das
aber Unterdrückung meiner Kraft bedeutete.

Unsere Liederabende – und es waren einige – habe ich musikalisch kaum noch in Erinnerung. In den Sinn kommen mir eher die
äußeren Umstände – Anreise, Hotel, Konzertsaal, Publikum, Pein-
lichkeiten oder meine Befindlichkeiten dabei –, also das Drum-
herum, aber das musikalische Erlebnis selbst kaum; die Momente
der Ekstase, hier als Hingabe an die Musik verstanden, waren
einfach zu selten. Einen Ausflug in die Oper machte ich auch: als
grün gekleideter und geschminkter Don Alfonso in einer »Così
fan tutte«-Inszenierung – szenisch, mit Klavier – in einer zu diesem Zweck gegründeten freien Gruppe »Terz Theater Kompanie«.
Das war zwar toll, allerdings nicht im Bezug auf den Gesang;
als jemand nach einer Aufführung sagte, ich hätte toll gesungen –
»für einen Laien« –, stimmte das irgendwie, aber ich verstand
mich ja als Profi. Der »gebremste Schaum« der Liederabende be-
einflusste natürlich auch die private Beziehung, in der die Erotik,
die am Anfang stark, dann immer mehr Kuschelsex und schließlich nur noch Kuscheln wurde. Trotzdem war in dieser Zeit kein
Stillstand: Erstens erfuhr ich Herzenswärme und dass ich selber
dazu fähig war, und zweitens bearbeitete ich meine Themen, die
zu bearbeiten waren, – unbewusst – mit zwei CDs, die wir aufnahmen und die von zwei Labels veröffentlicht wurden.

Stimme für die Unterdrückten

Die erste CD, von 2003, hieß »Lieder aus Theresienstadt und der
Zeit davor« und enthielt Lieder jüdischer Komponisten vor und
während ihrer Inhaftierung in Theresienstadt, dem »Auffanglager«
für Juden vor ihrer Deportation in die Vernichtungslager. In
Theresienstadt gab es ja ein reges Musikleben, und es durften

Werke aufgeführt werden, die im »Reich« nicht erlaubt waren – die Komponisten und Musiker und das Publikum waren ja sowieso für Auschwitz vorgesehen. Mir – die CD war mein Konzept – war wichtig, relativ unbekannte Musik ans Licht zu holen, und in der Tat gab es damals kaum Aufnahmen dieser Musik. Genauso wichtig war mir wohl auch, dadurch selbst bekannt zu werden: Seht, da ist ein Schmerzensmann, der sich der Erniedrigten und Ermordeten annimmt und sie weiterleben lässt in ihren Werken und seiner Stimme! Die Aufnahmen sind dann auch sehr durchdrungen vom mitfühlenden Wissen um die Situation der Komponisten (oder was ich dafür hielt), so sehr, dass die Stimme davon bedeckt wird und viel weniger durchdringt, als sie sollte, um dem Lebenswillen, der in dieser Musik steckt, Ausdruck zu verleihen. Das Lager der Todgeweihten ist kein Ort für einen Drachen.

Ob das auch eine Auseinandersetzung mit meinem Vater war, der als Wehrmachtsmitglied, freiwillig, Schuld auf sich geladen hatte, die ich abbüßen wollte, oder eine Reverenz an die jüdische Abstammung von S. – ich weiß es nicht. Aber auf die nächste CD, die dann 2006 unter dem Titel »World Poetry in Russian Music« erschien mit Werken von Gavrilov (Heine), Kabaliewsky (Shakespeare) und vor allem Schostakowitsch (Michelangelo), traf dies sicherlich zu. In seiner »Michelangelo-Suite«, Vertonungen von elf Gedichten Michelangelos für Bass und Klavier (später entstand dann die Orchesterfassung), verarbeitete Schostakowitsch ein Jahr vor seinem Tod die Bedrohung durch Stalin, die er immer wieder zu spüren bekommen hatte. Dazu passend fand er russische Übersetzungen von Gedichten Michelangelos, in denen der mit der damaligen Obrigkeit, dem Papst, haderte, der ihn unbedingt zum Maler machen wollte, obwohl er sich doch als Bildhauer verstand. Und ich als Sänger fand darin die (doppelte) Vorlage, sich mit der eigenen »Obrigkeit«, dem Vater, auseinanderzusetzen und sich gleichzeitig mit Themen wie Liebe, Trennung, Schöpfen zu behaupten, die es im Leben des Vaters nicht gab oder die er jedenfalls nicht artikulierte und dem Sohn auch nicht mitgab.

In diese Zeit fiel auch die Trennung von Meister Chu (2005),
auch eine Abnabelung von der »Obrigkeit«, die mich bislang bestimmt hatte, und kurz darauf folgte die endgültige Trennung von
meiner geschiedenen Frau in Form der Auflösung der GBR, als
welche ich die Taiji-Schule zusammen mit ihr nach der Trennung
(2002) und Scheidung (2003) weitergeführt hatte.[43] Ich stand nun
allein da. Von den etwa dreißig Lehrerschülern, die ich in meiner
Zeit mit Meister Chu gemeinsam mit diesem betreute, waren seit
2005 noch zwei oder drei da, alle anderen waren bei ihm geblieben. Und meine Ex, auch Taiji-Lehrerin, von mir ausgebildet, und
ein Lehrer, der fünfundzwanzig Jahre lang bei mir unterrichtet
hatte, gingen nun weg und nahmen ca. ein Drittel der Schüler mit.
Das war ein Fast-Kahlschlag, nun musste das Terrain wieder neu
aufgeforstet werden. Fast-Kahlschlag ist manchmal gar nicht
schlecht, auch wenn die Nächte fast schlaflos sind. Wie sollen
sonst Situationen geändert werden können, die als unhaltbar erkannt werden?

Hadesfahrt

Die nun folgende Phase meines Lebens entspricht der Phase, die in
der mythologischen Darstellung der Heldenreise als »Hadesfahrt«
auf dem Weg der verschiedenen Prüfungen bezeichnet wird.

»Bis es zu dem eigentlichen Hauptkampf kommt, muss er eine
Reihe von Nebenabenteuern bestehen. Zum Beispiel begegnet
er einem anderen, zunächst feindlichen Helden, mit dem er
kämpft und der sich als gleich stark herausstellt.« (A. und L.
Müller, S. 162)

Es wurde meine schwerste Prüfung bislang. Meister Chu hatte ich
besiegt in seiner Bedeutung als »furchtbarer Vater«, aber nun
erlebte ich, was es bedeutet, ein System zu verlassen und von den
Unterstützern desselben ebenfalls verlassen zu werden. Es galt
nun, die Schule wieder neu aufzustellen und meinen eigenen Weg

aus dem alten »väterlichen« System heraus zu finden, dem ich gedient und das ich genutzt hatte und das noch immer in mir war. Es begann eine Entwicklung, die tatsächlich die berühmten sieben Jahre dauerte bis zu ihrem (vorläufigen) Abschluss.

Die Berufung,
der Auftrag, das Widerstreben

Besondere Fertigkeiten,
Waffen, Tiere

Besondere
Lehrmeister

Frühe Begabung,
bedrohte Kindheit

Ungewöhnliche Empfängnis,
Schwangerschaft und Geburt

Der Weg,
die Abenteuer

Der
Schattenbruder

Die Widersacher,
die Hadesfahrt

Der Kampf auf Leben
und Tod

Der Sieg, die Erlösung

Der Heldenmythos symbolisiert die sich wiederholenden
Wandlungszyklen im menschlichen Leben und im
Individuationsprozess, bei denen der Mensch in eine Krise gerät,
seine Angst überwindet, sich dem Unbekannten und Unbewussten
aussetzt und das Neue wagt, um sich sein Leben und das seiner
Mitmenschen zu erweitern und zu wandeln.

Befreiung – Beginn der Arbeit mit den Atemtypen

»Man belohnt seinen Lehrer schlecht,
wenn man immer sein Schüler bleibt.«
FRIEDRICH NIETZSCHE

Befreit davon, der Diener meines Herrn zu sein, konnte ich aber endlich darangehen, die Atemtypen in meiner Arbeit zu berücksichtigen. Kenntnis davon hatte ich durch meinen Gesangsunterricht, konnte aber nie der Anregung meiner Lehrerin folgen, dieses Wissen in den Unterricht einzubringen – eben weil ja alles so gemacht werden musste, wie Meister Chu es vorgab. Jetzt konnte ich mich für die Bedürfnisse der Schüler offen zeigen, und zwar auch für die Schüler des Gegentyps zu meinem eigenen Atemtyp, für die »Ausatmer«.[44] So begann ich also, auf die Ausatmer zu hören, die Menschen also, die ihre Kraft beim Ausatmen gewinnen, und nahm es ernst, wenn sie sagten, sie könnten die spezifische Variante des Atmens, bei welcher beim Einatmen der Unterbauch eingezogen und die als umgekehrte oder paradoxe Atmung bezeichnet wird, nicht wirklich machen. Vor 2005 hatte ich noch gesagt, dass sie es doch bitte schön versuchen sollten, und mir gedacht, das es da wohl mehr oder weniger Begabte gibt – eine Variante der chinesischen Auffassung, die offenbar Unbegabten sich selbst zu überlassen eingedenk Meister Chus, der schon mal geäußert hatte: »*This one cannot learn*«, vertraulich natürlich. Ich begann auch, mir die Wirbelsäule der Ausatmer genauer anzusehen, die kaum in der Lage sind, in der Taiji-Haltung die Lendenwirbelsäule bolzengerade zu halten, wie es unter Meister Chu in den ersten Jahren Standard war, weil es dem Einatmertyp entspricht. Die Ausatmer dagegen sind mit einem »Knick« zwischen dem ersten und zweiten Lendenwirbel gesegnet (was nicht das Gleiche wie ein Hohlkreuz ist), der für ihre Körperhaltung (beim Ausatmen) und die energetische Ausrichtung von großer Wichtigkeit ist.

Statt also wie früher bei der Rückenkorrektur beim (damals unerkannten) Ausatmer innerlich die Stirn zu runzeln ob dieser seltsamen Krümmung, die ja nur Unvermögen bedeuten konnte, und geduldig die Zielperson aufzufordern, den Rücken durch mehr Übung doch endlich richtig gerade zu machen, wurde dieser Knick nun Ausgangspunkt meiner Erforschung des Ausatmer-Taiji.[45] Ich überwand also das starrgewordene System von Meister Chu nicht nur dadurch, dass ich es verließ, sondern indem ich es schöpferisch erweiterte und damit das entdeckte, was, wie ich überzeugt bin, immer schon in der Taiji-Tradition gegeben war, nämlich die Existenz der Gegensätze von Einatmern und Ausatmern. Damit gelang in meiner Tätigkeit die Verbindung von Männlichem und Weiblichem: die Versöhnung eines tradierten (männlichen) Systems, das ich als Taiji-Meister vertrat, mit der (weiblichen) Erfahrungsoffenheit, die ich im Gesang erworben hatte. Diese Verbindung in mir selbst zu realisieren, stand aber noch an.

Kapitel 5 Atmen und innere Kraft

>» Vergiss das Atmen, verlass dich auf den Geist
und deine Kräfte werden wachsen.«
>
> AUS DEN KLASSISCHEN TAIJI-TEXTEN

Entspannung oder Kraft

Wie sollte man atmen im Taijiquan? Und zu welchem Zweck? Entspannung oder Kraft? Die große Frage, die in Taiji-Kreisen diskutiert wird. Wenn das äußere Taiji hauptsächlich auf Entspannung ausgerichtet ist – und das trifft zu bei den Stilvarianten, die in der Nachfolge von Cheng Man-ch'ing stehen, und da spreche ich aus Erfahrung –, dann ist, ganz klar, das Atmen im Taiji auch so ausgerichtet, dass die angestrebte Entspannung nicht gestört, sondern gefördert und erreicht wird. Das bedeutet, die sogenannte » Bauchatmung« zu praktizieren, also eine Atemtechnik, bei der sich der Bauch beim Einatmen hervorhebt und beim Ausatmen wieder senkt. So atmet ein Mensch, der entspannt liegt, im Bestreben, noch mehr zu entspannen. Diese Art des Atmens ins Taiji zu übernehmen kann aber nur dazu führen, dass der Körper in den Bewegungen entspannt, verhilft also nicht zu innerer Kraft. Es ist eine Variante, die okay ist, wenn man sie nicht für die einzig wahre hält und meint, damit lasse sich innere Kraft entwickeln.

In meinen ersten fünf Taiji-Jahren – und sogar später noch, als ich schon bei Meister Chu lernte, aber der Atem noch nicht » dran« war – dachte ich, die Atemmethoden der Sitzmeditation, speziell in deren daoistischen Formen, könnten ins Taiji übertragen werden. Der Atem müsse also immer unmerklicher und leichter werden, um auch den Körper leicht werden zu lassen. Das funktioniert aber nur, wenn man die Leichtigkeit » machen« möchte, indem die Bewegungen so sparsam ausgeführt werden,

dass der Körper so wenig wie möglich angestrengt wird – und
führt wiederum nicht zu innerer Kraft. Sitzen und Bewegung sind
zweierlei. Leichtigkeit entsteht auf andere Weise.

Eine andere Variante ist die, Bewegungen im Taiji, die nach
außen gehen, mit intensivem Ausatmen zu begleiten, um Kraft zu
entwickeln. Das wird vor allem von Schülern praktiziert, die vorher äußere Kampfkunst praktiziert haben – Karate, Judo, Kungfu
etc. –, wo diese Art des Atmens gelehrt wird. Damit wird aber –
im Taiji – beim Versuch, jemanden zu bewegen, immer äußere
Kraft eingesetzt, d.h. die Muskulatur willkürlich angespannt;
denn wie sollte sonst die Entspannung beim Ausatmen Körper-
kraft hervorbringen?

Der »innere Atem«

Meister Chu lehrt den sogenannten »inneren Atem«. Dieser Begriff bedeutet in den daoistischen Praktiken das Kreisen des Qi,
das ja, im Unterschied zum physischen Atem, der ständig außen
und innen verbindet, im Inneren des Körpers zirkuliert. Praktiziert
wird bei ihm – vordergründig – aber der sogenannte »umgekehrte« oder »paradoxe« Atem, bei dem der Unterbauch beim
Einatmen eingezogen und beim Ausatmen wieder losgelassen wird
(was jedoch, richtig ausgeführt, auch zum Qi-Kreisen des »inneren Atems« führt). Diese Art des Atmens wird unterschieden von
der sogenannten »normalen« oder »natürlichen« Atmung, die in
etwa der weiter oben angesprochenen »Bauchatmung« entspricht;
diese Unterscheidung ist allgemeiner Standard in vielen Atemmethoden und natürlich auch in China. Nach meiner Erfahrung und Überzeugung ist die »umgekehrte« Atmung die optimale des Atemtyps »Einatmer«, und die »natürliche« Atmung die des
Atemtyps »Ausatmer«.

Auf jeden Fall – und da folge ich Meister Chu – darf zu Beginn,
wenn die Form erlernt wird, nicht willkürlich dazu geatmet werden, etwa so: Arme heben – einatmen, Arme senken – ausatmen,

oder umgekehrt. Das hat den Grund zum einen darin, dass der Schüler oder die Schülerin überfordert wäre, neue Bewegungen zu erlernen und gleichzeitig dazu »korrekt« zu atmen, und zum anderen würde er oder sie die Bewegungen einschränken mit der (meist) beschränkten »Qualität« des Atmens. Diese soll ja gerade verbessert werden, und zwar durch die Veränderung des Körpers und seiner inneren Räume durch die Taiji-Bewegungen. Erst mit den Körperspiralen, über Jahre erlernt, lässt sich allmählich der »richtige«, der »wahre Atem« entwickeln. Was kann man also am Anfang seines Taiji-Weges für den Atem tun? Die Körperhaltung und die Bewegungen dem eigenen Atemtyp gemäß ausführen, damit der Boden bereitet und die Form »gegossen« wird, die der Atem allmählich füllen kann. Erst später kann man darangehen, den Atem bewusst zu führen.

Yin und Yang

> »Zwei Gefahren bedrohen die Welt:
> Ordnung und Unordnung«
>
> PAUL VALÉRY

> »Bewegung überwindet Kälte,
> Ruhe Hitze.
> Die reine Ruhe ist die Richtschnur dessen,
> was unter dem Himmel ist.«
>
> LAOZI, DAODEJING, KAPITEL 45

Das bekannte Yin-Yang Symbol, chinesisch »Taijitu«, die »chinesische Monade«, wird allgemein verstanden als Ausdruck einer Harmonie, eines Ausgleichs der Gegensätze. So gesehen klebt es als Klischee auf vielen Produkten, die »Wohlfühlen«, also Abwesenheit von Stress und Konflikten, versprechen, seien es Tees, Kosmetika, Massagen, Wellness, Bio-Nahrung etc., und natürlich auch Taijiquan. Damit ist es zum Symbol lediglich einer Seite des menschlichen Lebens geworden, nämlich der Ruhe und des Stillwerdens, wie sie allnächtlich »an der Reihe« ist. Und je stärker das Leben von der anderen Seite, von Bewegung und Aktivität, bestimmt wird, desto stärker wird das Bedürfnis nach »Wellness«, um der Hektik des normalen Alltags zu entfliehen.

Das Taiji-Symbol hat aber genau genommen keine »Bedeutung« als »Wohlfühl-Klischee«. Es drückt die grundsätzliche Polarität der Gegensätze aus, die zusammen gesehen werden wollen. Ich möchte hier das Yin-Yang-Symbol anschauen als Bild für das obige Zitat von Valéry. Da ist »Ordnung«: Das ist das männliche

Taijitu

Geist-Prinzip der Vernunft, das dem Kosmos innewohnt und das die Chinesen *li* nannten; und es gibt »Unordnung«: Nein, das ist nicht das weibliche Erd-Prinzip der Natur – die hat ihre eigene Ordnung –, sondern dies meint zum einen den Zustand, wenn der Geist abwesend und nicht dazu in der Lage ist, die Dinge ihrer eigenen Ordnung gemäß zu erkennen und zu lenken, zum anderen ist damit der Zustand gemeint, wenn der Geist zu präsent ist und versucht, die Dinge gegen ihr eigenes Maß zu beherrschen. Das wäre dann die »furchtbare Ordnung«, so wie sie Orwell in »1984« beschrieben hat. Die oben als erste erwähnte Form der »Unordnung« würde entstehen aus einem missverstandenen »Nichttun«, das auf jegliches Eingreifen in den Lauf der Dinge verzichtet in der Annahme, alles regele sich von selbst.[46]

Eine Form des Taijiquan, die darauf zielt, sich vermeintlich natürlichen, weil anstrengungslosen Bewegungen hinzugeben, sich vielleicht noch von New-Age-Musik dabei tragen zu lassen, fördert die Unordnung: Realisiert wird das Klischee der prästabilisierten Harmonie, und die Übung wird dazu benutzt, diese Harmonie zu erleben; das ist der Rückzug in den Bann der »Großen Mutter«. Es fehlt der männliche, ordnende und führende geistige Anteil, die Bewegungen in ihrem Aufbau zu erkennen und gemäß diesen Erkenntnissen weiter auszuformen. Andererseits, wenn der Kopf die Oberhand hat und die Bewegungen am Gängelband führt, kann keine Lebendigkeit des Organismus entstehen – das ist die »furchtbare Ordnung«, die, wenn nicht gefürchtet, so doch vermieden werden muss; das ist die Identifizierung mit dem »Großen Vater«. Diese Identifizierung kann dazu führen, dass ich diesem oder jenem Meister oder Lehrer folge und alles genauso mache, wie er es mir gezeigt hat; und das ist dann deswegen das Richtige, weil es alle Lehrer dieser Traditionsreihe vorher genauso gemacht haben.

Es gibt verschiedene Lerntypen für Taiji: Die einen verfügen über die Fähigkeit der Hingabe und können die Bewegungen körperlich aufnehmen – das wäre der Yin-Aspekt. Sie müssen lernen, »Yang« hinzuzufügen, also den Geist führen zu lassen, ohne dass ihre naturwüchsige Bewegungslust unterdrückt wird. Und die anderen lernen vom Kopf her, setzen die Bewegungen mühsam zusammen und konstruieren sie quasi im Medium des Körpers. Sie müssen lernen, zu diesem analysierenden Yang-Aspekt das »Yin-Bedürfnis« des Körpers nach Selbstausdruck zuzulassen, sonst bleibt die Übung des Taiji unbelebt und starr.

Unsere Körperlichkeit können wir als Körper betrachten, den wir »haben«, als lebendiges »Ding«, das unserem Willen (bis zu gewissen Grenzen) unterworfen werden kann, oder als »Leib«, der wir sind und den wir als »beseelten Körper« fühlen. Wofür auch immer wir uns entscheiden: die Entscheidung ist falsch, weil wir beides sind. Wir sind von zwei Modi geprägt: vom Körper-Haben und vom Körper-Sein.[47] Entscheiden wir uns für den Modus »Körper-Haben«, dann wird unser Leben vom Kopf gesteuert sein und wir werden ihn schwächen und krank machen mit unserem Machbarkeitswahn und »Selbst-Management«. Dann bedroht uns die Gefahr der »Ordnung«, egal, welchen Zielen wir das Funktionieren unseres Körpers unterordnen, weltlichen oder geistigen, Lust oder Askese. Entscheiden wir uns, Leib zu sein, dann entfernen wir uns von der Kontrolle der Vernunft, die uns leiten soll darin, welche Bedürfnisse und Impulse unserer animalischen Existenz wir zulassen und welche nicht, und das bedeutet »Unordnung«.

Den Ausgleich zwischen beiden Modi können wir durch Taiji, und hier speziell durch den Umgang mit dem Atem, erreichen.

Unser Atem ist die einzige organische Funktion, die sowohl willkürlich beeinflusst werden kann wie auch unabhängig von unserem Willen geschieht. Auch wenn wir nicht drauf achten, atmen
wir trotzdem weiter – sonst könnten wir nicht schlafen, und wir
werden uns unseres Atems bewusst, wenn er auf außergewöhnli-
che Situationen reagiert; mit den Gefühlen der Freude, der Angst,
des Schreckens geht er schneller, stockt er, gerät er außer Kontrolle etc. Das können wir bewusst beeinflussen. Wir können ihn
auch nur beobachten, ohne einzugreifen, in der Meditation oder
Tiefentspannung beispielsweise.

Ich kann willkürlich in meinen Atem eingreifen, mit Atemtech-
niken, um ihn und den Körper zu »haben« und zu kontrollieren,
oder ich kann ihn sich selbst überlassen, den Körper »sein« lassen.
Im Taiji mache ich beides: Ich überlasse es dem Atem selbst, wie er
auf meine Bewegungen reagiert, versuche also, nicht direkt einzugreifen, und nehme ihn bewusst wahr und sein Angebot an, ihn
dahin zu führen, wohin er, durch meine Bewegungen veranlasst,
sich weiter entfalten möchte. Im »Inneren Taiji« veranlasse ich
also Bewegungen, die ihn beeinflussen: Ich mache etwas mit meinem Körper, den ich habe. Durch die spezielle Art der Bewegungen aber wecke ich die Modalität des »Körper-Seins«: Der Atem
wird lebendig, wie von allein. Ich tue dabei nichts. Dann greife ich
diese organischen Impulse auf, spüre, wohin sie meine Bewegungen verändern wollen und gebe dem nach: Ich tue etwas. Dieses
Verschränktsein von Haben und Sein, von Tun und Nicht-Tun
realisiert das, was die Daoisten als »Wu wei« geschätzt haben:
»das Nichttun tun«; Ordnung und Unordnung vermeiden, indem
man der natürlichen – organischen – Ordnung der Dinge hilft,
sich zu entfalten.

AtemtypTaiji – Einheit von Haben und Sein

>»Die schärfsten Kritiker der Elche
waren früher selber welche.«

F. W. BERNSTEIN

Meister Chu ist ein Einatmer, der herausfand, dass die »umgekehrte« Atmung für ihn am besten ist. Da er aber die Atemtypen
nicht unterscheidet, müssen alle seine Schüler so atmen wie er,
weil sie ihm, dem chinesischen Meister, zu folgen haben. Also
auch die Ausatmer, für die aber die »natürliche« Atmung viel
besser wäre. Und so haben in den Kursen mit Meister Chu aus-
nahmslos alle Schüler und Schülerinnen heftig den Bauch beim
Einatmen eingezogen. Das hat aber meistens dazu geführt, dass
absichtlich gleich noch die Brust hochgezogen wurde, und wenn
es ganz heftig war, auch die Schultern, und so eine Hochatmung
entstand – aber keine innere Kraft.[48]

Innere Kraft – unvollständig

Ich behaupte ja, dass innere Kraft nur entwickelt werden kann,
wenn man sich seinem eigenen Atemtyp entsprechend bewegt.
Manchmal fragen die Schüler, die schon länger dabei sind, warum
es denn früher mit der inneren Kraft auch geklappt hatte – »als es
noch keine Atemtypen gab«? Wenn es doch so sein soll, dass nur
der eigene Atemtyp die Jin-Kraft ermöglicht, wieso ging es da
auch? Dann versuche ich zu erklären, dass durch Taiji, unabhängig vom Atemtyp, immer »innere Kraft« entsteht, aber nur im
Rumpf, wo der Atem direkt wirksam wird. Die Einbeziehung des

ganzen Körpers in seinen Muskelketten von Kopf bis Fuß und damit die Verwurzelung, gelingt aber nur mit der Haltung und den Bewegungen, die dem eigenen Atemtyp entsprechen.

Hier liegt auch der Grund, warum mein Unterricht in der Zeit bei Meister Chu – wo ja alle, unausgesprochen, über den »lunaren Kamm« geschoren wurden – auch erfolgreich war in dem Sinne, dass meine Schüler eine Art der Entwurzelung erfolgreich praktizieren konnten. Erfolgreich den anderen von den Füßen heben – »schubsen« nennt man das – kann man mit äußerer oder mit innerer »Pseudo«-Kraft, das praktizieren zig Taiji-Schulen und -Lehrer, aber das ist eben nicht das »wahre Taiji«. Ziel ist es stattdessen, so die eigene innere Kraft zu mobilisieren, dass sich der Effekt beim anderen unmittelbar einstellt, d. h. sofort in dessen Füße »fährt« und sie vom Boden hebt. Das ist eine wunderbare Erfahrung für beide Beteiligte: für den, der es ausführt, nämlich eigentlich »gar nichts zu machen«, sondern nur geistgeführte Impulse im Körper zu lenken und das Gefühl von großer Leichtigkeit und Stärke zu empfinden, und für den Partner, zu spüren, wie ihm da eine Kraft, die er nicht orten kann und von der er keinen Ansatz spürt, buchstäblich den Boden unter den Füßen wegzieht.[49]

Wahres Taiji

> »Wissen erreicht man
> durch die Untersuchung von Gegenständen.«
>
> Konfuzius,
> Da Xue (»Das grosse Lernen«)

Der Schlüssel zur inneren Kraft ist die optimale Nutzung der Schwerkraft. Das Wirken des »Räderwerks« der Körpermechanik im Taiji in Abhängigkeit von der Nutzung der Schwerkraft lässt sich vergleichen mit dem »hydraulischen Sphären- und Globus-Turm«, den Joseph Needham beschrieben hat; ein Vergleich, der mich sehr fasziniert und mir immer wieder und immer mehr wie ein Vorbild für den Aufbau im Taiji erscheint.[50] Die Verbindung zum Taiji (das der Legende nach etwa zur gleichen Zeit entstanden sein soll) ist der Beitrag zur »Beherrschung der Kraft«, konkret die Nutzung der Schwerkraft: beim »hydraulischen Sphären- und Globus-Turm« ist es die Konstruktion der Unruh, bei Taiji die Entdeckung bzw. Entwicklung der inneren Kraft des menschlichen Körpers, die entsteht, indem die Kraft, die uns aufrecht hält (»Bodenreaktionskraft«), genutzt wird ohne das Hinzufügen willkürlicher Muskelanspannung. Jeder steht normalerweise aufrecht, ohne sich willkürlich anzuspannen, und es geht nur darum, diese »normale« Körperspannung, durch den Atem belebt, einzusetzen, um innere Kraft entstehen zu lassen.[51]

Innere Kraft – körperlich

Aber wie kann man wissen, ob man auf dem richtigen Weg ist?
Wie merkt man, ob man tatsächlich dabei ist, Erde und Himmel
in seiner Aufrichtung zu verbinden, und nicht bloß eine wie auch
immer geartete aufrechte Körperhaltung durch Überzeugungen,
Glauben, Ideologien aufzuwerten? Wie also beginnt man, Taiji zu
realisieren?

Begreift man »Taiji« als den höchsten Pol, der Himmel und
Erde verbindet, wie es die alten Chinesen taten – also als Achse
vom Erdmittelpunkt zum Polarstern –, dann bedeutet »Inneres
Taiji«, diese Achse »innen«, also »in sich«, zu haben und mit ihr
seine Körperhaltung so auszurichten, dass sie Erde und Himmel
verbindet. »Achse« ist durchaus mechanisch zu verstehen: um Teil
der Weltachse, die im alten China auch »Taiji« hieß, zu werden,
müssen Rumpf- und Beinachse zu einer einzigen werden. Beim
Inneren Taiji geht es darum, den solchermaßen aufrechten Rumpf
so mit den Beinen zu tragen, dass eine durchgehende Körperachse
(in den jeweiligen Endpositionen) erreicht wird – eben »Taiji«.
Gelingt das nicht, bleiben die Bewegungen »Äußeres Taiji«, dem
die Verbindung von Himmel und Erde fehlt, nicht nur im physika-
lischen Sinne.[52]

Praxisbeispiel: Eine Kraft in die Füße/die Erde ableiten

*Der Schüler bzw. die Schülerin steht in der Taiji-Grundhaltung
(entsprechend dem eigenen Atemtyp). Die Arme hängen locker
an den Seiten, die Ellbogen leicht ausgestellt. Jetzt drücke ich
von der Seite gegen die linke (oder rechte) Schulter, erst sanft,
dann fester – aber stetig, nicht ruckweise. Der Schüler bzw. die
Schülerin versucht dabei, stehen zu bleiben.*

*Die normale Reaktion gegen den Druck ist, sich dagegen zu
stemmen oder den Körper anzuspannen. Oder beides. Das ist
nicht erfolgreich, weil mein stetiger Druck den Widerstand
überwinden kann und die Testperson den Stand verliert.*

Ich leite ihn oder sie an, meinem Druck, bevor er anwächst, also gerade im Entstehen begriffen ist, leicht mit der Schulter entgegenzukommen. Nicht mit dem ganzen Körper, sondern nur so, dass sich der Ellbogen des zur Schulter, die ich drücke, gehörenden Armes rundet, also in meine Richtung geführt wird, sich »auswölbt«. Dadurch beginnt die Schulter meine Hand »auszufüllen«. Das ist die erste Antwort auf den Druck: ihn anzunehmen, zu erfühlen und so zu stoppen, denn meine Kraft wird wie von einem Ballon, der sich füllt, gebremst. Wichtig ist, dass die Schulter nicht mehr Kraft bzw. Bewegung einsetzen darf als die, die nötig ist, meinem Druck zu begegnen. Der Schüler bzw. die Schülerin muss also in der »Antwort« auf meinen Druck das richtige Maß erspüren. Jetzt ist ein Gleichgewicht hergestellt.

Nun fordere ich ihn oder sie auf, den diagonal gegenüberliegenden Fuß (also den rechten Fuß, wenn ich auf die linke Schulter Druck ausübe), besser: die Fußsohle, wie sie auf den Boden drückt, zu spüren, also zu versuchen, den Druck »durchzulassen«. Jetzt passiert es aber meistens, dass er bzw. sie bei der Hinwendung der Aufmerksamkeit auf den Fuß die Schulter vergisst, die ja weiter das Gleichgewicht halten soll. (Hier liegt ein Grund, warum Taiji oft als »weiche« Kampfkunst missverstanden wird, bei der es verpönt ist, einem Druck oder einer Kraft überhaupt zu widerstehen – stattdessen soll die Berührung lediglich schwach sein und die Kraft gleich »ins Leere« abgeleitet werden. Dass es einen Widerstand gibt, der eine angreifende Kraft nicht hart abwehrt, sondern sie federnd aufnimmt, eben wie ein Ball, auf den man drückt, wird nicht praktiziert.)

Gelingt es, die Schulter »präsent« zu halten und den Druck in den Fuß abzuleiten, gilt es nun, die Körperhaltung unter Umständen so zu korrigieren, dass die Kraftbahn zum Boden sich ungehindert einstellt. Oft wird der Körper unnötig angespannt, weil die Verwurzelung, also die optimale Anpassung an die Schwerkraft, nicht gefunden wird. Wenn es dann gelingt (und es gelingt, mit Geduld, eigentlich immer), ist die Verbindung zur Schulter hergestellt und mein Druck kann direkt in den Boden gehen.

Das spüre ich, weil dann nämlich mein eigener Stand (den ich, übungshalber, ganz un-taiji-mäßig »hart« einnehme und behaupte) den Boden unter den Füßen verliert: Meine Füße werden unsicher. Der Stand der Testperson ist jetzt verwurzelt, meiner entwurzelt. Jetzt könnte er bzw. sie, durch ganz leichtes Verlagern des Körpergewichtes auf den anderen Fuß, mich dazu bringen, dass meine Füße vollends den Halt verlieren und ich einen Schritt zurück machen muss, um mein Gleichgewicht zu behalten.

Dieses Verlagern richtig auszuführen ist dann der nächste Lernschritt: So gut wie jede/-r setzt beim Verlagern das eigene Körpergewicht ein, um den lästigen Druck an der Schulter zu besiegen. Es dauert eine Weile, bis verstanden wird, dass es gerade das einfache Verlagern von einem Fuß auf den anderen ist, also lediglich das Verschieben der eigenen Achse, das das Werk der »Entwurzelung« vollbringt, und dass ich selber durch meinen harten Druck, der durch die Verlagerung in den Boden abgeleitet wurde und mich verspannt hat, begonnen habe, mich zum Straucheln zu bringen.

Der nächste Schritt ist, den Druck über die Arme aufzunehmen. Dazu stellt er oder sie sich in die Taiji- bzw. Qigong-Grundposition, dem Atemtyp entsprechend, und ich drücke gegen das Handgelenk, derart, dass die Richtung meiner Kraft auf seinen bzw. ihren Körper zielt. Würde diese Kraft an ihm oder ihr vorbeizielen, hätte die Übung keinen Sinn. Nun muss das Handgelenk, also der Arm, meinem Druck entgegenkommen.

Auch hier ist die erste Tendenz bei den meisten, sich mit dem ganzen Körper gegen den Druck zu lehnen. Wird diese Möglichkeit ausgeschlossen, dann arbeitet der Arm allein ziemlich heftig gegen meinen Druck, um mich abzuwehren, aus dem Weg zu räumen. Das ist Kraft gegen Kraft (oder Yang gegen Yang in der chinesischen Terminologie, aber im Taiji muss dem Yang immer Yin begegnen). Wie kann das gehen? Die einfachste Art wäre wieder, sich zurückzuziehen vor dem Druck, ihm »weich« nachzugeben; das ist, vordergründig, eine Yin-Reaktion auf eine Yang-Kraft. Aber die Lösung im Inneren Taiji ist eine andere: sich ausdehnen, und dadurch den Druck neutralisieren. »Sich ausdehnen« bedeutet, eine Vorstellung zu finden, die den Arm nach außen bewegt, so als würden die Finger zur Wand oder aus dem Fenster gezogen oder als würden beide Arme einen Ballon umschließen, der sich ausdehnt, bzw. als wären die Arme die Außenhaut des Ballons. Damit geschieht die Mobilisierung der inneren Kraft: Der unwillkürliche Muskeltonus, der uns aufrecht stehen lässt, wird aktiviert, und die willkürliche Muskelspannung, die wir einsetzen, wenn wir etwas schieben oder bewegen wollen, außer Kraft gesetzt bzw. nicht eingesetzt. Diese Art der Bewegung, vom Geist geführt, hält dem harten Druck nicht nur stand, sondern überwindet ihn auch; der, der drückt (und selber kein Taiji macht), wird entwurzelt, verliert den festen Stand und muss, ohne dass er es will, zurückweichen.

Hier erschließen sich zwei Aspekte, welche die innere Kraft von der äußeren unterscheiden: zum einen die Aktivierung des nicht-bewussten Muskeltonus und zum anderen die geistige Führung dabei.[53] ᷧ

Embodiment

In den letzten Jahren ist auch hierzulande eine Ausrichtung bekannt geworden, die das Verhältnis von Geist und Körper untersucht und als »Embodiment« bezeichnet wird.

»Bis auf wenige Ausnahmen … hat der Mensch als Gegenstand der akademisch-wissenschaftlichen Psychologie in der heutigen Zeit keinen Körper. Er verfügt über Denkprozesse, Intelligenz und Informationsverarbeitungskapazität. Ihm widerfahren

Affekte, Emotionen und Stimmungen. Er hat sogar unbewusste
Motivlagen und Bedürfnisse – aber einen Körper hat er nicht.«
(M. Storch/B. Cantieni/G. Hüther/W. Tschacher, S. 7)

Embodiment ist ein Konzept, wonach der Geist zum gesamten
Körper in Bezug gesetzt wird, wobei Geist und Körper wiederum
in die weitere Umwelt eingebettet sind. Das Konzept des Embodiment geht davon aus, dass der Geist ohne dieses Eingebettetsein
nicht dazu in der Lage ist, intelligent zu funktionieren. (Vgl. ebd.,
S. 146)[54]

Taiji ist sozusagen asiatisches Embodiment. Sein Gegenstand
ist aber nicht, wie in der westlichen Körpertherapie, die »Umset-
zung einer konkreten Emotion im Körper eines Individuums«
(Vgl. ebd.), sondern die Erlangung eines »leeren«, also affekt-
freien, Geistes durch Bewegungskunst und – wechselseitig – die
Entwicklung einer »inneren Kraft«, einer »alles durchdringenden
Kraft«, durch Einwirkung eben jenes »leeren« Geistes auf den
Körper.

Innere Kraft – geistig

»Meine Positionen und Gesten erscheinen
in ihrer äußerlichen Form, als wären sie unterbrochen,
aber meine ›Vorstellung‹ ist kein bisschen träge.«
YANG CHENGFU (TAIJI-MEISTER, 1883–1936)

Es lassen sich ... mit Hilfe der Ableitung der
Muskel-Aktionspotenziale
nichtbewusste und nicht bis zur sichtbaren Ausführung
gelangende schwache Muskelaktivierungen nachweisen,
die strukturell im Impulsmuster den wahrgenommenen, vor-
gestellten bzw. gedachten Bewegungen entsprechen.«
WINFRIED HACKER ÜBER DEN »CARPENTER EFFEKT«

Entscheidend dafür, ob die Übungen innere Kraft entwickeln können, ist, die Bewegungen vor ihrer tatsachlichen Ausführung im
Geist vorwegzunehmen. Nach dem »Carpenter-Effekt« (oder ideo-
motorischer Effekt) löst die Vorstellung einer Bewegung eine unwillkürliche Innervation aus, bevor willkürliche Muskelkraft zu
deren tatsächlichen Ausführung führt. Das Besondere am Inneren
Taijiquan ist nun, dass nach der geistigen Vorwegnahme einer Bewegung anschließend, bei der realen Ausführung, überhaupt keine
willentliche Muskelkraft eingesetzt werden darf: Die Bewegung
muss »entspannt« ausgeführt werden; kein Wille, Kraft auszu-
üben, darf sie leiten. Trotzdem sind die Bewegungen stark und
entwickeln eine erstaunliche Kraft – durch die Aktivierung des
bioelektrischen Kraftfeldes mittels des Geistes und der optimalen
Anpassung an die Schwerkraft, was, unter Führung der Atemmuskulatur, eine Verkettung des Muskelspiels von den Füßen
bis in die Fingerspitzen bewirkt. Dieses Kraftfeld wird durch die
Vorstellungskraft oder den intentionalen Geist, chinesisch »Yi«,
»eingeschaltet« – wie ein Streichholz, dessen Flamme ein Feuer
entzündet, das sich tendenziell immer weiter ausbreitet. Die Maxime dieser Form des »Embodiment« lautet »Yi-Qi-Jin«.[55]

Geistiges Feuer

> »Man hat die ›Vorstellung‹ von Bewegung und
> bewegt sich nicht,
> das ist eben die Tendenz, sich im Voraus zu bewegen,
> das nennt man ›innerlich mobilisieren‹.«
>
> HAO YUERU (TAIJI-MEISTER, 1877–1935)

»Yi-Qi-Jin« bedeutet, dass der Geist die Bewegungen führt und Qi
(Lebensenergie und Atem) und Körper seinen »Vorstellungen«
folgen, damit die innere Kraft »Jin« entstehen kann, oder anders

gesagt: Geistig geführtes Qi wird zu Jin, der wesentlichen inneren Kraft oder Energie. »Yi« bezeichnet das Mentale – Vorstellungen, Gedanken, Intentionen, auch im Sinne von mentaler Steuerung oder geistiger Führung. »Yi« führt die Bewegungen, die so beschaffen sein müssen, dass sie den Fluss des Qi ermöglichen.[56] »Inneres Taiji« arbeitet mit einem äußerst wachen, präsenten Geist, welcher den Körper führt.

Praxisbeispiel: Berge versetzen

☞*Führt der Geist, entstehen neue Kräfte. Der Geist versetzt Berge, wenn auch vielleicht nicht genauso wie der Glaube, den wir auch nicht weiter bemühen wollen, z.B. in Geschichten von Taiji-Meistern und ihren sprichwörtlichen Kräften. Stattdessen möchte ich lieber ein Beispiel aus der täglichen Unterrichtspraxis anführen:*

Der »Berg« ist hier eine Person, die frontal vor einem steht und die man mit einer Hand zur Seite hin »entwurzeln« soll, und zwar aus dem Stand heraus. Das Beispiel ist so gewählt, weil dies prinzipiell nur mit innerer Kraft gelingt – es gibt ja keine Angriffsbewegung, die erst durch Nachgeben neutralisiert werden könnte, um den Schwachpunkt des Gegners, an dem er sein Gleichgewicht verliert, herbeizuführen.

Die Hand wird so an die Hüfte oder die Schulter des Gegenübers gelegt, als führte man einen seitlichen Klaps aus. In der Regel versucht man als Erstes, den Arm heftig anzuspannen und mit dieser Kraft den Partner zu bewegen. Gelingt das, wie meistens, nicht, wird das Körpergewicht in die Waagschale geworfen und versucht, den massiven »Berg« vor einem mit der eigenen Masse zu bewegen. Auch jetzt rührt er sich kaum.

Also nun »Yi« einsetzen – aber wie? Damit »Yi« den eigenen Körper führen kann, muss man zunächst auf den mechanistischen Impuls verzichten, Kraft bzw. Widerstand nur mit eigener »roher« Kraft besiegen zu wollen. »Yi« soll den Körper

*so lenken, dass der Geist die Körperbewegung vorwegnimmt,
als sei sie bereits auf der anderen Seite des Berges angekommen, bevor sie dann wirklich ausgeführt wird, was so leicht
wie möglich geschehen soll.*

*Sich dies vorzustellen gelingt am ehesten mit einem Rekurs
auf alltägliche Bewegungen und das in ihnen realisierte Prinzip
der »Intentionalität«.*[57] *Bevor wir also weiter verfolgen, wie
das Beispiel gelingt, betrachten wir einen Moment dieses Prinzip. Im Alltag ist eigentlich jede Bewegung »intentional«, die
auf etwas gerichtet ist: Etwas ergreifen, z. B. eine Tasse, um
zu trinken, sie wieder abstellen etc., ist eine von »Yi« geführte
Bewegung. Auch der Sprung über einen Bach kann trockenen
Fußes nur gelingen, wenn man schon vor dem Sprung »im
Geist« am anderen Ufer ist und unterwegs auch keine Zweifel
am Erfolg aufkommen lässt. Die geistige Zielvorwegnahme ist
Bestandteil der »Intentionsbewegung« selbst.*[58]

*Was im Alltag so selbstverständlich, weil unbewusst, gelingt, klappt in so künstlichem Rahmen wie in unserer Versuchsanordnung allerdings nicht auf Anhieb. Offenbar setzt
bei dem Versuch, Kraft einzusetzen, reflexhaft der Gebrauch
von Muskelkraft und/oder Körpergewicht ein, so als könne
Kraft nur mit machtvollem Willenseinsatz realisiert werden.
Aber zurück zum Beispiel und wie es gelingt, den Berg zu versetzen:*

*Es funktioniert im Grunde nach dem »Ich bin schon da«-Prinzip, wie im Märchen von Hase und Igel, nur ist man Hase
und Igel in einer Person. Beim Einsatz von Jin konzentriert
man sich zunächst auf das Ziel der Bewegung, weniger auf die
Bewegung selbst. Entscheidend ist dabei der Punkt, an dem die
Vorstellung vom Ziel – dass man seine Hand schon da sieht,
wo sie hin soll – realisiert wird, d. h. bildhaft präsent ist, so als
sei man Hase und Igel in einer Person: im Geist immer schon
da, wohin der Körper will.*

Der Entschluss zur Bewegung, der im Geist vollzogen wird,
bevor *die Bewegung beginnt, ist vergleichbar mit dem Anrei-*

ben des Streichholzes, das die Flamme entzündet. Die Erfahrung zeigt, dass nur, wenn dieser »Startimpuls« der Bewegung vorangeht, Jin realisiert werden kann: Der Moment, in dem dieser Impuls im Geist vollzogen wird, versetzt den Körper in eine (unbewusste) Anspannung, die der Partner bzw. die Partnerin als ganz sanfte »Erschütterung« seiner bzw. ihrer Position spürt – der Beginn der Entwurzelung mit innerer Kraft. Diese braucht dann nur zu Ende geführt werden: mit einer Bewegung ohne (willkürliche) Anspannung wird der oder die andere aus dem Gleichgewicht gebracht, denn da die Energie des oder der Handelnden »leer«, also nicht mit willkürlicher Kraftanstrengung »gefüllt« ist (weil er oder sie es emotional oder willentlich gar nicht auf den Berg »abgesehen« hat), geht die Kraft/Energie einfach durch diesen hindurch und, was mit Erstaunen registriert wird, entwurzelt ihn oder sie.[59] Die Wirkung der inneren Energie wird von beiden Beteiligten als angenehm empfunden; typisch ist die Reaktion des- oder derjenigen, der oder die »geschoben« hat: »Ich hab doch gar nichts gemacht!«, und die erstaunt-heitere Reaktion des oder der »Entwurzelten«.

Und der Atem? »Vergiss das Atmen, verlass dich auf den Geist und deine Kräfte werden wachsen.«: Dieses Zitat aus den klassischen Taiji-Texten, das als Motto über diesem Kapitel steht, scheint nahezulegen, dass das Atmen überhaupt zu vernachlässigen sei. Ich verstehe das Zitat eher so: »Verlass dich nicht auf deinen Atem, wenn du ihn nicht geistig führst.« Willkürliches Atmen ist »äußerer Atem«, der »gemacht« wird, ist ein Tun im Bestreben, etwas durch äußere Kraft, vom Willen gelenkt, zu erreichen. Geistige Führung des Atems führt aber nur mit Bewegungen, die dem individuellen Atemtyp entsprechen, zum inneren Atem, weil dieser dann gemäß der unterschiedlichen Ausrichtung der beiden Atemtypen zwischen Erde und Himmel so kreisen kann, dass innere Kraft entsteht. Und dass in den obigen Beispielen der Atemtyp vernachlässigt wurde, hängt damit zusammen, dass das primäre Element

eben Yi, die Intentionalität, ist; aber je weiter man kommt in
der Übung, desto mehr kommt der Atem selbst zu seinem
Recht und »zum Einsatz«: Die überaus feinen Körperspiralen
werden durch diesen energetisch gefüllt und machen sie zur
»durchdringenden Kraft«, die so leicht und unwiderstehlich
stark wirkt. ⸙

Kapitel 6 Drachendurchbruch

>»›Abstieg‹ ist ein mythologischer Begriff.
Er bezeichnet den Zeitraum während und nach
einem mächtigen Erlebnis,
bei dem das Ego durch eine Welle aus dem
Unbewussten überwältigt wird.«
>
> MARION WOODMAN

hoho, sagte mein drache, du hast ja ordentlich an
dir gearbeitet.
ja, sind ordentlich die späne geflogen, sagte ich stolz.
nur hast du zu viel an anderen gehobelt statt an dir,
die späne sind blutig, knurrte mein drache.
deine hobelbank solltest du bearbeiten,
nicht jeder baumstumpf ist ein hackklotz für fremde köpfe.

Bewusster Abstieg

Für die Verarbeitung der Trennung von Meister Chu 2005 und die
endgültige Trennung von meiner Exfrau mit der Aufgabe der GbR
2006 brauchte ich ungefähr drei Jahre, wiederum mit psychoana-
lytischer Unterstützung. Dadurch gewann ich innere Stärke und
Sicherheit, und der Schutzraum der Beziehung zu S., der Pianistin,
wurde langsam zu eng.

Es begann der eigentliche Heldenkampf, der den Helden »über
eine Schwelle in unbekannte, fremde Bereiche (führt). Es kann
sich um einen verborgenen, schwer zugänglichen Ort handeln, wo
eine unheimliche, bedrohliche Macht wirkt, zum Beispiel ein dra-
chenartiges Ungeheuer, ein gefährlicher Feind oder auch der Tod.
Nach hartem, fast tödlichem Kampf vermag der Held diese feind-
liche Macht zu überwinden. Danach gewinnt er einen Schatz –

Gold, Königreich, Erkenntnis, Berühmtheit – und eine Partnerin, mit der er sich verbindet und ein Kind zeugt.« (A. und L. Müller, S. 162) Für mich hieß das, das Männliche und das Weibliche in mir zu finden und zu versöhnen – »chinesisch« ausgedrückt, die Einheit von Yin und Yang, eben Taiji, zu finden.

Da saß ich nun wieder am Rand des Kraters eines scheinbar erloschenen Vulkans. Neben oder hinter mir saß die liebe Frau, die mich umsorgte, damit ich nicht hineinfiel, und die ich nur in dieser Unterstützerrolle wahrnehmen konnte, die sie ja auch am Klavier als »Begleiterin« einnahm. Der Krater war mir nicht bewusst; allerdings stand ich manchmal auf dem Balkon ihrer Wohnung, im vierten Stock – ja, auch Sozialwohnungen können einen Balkon haben –, und dachte, wie es wäre, zu springen. Nein, nicht wirklich, keine Absicht, aber eben der Gedanke. Da bereitete sich in mir offenbar den Boden vor für den nächsten Einbruch und den Bruch, der daraus erfolgte: wieder, wie schon vorher, aus scheinbar »heiterem Himmel«. Was vor mir lag, war der Abgrund, in den ich springen musste.

Tiefenpsychologisch gesehen hatte ich in meiner Entwicklung den uroborischen Inzest, das Verschlucktwerden vom Unbewussten, überwunden, hatte in zwei Beziehungen den Inzest mit der »Großen Mutter« erfahren und hatte zwei Väter getötet, den »Großen Vater« und meinen leiblichen. Nun wartete das Stadium auf mich, das Erich Neumann so beschreibt:

> »Während der Uroborosinzest das noch keimhafte Ich zurücklöste in der Auslöschung, war der matriarchale ein passiver Inzest, in dem der Sohn-Jüngling von der Mutter zum Inzest verführt wurde, der mit der matriarchalen Kastration endete.« (E. Neumann, S. 130)

In den letzten Beziehungen war ich »Sohn-Jüngling« gewesen: Die eine, meine Ehe, hatte ich beendet, die andere war ich dabei, zu verlassen. Das Stadium, das nun kam, war der »aktive Inzest«:

> »Der aktive Inzest aber, das willentliche bewusste Eingehen in das Gefahr bringende Weibliche, und die Überwindung der

Angst des Männlichen vor dem Weiblichen kennzeichnet den Helden. Die Überwindung der Angst vor der Kastration ist die Überwindung der Mutterherrschaft, die mit der Kastrationsgefahr für das Männliche verbunden ist.« (Ebd.)

Die Bewegung in diese Stufe hinein war kein Sturz und kein passives Verschlucktwerden, sondern eine aktive Bewegung in den Krater hinab, der mich einsog und, verwandelt, wieder entließ – es war ein Abstieg. Im Gegensatz zum ersten Abstieg in New York, der sich unbewusst vollzog, war hier nun die bewusste Entscheidung wirksam, alles, was mir emotionale Sicherheit gab, aufzugeben. Das hatte ich zwar auch bereits praktiziert, als ich U., der »blonden Frau« wegen, verließ, aber im Unterschied zum schimärenhaften Charakter damals schien dieser Schritt nun, »das willentliche bewusste Eingehen in das gefahrbringende Weibliche« reales Glück zu verheißen. Und ich war wild entschlossen, alles andere hintanzustellen und nicht an die Folgen zu denken.

Dieser Abstieg begann im Herbst 2009. Die Frau, N., war dreißig Jahre jünger, im Ausland lebend, verheiratet, der Sohn sechs oder sieben. Sie war also ziemlich unerreichbar, wie es schien, aber der Blitz schlug ein, und zwar gewaltig, bei uns beiden. Es gibt ein Buch, »Gut gegen Nordwind« von Daniel Glattauer, das nur aus E-Mails besteht, die zwei Liebende sich schreiben. Nett. Unsere E-Mails hätten drei Bücher gefüllt. Ich verließ Knall auf Fall die Pianistin und fügte ihr damit großen Schmerz zu, ich konnte nicht anders.

Die Versuchung, den uroborischen Bannkreis der »traurigen Frau« verlassen zu können, war einfach zu groß.

mater dolorosa

in mir ruht
die traurige frau
die ich nie verlassen darf

nicht sie
hilft mir bedürftigem
sondern ich starker
gebe ihr
das leben

wenn ich
schwach werde
ist sie
nicht stark
weil sie nur
als schwache
in mir leben darf

so war es mit uns

passt schon[60]

Es war eine Amour fou. Wer nicht weiß, was das ist, weil er oder
sie so etwas noch nie erlebt hat, dem oder der gibt immerhin
Wikipedia Auskunft:

»Amour fou (französisch für *leidenschaftliche, verrückte Liebe*) ist die Bezeichnung für eine Liebesbeziehung, die aufgrund
ihrer Intensität als unnormal empfunden wird. Weitere Interpretation: Eine Liebe, die nach gewöhnlichen Maßstäben nicht
vernünftig ist, da sie entweder keine Aussicht auf Bestand hat,
oder nicht erkennbar ist, was die Verliebten auf Grund ihrer
Gegensätzlichkeit (zum Beispiel Altersunterschied oder unter-
schiedlicher sozialer Status) miteinander verbindet.«[61]

Unsere Sexualität war entgrenzt – aber erst, wenn ich bestimmte
Regeln eingehalten hatte. Alle Äußerungen meiner Bedürftigkeit,
die sich als Betteln um Liebe zeigten, stießen nicht nur auf ihre
kalte Schulter, sondern einen kalten, abweisenden Körper. Das

war grausam, aber ich verstand, dass sie mich so nicht wollte, und wenn ich es schließlich schaffte, alle Begehrlichkeit aufzugeben, waren Berührung und Entgrenzung möglich. Damals redete ich mir ein, dass ich da etwas praktizierte, was ich aus anderen Zusammenhängen als »Loslassen«, »Absterben des Ego«, »Nicht-Tun« kannte, damit meine »innere Natur« hervortreten konnte, und hielt es für fortschrittlich. Zumindest war es die Bedingung, um zusammen Sex zu haben, von ihr diktiert und nie hinterfragt, und unser Sex war dann auch un-persönlich, weil er archaisch war und uns einander nicht näherbrachte, dafür aber jeweils die eigene Entwicklung – zumindest weiß ich das von mir selbst – in Gang setzte.

Aber zunächst war diese Begegnung eine Befreiung und gab eine Antwort auf meine Suche nach meiner Männlichkeit. Es war die »untere Seite« der Männlichkeit, die erdhafte, triebhafte Seite, die ich nun entdeckte.[62] Das Folgende schrieb ich im ersten Monat nach unserem Kennenlernen.

Venus

Venus,

du hast den Zyklopen geweckt. Blinzelnd mit dem einen Auge, das seine ganze Stirn ausfüllt, tritt er aus seiner Höhle hinaus ins helle Sonnenlicht, sein Brüllen mischt sich mit seinem Glanz. Sein Phallus zielt nach oben, hart wie der Fels, aus dem er kommt.

»Ich werde in dich fahren wie eine Flamme aus den Nüstern des Drachen, der Stein zerschmelzen lässt, und wie eine Sense, die das Gras mäht, und werde deine Leibesseele in deiner weichen Weiblichkeit suchen, geführt und gehalten von deinem feuchtem Fleisch. Das Heu wird duften und unser Bett sein und du, Herrin, wirst mir sagen, was du von mir wünschest, ich bin dein Sklave.«

Der Duft des Grases trug sie des Nachts ans Meer, der Sand nahm sie auf und grub sie ein. Am Morgen befreite sie ihn vom

Sand, wusch und salbte ihn wie einen toten griechischen Hel-
den. Aber er war nicht tot, er war nur verwandelt.

»Breite deine Lust nun über mir aus, Sklavin, wie ein Wind
über dem Ozean, der flüstert und zum Orkan wird – ich werde
alles nehmen, weil es von dir kommt.«

Es wurde wieder Nacht und wieder Morgen.

So sind getrennt Nacht und Tag, wie wir. Im Zwielicht der
Dämmerung und der Morgenröte sind sie vereint und nicht
unterscheidbar, dann werden sie zu dem, was sie von Natur
aus sind, gelenkt von Mond und Sonne. Und morgen werden
wieder Nacht und Morgen. Was sind da Farben?

Heute erkenne ich darin das »Zwielicht« des Ungeschiedenen, den
Rückzug in den uroborischen Inzest, der die eigenen Konturen
und die der anderen Person auflöst[63]; die »Große Mutter« war
dabei, mich zu verschlucken. Und so entsteht dann solcher Kitsch,
der aber tief empfunden und insofern wahr war.[64] Die Befreiung
aber, die diese Begegnung zunächst für mich bedeutete, spiegelt
sich in der Fortsetzung der »Geschichte der Vertreibung aus dem
Paradies«[65] aus den siebziger Jahren, die ich Anfang 2010 schrieb.

Die wahre Rückkehr in das Paradies

Nun war Adam allein, das Paradies war hinter ihm und ver-
schlossen. Er fand sich, so gut es ging, zurecht, suchte in Höh-
len Unterschlupf, baute sich ein Haus, verließ es wieder, ver-
brachte Nächte auf Bäumen und schlief auf der Erde, wenn ein
Apfelsinenstrauch in der Nähe war. Warum, wusste er nicht,
aber wahrscheinlich, weil es ihn an das verlorene Paradies ge-
mahnte und dass Gott dahinter auf ihn gewartet hatte.

Aber da war Eva! Er hatte sie gefunden. Immer in wech-
selnden Verkleidungen zwar, auch mir Blättern bedeckt, später
mit wollenem Gewand oder in Samt und Seide, auch mit Span-
gen und Fußbedeckungen, damit die Füße beim Laufen nicht
zu sehr schmerzten, aber immer die lockende und verlockende

Frau, mit einem bunten Band in den Haaren und um den Leib, die er einst – ungegürtet – im Paradies geliebt hatte.

Aber seltsam, in all den wechselnden Verkleidungen traf sie Adam nur hinter dem Apfelsinenstrauch an, blieb sie doch alle Zeit dahinter verborgen, wenn er sich davor bettete. Adam war es recht, dunkel war in ihm die Erinnerung, wie es um ihn geschehen war, als Gott dahinter hervor- und auf ihn zutrat. Diese Erinnerung tat ihm nicht gut, er wollte sie nicht. Deswegen richtete er es so ein, dass immer, wenn er mit Eva sprach, er hinter dem Strauch verborgen blieb, nur des Nachts, wenn es finster war, wenn keine Sterne leuchteten, begegneten sie sich mitunter, erkannten sich aber nicht in der Dunkelheit.

Manchmal, am Tag, wollte er aber auch Evas Augen sehen und schaute durch eine dünne Stelle im Strauch, der inzwischen eine dichte Hecke geworden war. Er erhaschte einen Blick, den Eva aber gar nicht bemerkte, weil sie mit anderem beschäftigt war.

Es gab aber auch Tage, da bemerkte sie das wohl; dann spielte sie Verstecken mit ihm, machte ihn nur glauben, er könne sie sehen – wovor er sich doch auch fürchtete. Dann war Adam aber bald verzweifelt, weil er sie bei diesem Spiel ja gar nicht sehen konnte! Und er konnte auch nicht mitspielen. Oder es gab Tage, da trafen sie sich des Nachts in der Umarmung ihrer Körper, wieder ohne einander sehen zu können, und Adam sehnte sich nach dem Licht des Tages, während er sie umschlang. Aber er war auch froh, dass sie immer schon vor dem Morgengrauen auf ihre Seite der Hecke verschwand.

An anderen Tagen wiederum fanden sie ein neues Loch in der Hecke, so tief, dass da nur ihre Hände hindurchpassten, von jedem eine, die hielten sie lang, auch am Tag, weil sie einander nicht sehen mussten. Und die lange Zeit, als beide auf ihrer Seite die Hecke pflegten, damit sie es schön hatten – jeder auf seiner Seite –, trafen oder berührten sie einander gar nicht.

Es gab aber auch Momente, da Eva auf seine Seite hinübertrat, und er erschrak, so wie er damals bei Gott erschrocken *war. Sein Körper begann zu zucken, er griff sich in die Haare, um sie zu raufen, und sein Gesicht suchte die Erde, um es darin zu vergraben, begleitet von der unendlichen Panik, dass sie ihn so sehen könnte – wobei aber auch ein Wunsch war, sie möge es ertragen! Aber keine Angst: Eva erschrak jedes Mal vor seinem Anblick, der sie so ekelte, dass sie wieder auf ihre Seite verschwand. Adam war verzweifelt, aber auch froh.*

Nun, diese Momente wurden immer seltener, und inzwischen genügte schon die Vermutung, Eva würde auf seine Seite kommen, dass sein Körper sich verbog, er sich in die Haare griff und das Gesicht der Erde zuwandte. Ja, seine wahre Begleiterin, die Verzweiflung, hatte es geschafft, ihn ständig in diese Haltung zu zwingen, sodass er sie Tag und Nacht beibehielt, aber am Tag gut maskieren konnte. Doch weil sie seine wahre Wirklichkeit war, ließ das die Verzweiflung zufrieden schweigen, weil sie jetzt einen Körper besaß. Und Adam war auch zufrieden.

Eines Tages jedoch war Eva ganz verändert, sie sprach zu ihm durch die Hecke hindurch. Adam lauschte und antwortete. Es war so schön, was er da hörte, und so versuchte er auch, genauso zu antworten, damit es auch für sie schön war.

Die Verzweiflung in ihm murrte, weil sie spürte, dass ihre Zeit in seinem Körper bald zu Ende ging, aber sie lauerte auf den Moment, da Eva auf seine Seite gehen würde und sie ihn wieder packen könnte, diesmal für immer. Denn seine Kraft war erschöpft.

Und es geschah. Eva trat zu ihm, die Verzweiflung packte ihn an Kopf, Haaren und Gesicht – aber sie war nicht mehr stark genug. Evas Sprechen und seine Antworten hatten sie geschwächt, sodass Adam weiter zu ihr sprechen konnte. Keuchend zwar lag er auf dem Boden, aber er sprach zu Eva, wenn auch mit abgewandtem Gesicht, das ausdrückend, was er früher stumm gezeigt hatte; mageres Futter für die Verzweiflung zwar, die schon darauf wartete, dass sie wieder genährt wurde, aber doch Futter genug!

Aber diesmal war es anders. Eva lief nicht weg, weil sie es nicht ertragen konnte, nein, sie hörte ihm zu und sie antwortete sogar. Adam verstand in seiner Angst nicht recht, was sie sagte, aber er hörte ihre wunderbare Stimme, die sanft und weich ihn berührte und bei ihm blieb.

Da schrie die Verzweiflung und fuhr aus ihm heraus, weil sie wusste, dass sie ihn verloren hatte, und floh dahin, wo eine andere gekrümmte Gestalt, die nicht erkennen wollte, auf sie wartete.

Adam aber war wunderlich zumute, so hatte er noch nie gefühlt. Sein Körper war leicht, wurde weich, sein Haare wuchsen plötzlich wieder und sein Gesicht drehte sich dem Himmel zu; und seine Hände, die sonst nah bei ihm selbst waren, um zu helfen, ihn zu peinigen, sie waren auf einmal voller Leben und streckten sich zu Eva aus.

»Mein Gott«, sagte Adam, »hast Du mich jetzt doch besiegt, in Gestalt von Eva. Brauchst auch Du Verkleidungen, um Deine Menschen zu erreichen?«

»Nein«, sagte Gott, und trat in seiner eigenen Gestalt hinter dem Busch hervor, wo er die ganzen Jahre gewartet hatte. »Ich bin, der ich bin. Nein, es ist Eva allein, die dich erkannt hat, und das empfindest du so, als ob ich es wäre.«

Adam musste weinen. »Ja«, sagte Gott, »ihr seid zwar aus dem Paradies vertrieben, aber ihr dürft alles genießen, was euch gefällt, auch Äpfel und die Schlange müsst ihr nicht mehr fürchten. Es wird erst noch fremd sein für euch, weil es ähnlich wie früher ist, als ihr noch ganz bei mir wart, und doch ganz anders. Ich lasse euch jetzt.« »Ach ja«, sagte er noch und lachte – und niemals wurde berichtet, dass Gott lachte! – und wandte sich noch einmal um, »ihr braucht mich nicht zu suchen, ich bin im Paradies – und das habt ihr ja in euch!« und verschwand.

So nämlich ereignete sich die wahre Rückkehr ins Paradies.

Ichlos – ichfrei

> was ich alles schaffe, sagte ich.
> aha, sagte mein drache.
> ja, ich lasse los, trenne mich von anteilen von mir,
> die nicht gut sind.
> wer sagt das, fragte mein drache.
> ich, sagte ich.
> aha, gut werden!, sagte mein drache.
> ja, sagte ich.
> und den, der stolz darauf ist, fragte mein drache,
> wer schickt den in die wüste?
> wieso? ich!, sagte ich.
> verrückt, sagte mein drache.
> du meinst, alles was ich tue, ist sowieso nutzlos?
> eben, sagte mein drache,
> hör auf, nach dem nutzen zu fragen.

»Ichlos« zu sein bedeutet eben nicht, »ichfrei« zu sein.[66] Das lernte ich, mühsam, unter Schmerzen. Die Verzweiflung, zwar in anderer Gestalt, kam zurück. Aber zuerst war ich ja verrückt, verrückt nach der Frau und sowieso. Sie auch nach mir, am Anfang zumindest. Ich begann zu überlegen und zu planen, wie wir zusammen sein könnten, bedrängte sie mit meiner Eifersucht, als es keine schnellen Entscheidungen gab, und starb fast in den Nächten, als sie sich zurückzuziehen begann und einfach öfters stumm abtauchte. Ich begann, Gedichte zu schreiben, suchte Hilfe bei einem Analytiker und beim Familienstellen. Im Sommer 2010, nach etwa neun Monaten, war alles vorbei: Ich beendete das Ganze, auf Anraten einer weisen Frau, weil ich versucht war, die Lehrer-Schüler-Taiji-Beziehung, die es auch gab zwischen uns, weiterzuführen. Ich bereitete gerade ein neues Buch und eine DVD vor, und da sollte sie – und wollte auch – mitwirken. Also brach ich den Kontakt abrupt ab und wunderte mich, dass ich das konnte; kein Schrecken ohne Ende mehr, aber, zumindest nach einigen Tagen, auch kein Ende mit Schrecken oder gar ein schreckliches Ende.[67]

»Der am weitesten verbreitete Archetyp des Heldenkampfes mit dem Drachen ist der Sonnenmythos, in dem der Held vom Nachtmeer-Ungeheuer abends im Westen verschluckt wird und in dieser Uterushöhle mit dem dort auftretenden, gewissermaßen verdoppelten Drachen siegreich kämpft. Im Osten wird er dann als neue siegreiche Sonne (...) wiedergeboren oder besser, er vollzieht, indem er sich aktiv aus dem Untier herausschneidet, seine eigene Wiedergeburt. In dieser Reihe von Gefahr, Kampf und Sieg ist das Licht, dessen Bewusstseinsbedeutung wir immer wieder betonten, das Kernsymbol der Heldenwirklichkeit.« (E. Neumann, S. 133)

Der Sieg des Helden beinhaltet nach Neumann »einen neuen geistigen Stand, eine neue Erkenntnis und eine Bewusstseinsveränderung«.[68]

Im Spiegel – versunken

möchte verschmelzen wie mit meiner
mutter, sagte ich.
die ist lang tot, sagte mein drache.
umso mehr muss ich das wiederfinden,
was ich nicht hatte, sagte ich.
dann wirst du sterben, sagte mein drache.
weil ich nicht nach vorn gehen will,
auf den tod zu?, fragte ich.
eben, sagte mein drache.

»Ein Mann, der seine Seele auf eine geliebte Frau projiziert
– und damit verschenkt hat –,
findet sich allein und verlassen vor ...
er wird sich selbst als seelenloses Wesen erleben,
wenn er seine Projektionen nicht zurücknimmt und erkennt,
dass sie vielmehr die Geliebte im eigenen Innern
zum Gegenstand hatten.«

MARION WOODMAN

Diese Liebeserfahrung war für mich existenziell, auch existenziell
bedrohlich, weil sie an den Kern meines Lebendigseins rührte: an
mein Bedürfnis nach Liebe. Nicht darum, Liebe zu geben, ging
es mir, sondern um meine Bedürftigkeit. Ich empfand mich nur
als lebensfähig durch die Zuwendung dieser Frau, und als die mir
entzogen wurde, bedrohte mich die Auslöschung.

»Hier sind Mutter, Schoß, Abgrund und Hölle miteinander
identisch. Der Schoß des Weiblichen ist die Ursprungsstätte,

das woher man kommt. Und so ist jedes Weibliche als Schoß
der Urschoß der Mutter, der Großen Mutter der Herkunft und
des Unbewussten. Dieses Weibliche bedroht das Ich mit der
Gefahr der Ent-Ichung, des Sichverlierens, das heißt mit dem
Tod und der Kastration.« (E. Neumann, S. 131)

N. hat mich nicht geliebt, mich, als ganze Person, sondern war
angezogen von meiner »energetischen Existenz«, die ich für sie
bereitstellte, und als meine bedürftige, potenziell elende Seite
hervorkam, machte sie dicht. Und erlebte ihrerseits das Verdräng-
te, das sie bedrohte, aber das bekam ich nur am Rande mit,
weil durch den stummen Rückzug, in den sie sich flüchtete, keine
Kommunikation mehr möglich war. Es war paradox: Auf einmal
bloßgelegt in meiner Bedürftigkeit, wurde die selber nicht angenommen, nur die entgrenzte Sinnlichkeit, die dadurch erwachte.
Alte Hüllen fielen ab, bisher sichere Verhaltensweisen, alles, was
Schutz gegeben hatte.

einsamkeit

warum leben
mit dem krater
in meinem mondkörper
aufgerissen
durch deinen einschlag
klaffende wunde
die du mir
ließest

aber
ohne diese wunde
wäre ich schon tot
und ohne dich
nie
auf der welt gewesen

ohne rinde

wie einem baum
hat der blitz mir
meine rinde geschält

schon lange eingeschlagen
fiel sie jetzt erst ab

das nackte holz
wie überlebt es nun
was es berührt?

alles dringt ins mark
und wieder nach außen
wie ein einziger
stummer schrei

leben und sterben
kein unterschied

alte rollen zerfielen

nährer der welt

unerkannt
trug ich
mutterbrüste
ammengleiche
dicke dinger
jeden erdrückend
und ersäufend
dessen lippen
nahe kamen

unerkannte
große mutter
allsäugerin
fette kuh
die trotzdem
blökt
nach ihrem beispiel
gesäugt zu werden
falsches leben
ausgemolken

jetzt
da ich sie spüre
versiegen
die zitzen
wachsen
nach innen
verhalten
ihre
meine
lebensmilch

Ich las, um Hilfe zu finden. Fand auch einiges Gute:
»Bevor wir uns in die drei Umkreisungen der Liebe einlassen,
erwähne ich zwei Formen menschlicher Beziehung, in denen
die Liebe verfehlt wird. Es sind sogenannte Spiegelbeziehun-
gen, die dem Narzissmus eigen sind ...

Menschen, die die erste Form leben, wähnen sich auf andre
hin zu öffnen, doch durch die Verwechslung des anderen mit
dem eigenen Ich verschließen sie sich immer mehr in ihrer
Einsamkeit. Wie Narziss suchen sie sich selber und wissen
es nicht. Sie suchen Resonanzräume für ihr Ich und meiden
die Begegnung mit dem Fremden, Unbekannten. Ihre Gefahr
ist die Erstarrung des Ich. Sie gleißen, aber leuchten nicht,

blenden den anderen mit ihrem Glanz, um ihn nicht sehen zu müssen ...

Die zweite Form der narzisstischen Spiegelbeziehung ist der ersten entgegengesetzt. Sie zeigt, wovor sich narzisstische Menschen, die zur ersten Kategorie gehören, schützen wollen. Menschen, die diese zweite Form leben, sehen ebenfalls in der Welt ein Spiegelbild ihrer selbst, und auch sie wissen nicht darum. Doch setzen sie sich dem Sog des dunklen Spiegels völlig aus. Sie schützen ihr Ich nicht, sondern gefährden es ... verlieren (sie) angesichts des Spiegels Verstand und Willen. Sie lassen sich von anderen Menschen ansaugen und verschlingen. Ihre Gefahr ist der Ich-Verlust. Aus Sehnsucht nach ihrem Selbst entleeren sie ihr Ich in die Welt hinein.« (P. Schellenbaum, S. 195 f.)

Ich denke, hier trafen sich die erste und die zweite Form narzisstischer Spiegelbeziehung: N., leuchtend, gleißend, in »Erstarrung des Ich« befangen, und ich, »mein Ich in die Welt hinein« entleerend. Zwei Schlangen, zusammen zu einem Uroborus verschmolzen, in dieser Symbiose in höchster Intensität und Energie bebend, ohne den anderen als Person wahrzunehmen.

verschmelzung

ich tauche hinein
in die gleißenden
schatten der vergangenheit
wie die motte
in die flamme
so dunkel
so verlockend
zu zerschmelzen

ins frühe licht tauchen
sterben
ohne
auferstehung

Dieses Hervorbrechen meiner Liebesbedürftigkeit, lange in mir
verborgen und von mir nicht zugelassen, bedeutete das Erwachen
meines Drachen in emotionaler und sexueller Hinsicht. Ja, es war
die Stunde, in welcher der Drache erwacht, plötzlich das Ei zer-
bricht und er sich anschickt, auf die Welt zu kommen – aber wie
lange wurde es ausgebrütet! Ich war bereit, für diese Art Liebe
alles zu ertragen. Aber es ging nicht. Immer wieder dieser tiefe
Schmerz.

der kinder-liebe-kreislauf

in mir
unendliche freundlichkeit
die arglos
in liebe
sich verströmen möchte
wie ein kind
grenzenlos
in ewigkeit
amen

der wunsch
ewig zu verschmelzen
mit augen
die meine
lächelnd spiegeln

aber
keine mutteraugen
sondern heuteaugen
deine
wunderschönen
die nicht spiegeln
sondern
zerspringend
spitze scherben
in mich
stechen

mein schmerz zerschmilzt
das fremde glas
in mir
dass meine augen
wieder leuchten können
zum neuen kreislauf
meiner wahrheit

uralte
kinderliebe
dreht sich
verletzt
im kreis
kommt nirgends
an

Meine »untere Männlichkeit« war ihrem ausgeprägten, »männlichen« Wunsch, mich auseinanderzunehmen, zu sezieren, nicht gewachsen. Nicht ich drang in sie ein, sondern sie in mich.

ego selbstlos

dein ego
rettet die welt
alle menschen
werden gleich

gemacht
durch dein
erkenntnisskalpell
wahrheittriefend

das andere innen
in liebe
seziert
im namen
des universums
bloßlegt
damit du lebst

am kreuz

hänge am kreuz
immer noch nicht
gestorben

hoffnung auf auferstehung
viel zu früh
vor dem tod

und dann das ende
die glut erlosch
schmerz
aber keine trauer

aus und vorbei

vorbei
wie schön
das jetzt klingt

mit
sang und klang
ziehen
die nachtgespenster
aus und vorbei

abgedreht

unser film
ist abgedreht
vorführung
beendet
kino dunkel
fortsetzung folgt
nein

Diese Fähigkeit zur Selbstaufgabe, das Durchleben der Versagung meiner bedürftigen Wünsche, öffnete mich für alle Aspekte des Lebens: Nun konnte mir nichts Schlimmes mehr geschehen, ich hatte ja das Wichtigste im Leben erfahren: die Liebe – besser: das Bedürfnis danach. Und ich hatte die Drachenkraft des Strudels im »wirklichen Leben« – und nicht bloß in einer Theatersituation – er- und überlebt.

im strudel

wenn der strudel
dich erfasst
und hinabzieht
wehre dich nicht
er ist stärker
als du
du könntest
sterben

von ganz unten
trägt er dich
wieder empor
wenn du
ihn lässt
du könntest
leben

wieder aufgetaucht
gibt er dich frei
lebendig
gestorben[69]

Das war auch der Zeitpunkt, an dem eine jahrelange Pein zu Ende ging, die mir gar nicht mehr bewusst war als solche, weil sie so selbstverständlich geworden war.

Albträume

will nicht sterben, sagte ich.
leben ist sterben, sagte mein drache.
aber nicht nur, sagte ich.
wenn du bewusst auf den tod hinlebst, nicht,
sagte mein drache,
gehst du zurück, lebst du nicht.
und sterbe, während ich noch lebe, sagte ich.
eben, sagte mein drache.

Ich hatte schon immer einen Sinn für schwarzen Humor und Horror. In meiner Zeit als Regieassistent in Kassel war ich Fan von
Dracula, verkörpert von Christopher Lee, und ein Lieblingsstück
war damals »Zeremonie für einen ermordeten Neger« von Fer-
nando Arrabal. Ein älterer Statist, der darin als Leiche auftrat, an
dem die beiden Hauptfiguren herummanipulierten, hielt sich vor
Schreck die rutschende Schlafanzughose fest, was natürlich einen
Lacher gab – also makabrer Humor gehört zu dieser Vorliebe. Auf
höchstem Niveau wird dieser von Ernst Lubitsch in »Sein oder
Nichtsein«, einem meiner Lieblingsfilme, zelebriert, oder auch in
dem Musical »Der kleine Horrorladen«. Oder auch Witze gehören dazu wie: »Schreit einer im Wasser: ›Hilfe, ich kann nicht
schwimmen!‹ Sagt der Spaziergänger zu ihm: ›Ich auch nicht, aber
mach ich deswegen so ein Geschrei?‹«
　　Seit meiner Rückkehr aus New York wurde diese dunkle Seite
in mir manifest: Ich hatte Albträume. Vierzig Jahre oder so. Im
Halbschlaf sah ich Gegenstände im Zimmer, wie Kleiderständer
oder eine große Pflanze, als eine Gestalt, die drohte, mich um-
zubringen, manchmal auch Bilder, die an der Wand hingen und
die ich im Halbschlaf umdeutete: Aus einer Landschaft wurde
dann eine Hinrichtungsstätte, zu der ich gebracht werden sollte
und auf die ich so lange starrte, bis ich wach wurde und wusste,

wo ich bin. Diese Albträume wurden so selbstverständlich für mich, dass es mir normal vorkam, nachts durch Todesangst gequält zu werden.

Es war mein innerer Vater, der da nachts sein Haupt erhob und mich bedrohte: Alle Lust und Selbsterkenntnis, die mich von ihm entfernten, versuchte er, so zu unterdrücken, wie er leibhaftig mit einem kurzen prüfend-strafend-vernichtenden Blick zu Lebzeiten versucht hatte, mich in Schranken zu halten.[70]

Beim Analytiker kam heraus, dass mein Vater mich nicht als eigene Person gesehen hatte, sondern als Verlängerung seiner selbst und dass er alle Abweichungen, in die mein Leben von seinem Bild sich zu entfernen anschickte, als Bedrohung erfuhr, die er nur missbilligen konnte.[71] Da hilft, neben dem Befreiungskampf, eben auch schwarzer Humor.

Magie

Zu Beginn meiner Beziehung zu N. lernte ich Theresia durch sie kennen, eine Seherin in der Schweiz, die mich von den Albträumen befreite.[72] Jetzt war er offenbar gegangen, der innere, Schrecken verbreitende »furchtbare Vater«. Aber seine andere, weiche Erscheinung, die ich so liebte als kleines Kind, war noch da; wenn ich auf sie hör(t)e, macht(e) sie mich nicht nur selber weich, sondern ließ mich gleichzeitig resignieren – da ist sie wieder, die Tür zum Unvermögen, deren geölte Scharniere sich allzu leicht öffnen. Und durch sie muss ich immer wieder gehen – und zurückkommen.

anfechtung

schmaler grad
bei dir bleiben ohne
festzuhalten
hingabe ohne
selbstaufgabe
geben ohne
erwartungen
abgrenzung ohne
rückzug
offenheit ohne
auflösung
nein ohne
ablehnung

möchte
durch jede
tür
verschwinden
und mich
vergraben

ja
sagt die eule
reinmitdir
aber
komm
wieder raus

Ich liebe Eulen.

Lichteinfall

wie kann ich leuchten?, fragte ich.
wozu?, fragte mein drache.
das licht in mir scheinen lassen, sagte ich.
was verdunkelt es?, fragte mein drache.
gedanken, sagte ich.
guter brennstoff, sagte mein drache.
sollen sich in rauch auflösen?, fragte ich.
sind es schon, sagte mein drache.

»Die Zukunft ist auch nicht mehr das,
was sie einmal war.«

KARL VALENTIN

In der folgenden Beziehung, die nun wirklich eine war, wurde endlich die Bedürftigkeit angenommen, beiderseits, und die Sinnlichkeit, die entstand, war die zweier Personen, die sich »erkannten«. Aber auch hier gab es eine Bedingung, dass sie sein durfte: die Heimlichkeit. Und der Wunsch, die Beziehung im Alltag zu leben, wurde mir versagt – was mich dann wieder auf den regressiven Grund meiner uroborischen Muttersehnsucht zurückwarf und den frühen Mechanismus von Versagung und Reaktion von Neuem anlaufen ließ. Und mir Schmerz brachte, aber am Ende auch Trauer.

»Lichteinfall« – unter diesem Namen hatte ich die Gedichte, die in der folgenden Zeit entstanden, zusammengefasst. Ich hatte die Amour fou erstaunlich schnell überwunden – eben weil es keine Beziehung zweier Personen war, sondern die Verbindung zwischen zwei »Energiekörpern«. Diese Energiekörper waren in Bewegung gekommen durch die archaischen Strukturen von Bedürftigkeit, die in beiden Beteiligten geweckt worden waren, und diese Bewegung kam bei mir recht schnell zum Stillstand, als ich die »ichlosen« archaischen Gefilde verließ. Deswegen war ich offen und bereit zu einer neuen Liebesbeziehung, die sich scheinbar »mal wieder so ergab«. Und wieder war es eine gebundene Frau, mit erwachsenen Kindern, aber schon länger in »emotionaler Trennung« mit/von ihrem Mann lebend, die sie nach unserer Annäherung dann auch räumlich vollzog und sich eine eigene Wohnung nahm, weiterhin verheiratet-bleiben-wollend. Aber diese Frau, C., war »hell«, versuchte jedenfalls, Helligkeit zu verbreiten; dass darunter unerforschte Dunkelheit lauerte, wusste ich nicht, ahnte es vielleicht. Aber ich bemühte mich, nun auch hell zu sein.

Nach meinem Entkommen aus dem Inneren des Wals suchte ich offenbar das Licht – und fand es in C.

»Der Held ist immer der Lichtträger und der Repräsentant des Lichtes. Am tiefsten Punkt der Nachtmeerfahrt, auf der der Sonnenheld durch die Unterwelt fährt und den Kampf mit dem Drachen bestehen muss, wird um Mitternacht die neue Sonne entzündet, überwindet der Held das Dunkel.« (E. Neumann, S. 133)

Aber diesen Drachenkampf um die Prinzessin, mit der ich mich im Licht vereinigen wollte, verlor ich – sie war verzaubert, und mein Schwert konnte den Zauber nicht durchtrennen. Sie war gefangen im Geflecht ihrer Abhängigkeiten, das sie nicht lösen wollte und wohl auch nicht konnte.

Einerseits wollte ich sie befreien und schlug mich durch die Dornenhecke, die sie einschloss, und blieb drin hängen, zum anderen jedoch fand ich Einlass durch einen Geheimgang, einen »Tunnel der Traurigkeit«, in dem wir uns trafen. Das, was ich immer gesucht hatte: auf den Grund einer Person tauchen zu können, fand ich hier, aber der schlug mich in seinen Bann mit dem Zauber der Melancholie, der dort – wie auch bei mir – zu Hause war. Und ich versuchte, der zu Rettenden aufzuhelfen, was nicht ging, weil ich mir selber noch nicht geholfen hatte. Ich hatte meine »obere Männlichkeit« noch nicht entwickelt und erlag immer wieder den Verlockungen des uroborischen Inzests. In einem der ersten Gedichte aus dieser neuen Erfahrung spürte ich den fragilen Grund, auf dem wir uns bewegten.

winterfrühling

auf einem meer
von blumen
kommst du
gegangen
schön
strahlend hell
du
wie sie

leicht
dein gang
über das meer
das winterliche

oben der frühling
unten
dünnes eis

Es war die klassische Dreiecksgeschichte, die »Liebe am Nachmittag«, von der niemand wissen durfte; das wäre C. zu gefährlich gewesen, weil sie ja die finanzielle Unterstützung durch ihren Mann und ihre Rolle in der Familie nicht gefährden wollte. Aber ich wollte nach dem verliebten Anfang mehr, ich wollte, dass unsere Beziehung öffentlich gemacht wurde, und eine gemeinsame

Perspektive für die Zukunft. Als sie darauf nicht einging, begann
mein Versagensmechanismus wieder zu rattern bzw. meine Reaktion darauf – hatte doch gedacht, damit sei es ein für alle Mal
vorbei nach der Erfahrung mit N.! –, was mir zusätzlichen Stress
machte. War aber nichts, und so kam ich zu dem Schluss, Schluss
zu machen, ich konnte das so nicht aushalten.[73]

Gibt kein Glück

Die Erfahrung der frühen Abhängigkeit von den Eltern beim
Familienstellen brachte mir die Einsicht, dass ich immer wieder
versucht hatte, mein Glück zu finden, und gleichzeitig die Versagung dieses Wunsches inszeniert hatte: Man suche eine gebundene
Frau, sehr attraktiv, die Sinnlichkeit verkörpert und weckt, ver-
führe sie (kann ich ganz gut), um sie zu erobern, bis die ersten
Kanten und Untiefen der Ablehnung – schließlich ist sie ja gebun-
den! – auftauchen, versuche, diese als eigene Klippen (unmäßige
Erwartungen!) zu sehen und abzutragen und gleichzeitig alles
Erdenkliche zu tun, das Objekt der Begierde doch noch ganz zu
gewinnen. Entfernt es sich aber immer weiter, weil das Schleifen
an Klippen und das Untiefen-Abtragen zu viel Schlamm auf-
wirbelt, der die Sinnesporen und Gehirnwindungen verstopft, sind
die Anstrengungen zu verstärken – die natürlich den gegenteiligen
Effekt haben und das Objekt sich zurückziehen lassen, bestärkt
durch Klammern und aggressives Verhalten. Ein Circulus vitiosus:
Erlösung bringt schließlich nur der Rückzug, der die heimliche
Befriedigung bereithält, dass es sowieso kein Glück geben könne
für einen selbst. Denn siehe, alle Bemühungen und Anstrengungen
haben, außer Unglück, nichts gebracht. So war es früher und so
bleibt es. Die Frau ist unerreichbar. Amen. Aber innerhalb dieser
Begrenzung erreichten wir uns.

gefallen

mein wohlgefallen
sah dich von fern
unerreichbar
für meine
kleine münze
bis dein gefallen
auf mich fiel
in mich
hinein
wir übereinander
her
gefiel mir

mein groschen
ist nun auch
gefallen
mit ihm
du in mich

groschengrab
herzensfalle
du darin

begegnung

unter
unserer lust
das nichts

die leere
aus der sie
entspringt
und zurückkehrt
uns
das leben schenkt
das keine worte hat

ende
und anfang

ekstase

war einmal
der körper
der sich auflöst
ins all
wo war
ich
kehrt von dort
verwandelt
zurück
fremdes ich
in dir
macht mich
staunen
und erkennen

verschmelzung
die nicht
auflöst
sondern
erschafft

türkis

nachdem
mein transformator
weiblich
blond
türkis
mich
aus mir heraus
lockte
dass
die angst
verging
sitzt er nun
türkis
blond
weiblich
auf mir drauf
und lässt es
sich
und mir
gutgehen

draußen
flattert
das binnensegel
zustimmung

herbstwind

herbstwind
trägt die blätter
vor sich her
die vom baum
gelöst
zur erde
sinken

so
trägst du
wind und erde
meine blätter
vor mir her
gelöst
in dich zu sinken

du auch

auch du
so leicht
und hell
machst mir
schmerz

dachte nicht
dass dein licht
dahin dringt
wo ich wohne
so tief
allein
wo es nun
fehlt

wie ich bin

die gegenwart
das glück
mit dir
zerrinnt mir
wenn du
gehst
alles
stockt
du kämst
nicht wieder

statt
glaube
liebe
hoffnung
frisst
elend
diese drei

tafelt
üppig
wie der wurm
im apfel
allein
am tisch
damit
dein stuhl
ja
leer
bleibt

und du
nie mehr
gehst

zwei seiten

warten
auf ewige erlösung
um nie mehr
warten zu müssen
auf nichts

oder
die erlösung
ergreifen
die erlösende
zwingen
ihres amtes
zu walten
sie ewig
binden

binden
um zu lösen
paradox
der gewalt

Meerfahrt

was mache ich bloß mit meiner sehnsucht?, fragte ich.
was macht sie denn mit dir?, fragte mein drache.
sie frisst mich auf, sagte ich.
gutes futter, sagte mein drache,
sie hat einen großen magen,
verdaut alles, vor allem weiche herzen.
verwandelt mich, sagte ich.
eben, sagte mein drache.

Das »Drachen-Erwachen« war in dieser Beziehung, im Gegensatz zur vorangegangenen, mit der Erkenntnis der anderen Person verbunden, aber der Raum, in dem das geschah, war nicht offen, es gab keinen Ausgang. So gab es für mich nur den Ausweg, entweder mich zu trennen oder, da ich das zunächst nicht wollte, immer wieder in meine Uroboros-Gestalt zurückzuschlüpfen, um die Gefühle, die sonst unerträglich gewesen wären, aushalten zu können: Diese Befindlichkeit fand ich in einem Gedicht von Heinrich Heine wieder, das von etwa fünfzig verschiedenen Komponisten vertont worden ist, unter Titeln wie »Geisterinsel«, »Mein Liebchen, wir saßen zusammen« oder »Meerfahrt« (da ist sie wieder, die mythologische »Meerfahrt«); mich faszinierte die Version von Brahms.

Mein Liebchen, wir saßen beisammen,
Traulich im leichten Kahn.
Die Nacht war still, und wir schwammen
Auf weiter Wasserbahn.

Die Geisterinsel, die schöne,
Lag dämm'rig im Mondenglanz;
Dort klangen liebe Töne,
Dort wogte der Nebeltanz.

Dort klang es lieb und lieber,
Und wogt' es hin und her;
Wir aber schwammen vorüber,
Trostlos auf weitem Meer.

Es war viel schwieriger als vorher, mich aus dieser Beziehung zu lösen. Erstens, weil ich C. sehr mochte und diese Vertrautheit da war, und zweitens, weil es für mich ein hartes Stück Arbeit war, das traurige Ruhekissen, das unsere Beziehung, würde sie weiter bestehen, bedeuten würde, auszuschütteln und nicht – zurück im uroborischen Inzest – wohlig darauf zu schlafen, auch im Wissen, dass das einsame Aufwachen ernüchternd hart ist; entweder im steuerlosen Boot oder gestrandet an einer unbekannten Insel.

Alles Liebe oder was

was mache ich mit meiner wut,
wenn meine liebe nicht angenommen wird?, fragte ich.
welche liebe?, fragte mein drache,
die gestiefelte und gespornte?
die, die spuren hinterlassen will?
ach so, sage ich, die trägt die wut schon in sich.
eben, sagte mein drache.

> »Sie ist der Sprengsatz unter den Gefühlen
> und das häufigste Motiv für Gewalt und Mord:
> die Eifersucht.
> Bei vier von fünf Morden gilt sie
> als die treibende Kraft hinter den Verbrechen.«
> ZITAT AUS DER ZEITSCHRIFT *Profil*[74]

Das Bestürzende an der Erfahrung der bedürftigen Liebe war für mich, dass das so schöne Gefühl der Vertrautheit mit dem anderen, das Gefühl der Zusammengehörigkeit, das Ewigkeit versprach, immer den Schatten des Besitzenwollens warf: Diese Verbindung war absolut, nichts durfte sie stören oder gefährden, alles eigene Leben der Frau, das nicht mit mir zu tun hatte, bedrohte mein Glück; Eifersucht, Klammern, potenzielle Gewalt erhoben nicht nur ihr hässliches Haupt, sondern exponierten sich in ihrer ganzen Gestalt. Wie kann es sein, dass ich eifersüchtig war auf ihr früheres Leben? Auf ihre aktuellen Kontakte und Beziehungen, das ist nachvollziehbar, aber auf Vergangenes? Weil mir damit etwas genommen bzw. vorenthalten wurde, auf das ich einen Anspruch zu haben glaubte, nämlich dass dieser Mensch nur dafür da war, meine Bedürftigkeit an allen Erdentagen zu stillen, von Anbeginn an – und das hatte sie nicht getan, weil sie ein anderes Leben vor mir gelebt hatte. Das regressive, archaische Bewusstsein kennt eben keine Zeit, aber es kennt den Hass. Das ist keine Basis für ein gemeinsames Leben.[75]

> »Bewusstsein als Erlösung ist die Parole, welche über allen Anstrengungen des Menschengeschlechts geschrieben steht, in denen es um die Befreiung des Menschen aus der Umschlingung des uroborischen Ursprungsdrachens geht.« (E. Neumann, S. 93)

Und Neumann fährt fort:

> »Indem das Ich sich selber als Mitte setzt und als Ichbewusstsein sich eigenmächtig etabliert, ist die ursprüngliche Situation gewaltsam aufgelöst. Man kann erst verstehen, was diese

Selbstidentifizierung der erwachenden menschlichen Persönlichkeit mit dem ich bedeutet, wenn man sich den entgegen-
gesetzten Zustand der *participation mystique*, den Zustand der
Herrschaft des uroborischen Unbewussten, vergegenwärtigt.«
(Ebd.)

Wieder dunkel

blaubart

was
hast du
mit deinen frauen
gemacht
fragst du
die müssen
sehr verletzt
sein

hin
und weg
waren sie
gerichtet
und gesperrt

metzeltag
zum andenken
an
mama

Diese Maßlosigkeit, dieser Allmachtsanspruch waren Ausdruck einer großen Hilflosigkeit, so wie ich sie als Kleinkind empfunden haben musste, als mir die Liebe, wie ich sie brauchte, versagt wurde. Ich hatte das Glück, in meiner »Seelenarbeit«, mit Taiji, Gesang und Poesie Erkenntnis- und Ausdrucksmittel für diese Befindlichkeit zur Verfügung zu haben und nicht zum Mörder oder Vergewaltiger geworden zu sein, der sein »geliebtes« Opfer jahrelang im Keller versteckt, damit es nur ihm gehört. Ich denke, die »Anlage« zu dieser Befindlichkeit gehört weiterhin zu mir; »große Liebeskraft«, aber auch »große Hasskraft«, wie es die Therapeutin im Schwarzwald ausgedrückt hatte, als ich nach meinem ersten Aufenthalt dort war, um bei ihr Hilfe zu suchen.

Diese Ambivalenz hält mich manchmal noch immer in dieser Beziehung, die vorbei ist, emotional/gedanklich fest: Zu stark ist der Sog zurück in den uroborischen Inzest, das Paradies, in dem es Hass und Gewalt nicht gibt.

»Bei dem Drachenkampf des Helden handelt es sich immer um die Gefährdung des geistig männlichen Eigenprinzips durch den Uroborosdrachen, um die Gefahr seines Verschlucktwerdens vom mütterlichen Unbewussten.« (E. Neumann, S. 133)

winterreise

will nicht mehr kämpfen
will mich
treiben lassen
stehe oben
am sanften abhang
unten
am grund
die frau
die mich
auffängt
annimmt

säugt
zu grabe trägt
wenn mein
lebenswille
mit mir
hinab
ist

alles
was ich noch
will
ist das fallen
in diesen sanften
abschuss
zu ende
alle
versuche
das leben
zu lenken
irgendwohin

alle lust
ist sterben
feiern
was nicht geht

in jeder berührung
stirbt die zukunft
todestrieb

aber trieb

Habe ich C. geliebt, als Person, die sie war? Oder war es die Konstellation, die Verlockung, mich »verschlucken« zu lassen, der ich
so gerne nachgeben wollte? Es war wohl beides, beide Aspekte
sind nicht zu trennen. Das ist ja die Krux, dass Anziehung offenbar immer in den Mustern der frühkindlichen Prägung geschehen
und nur transformiert werden kann, wenn beide Partner, jeder für
sich, den Schritt aus dem Uroboros-Inzest schaffen, und sich
dann, vielleicht, wenn sie sich selbst haben, neu begegnen und
lieben – »erkennen« – können. Bleiben beide aber im uroborischen
Kreis gefangen, so hilft alle »Beziehungsarbeit« nicht heraus, das
ist meine Erfahrung und Überzeugung. Dazu ein Dialog, geschrieben »in höchster Not«, kurz vor Beendigung unserer Beziehung:

Radikale Liebe

Er: Ich liebe dich mit Haut und Haar.
Sie: Das ist mir zu eng.
Er: Aber ich liebe dich doch!
Sie: Du engst mich ein.
Er: Nein, ich lasse dich, schau doch wie ich an mir arbeite.
Sie: Du willst Belohnung.
Er: Nein, nur komm irgendwann zu mir.
Sie: Dann lässt du mich ja nicht frei!
Er: Doch, siehst du denn nicht, wie ich mich anstrenge.
Sie: Das ist Erpressung.
Er: Wenn du nicht siehst, wie sehr ich mich opfere, verletzt du
mich so sehr.
Sie: Ich sehe es doch, will es aber nicht.
Er: Ich werde dich zwingen, mich zu sehen: hilflos, opferbereit,
nur für dich da, und wenn du das nicht willst, mich so anzu
nehmen, bringe ich dich um.
Sie: Das weiß ich, und deswegen muss ich dich auch meiden.
Er: Aber wenn du mich annehmen würdest, würde ich dir
nichts tun, nur dich lieben.
Sie: Du würdest mich immer bedrohen.

Er: Das ist nicht wahr!
Sie: Siehst du, jetzt schreist du wieder.
Er: Ja, weil du blind bist! Du musst dich doch auch ändern,
wenn du mich willst.
Sie: Aber so will ich dich doch gar nicht.
Er: Aber warum? Ich liebe dich doch!
Sie: Was heißt das denn für dich?
Er: Will dir helfen, dass es dir gut geht.
Sie: Brauche keine Hilfe, nur Liebe.
Das Ganze von vorn …
wenn's nicht so ernst wäre, wäre es komisch. 🐦

Da wir beide den Zauber nicht lösen konnten, musste ich beides, sie und den Zauber, lassen. Ich habe mich entschieden. Und lernte, wenn die alten Gefühle kommen, zu sagen: »Ich habe euch nicht gerufen.«[76] Ich ging weiter, nachdem ich mich nun nochmals aus dem Walbauch befreit hatte, das Licht und die »Erlösung« zu suchen.

Muttertod – zweifach

soll ich mein herz verschließen,
wenn es immer noch für den schlägt, der gegangen ist?
es tut so weh, sagte ich.
willst du sterben?, fragte mein drache.
nein, sagte ich.
dann lass es schlagen, weil es für dich schlägt,
sagte mein drache,
du hast es nicht verlassen.

Noch war meine innere Mutter nicht tot, aber ich war ihr begegnet, hatte die frühe Zeit mit ihr in den beiden letzten Beziehungen emotional wiederbelebt – und hatte begonnen, mich von ihr, den Bindungen an sie, zu lösen. Da starb meine Mutter 2011 tatsächlich, gesegnet mit hundertein Lebensjahren. 2010 hatte sie ihren hundertsten Geburtstag zwar im Rollstuhl, aber noch rüstig, mit der Familie gefeiert, aber die letzten Monate waren Siechtum: Pflegefall im Heim in der Stadt, in der meine ältere Schwester wohnt, die sie dorthin geholt hatte, um sie zusätzlich versorgen zu können. Ich sah sie einige Male vor ihrem Tod, und jedes Mal schien es mir, als geschehe gerade ihr letzter Atemzug. Sie konnte nicht mehr sprechen, schien aber alles zu verstehen, was ich ihr sagte – und ich sagte ihr allen Dank, den ich auszudrücken vermochte. Als sie dann starb, dachte ich: erlöst, sie und alle, die ihr nahestanden, aber der Tod traf mich tiefer als gedacht. Jetzt war ich an der Reihe, niemand aus der Elterngeneration noch vor mir, der selbstverständlich vor mir drankommen müsste.

chinesisches gedicht

mutter
ist gegangen
alt war sie
sehr alt
fast wie pengzu
ging sie
nach über hundert wintern
und kurzen sommern

zwei kriege
überstand sie
wie sie uns
leben half
in harter zeit

zwar
dachten wir
im kreis der kinder
da es nun zeit war
abzutreten
verschonte uns
der schmerz

er tat
es aber
nicht

mich ließ er
allein zurück
als sei ich
noch mal
klein

sie ist
nun fort
mit ihr
der schutzwall
vor dem tod
dem eigenen
´denn nun
ist niemand mehr
dem ich
den vortritt
lassen kann

Don Quixote

Einen Monat später hatte ich einen Herzinfarkt, der Gott sei Dank, glimpflich verlief und ohne große Folgeschäden. Ich war allein, und die klassischen Symptome meldeten sich: Schmerzen im linken Arm, kalter Schweiß, Schmerzen in der Brust. Ich rief die 112 an, bewegte mich zur Tür, sie für den Notdienst zu öffnen, Transport, Schmerzambulanz, Schmerzen 8 bis 9 auf der Skala 1 bis 10, Katheter, am nächsten Morgen nochmal.

Das »Ereignis« machte Angst und war eine Kränkung: Wieso ich, Taiji-Lehrer, der doch so was Gesundes macht? Ja, wenn er es macht. Ich hatte mich zu wenig um mich gekümmert, offenbar. Trost war die Aussage des erfahrenen Kardiologen, der meinte, keiner wisse wirklich, warum es den einen ereilt und den anderen nicht. Und die Aussage meiner homöopathischen Ärztin, die auch die Seele mit einbezieht. Sie sagte, nachdem das »Ereignis« schon eine Weile zurücklag, dass ich schließlich eine über fünfundsechzigjährige Verbindung mit meiner Mutter gehabt hätte; und auch, wenn die äußerlich nicht sehr eng war, sei die Trennung nach dieser langen Zeit sehr schwer. Wie eng sie innerlich war, ist hier entscheidend.

Der Tod meiner Mutter traf mich also doppelt: Mit der realen
Mutter starb gleichzeitig meine innere Mutter. Das war ziemlich
heftig, denn emotional war ich ja durch die Beziehungen zu den
beiden Frauen in hochbrisanter Wiederbelebung meiner Mutter-
bindung gewesen. Der Tod fiel ziemlich genau in die Phase, als
das Leiden an der Beziehung zu C. sehr stark wurde, mein Herz
sich also stark nach Liebe sehnte und so doppelt enttäuscht wurde. Zur Weihnachtszeit 2011, nach einem trotzigen Einzelurlaub,
aus dem ich stark erkältet zurückkam, kollabierte ich in der Bade-
wanne und wurde nochmals ein paar Tage kardiologisch versorgt.
Ich glaube, ich wollte nicht mehr leben, weil mir nun endgültig
die Regression in den uroborischen Inzest versagt war: Mutter
war tot, und die Frau, in der ich sie aktuell suchte – aber auch
in der Hoffnung, in ihr die »Gefangene befreien« zu können! –,
war unerreichbar. Ich war kein Held, sondern ein Ritter von der
»traurigen Gestalt«.[77] Etwa ein Jahr später schrieb ich nachts
Folgendes auf.

licht

heute nacht
kam das licht
eine pyramide
die in mir war
und ich in ihr

es war nicht hell
weil alles licht war
alles ist licht
das ist der normalzustand

es wird als hell erlebt
und gewünscht
weil dunkelheit herrscht
der normalzustand
aber ist da
erleuchtet es
von innen
und das außen ist
so wie das innen
gleich hell

es kommt aus dem dunklen
dem sterben
das alles vernichtet
was wichtig schien
die verzweiflung
gebiert die freude

freude ist
wie das licht
innen und außen
deswegen
gibt es sie nicht
als besonderheit
weil sie da ist
als normalzustand

sie begrüßt alles
auch das dunkle
dem sie entsprang
und das sie nicht kennt
wenn es herrscht

beim sterben
musst du aufpassen
dass du es wirklich tust
und es nicht genießt
weil die qual
so wirklich ist
und die wirklichkeit
der freude
noch so fern

das dunkle
gebiert das licht
ist aber auch
sein geschöpf
das es bescheint
damit es sichtbar ist

manche
nennen es gott
das wesen
das in
und über allem
ist

ich bin
der ich bin
dunkel
im licht
und hell
vom licht
in mir

Kapitel 7   Taiji – zwischen Himmel und Erde

Wie hat nun aber Taiji konkret dabei geholfen, diese »uroborische Befindlichkeit« zu transformieren, und wie wirkt sich andererseits diese Wandlung im Taiji selbst aus? Zuvor: Wie drückt sich die Befindlichkeit »Wunsch nach Auflösung« – nach Neumann geprägt von Passivität, Angst und Defensive dem Unbewussten gegenüber – in der Körperhaltung aus? Direkt ist das natürlich nicht ablesbar, aber die Reaktionen im Körper, die die Haltung zur Welt ausdrücken, die sieht man.

Haltung zur Welt

In meinen Zwanzigern war mein Gesicht zugewachsen mit Bart, die Augen versteckt hinter dunkler Brille, geschützt und gehemmt durch den Schulterhochstand rechts; ich stand also ziemlich schief in der Welt. Ich konnte nicht aus mir heraus – außer im Spiel: Theater, Fußball (das Singen war nicht spielerisch) –, weil ich vergrübelt auf der Suche war nach etwas, von dem ich selbst nicht wusste, was es ist (heute ja: nach dem uroborischen Inzest), und alles abwehrte, was mich aus mir heraus, in die Gegenwart hätte führen können. Gleichzeitig hatte ich die Fantasie, entdeckt zu werden – das verkannte Genie in seiner Dachkammer –, aber es kam keiner, mich zu erlösen.

Es gibt ein Foto von mir, auf dem ich als Student der Chorprobe zu den »Jahreszeiten« von Haydn, die mein Vater aufführen wollte, nur als Beobachter im Zuschauerraum beiwohne, statt wie zu Schulzeiten laut »mitzuhelfen« in den Bässen; zu der Zeit, zu Beginn meines Studiums, hatte mir der ungarische Gesangslehrer angeraten, nicht im Chor zu singen, was Vater nicht gefiel. Zur

Strafe machte er ein Foto von mir, unbemerkt von hinten, wie ich
krumm in einer mittleren Reihe sitze, und das er dann »Quasi-
modo oder der Regisseur« betitelte und mir überreichte. Meinen
Schritt zur Selbstbestimmung empfand er als seine Fremdbestim-
mung – jetzt war ich der Regisseur –, aber dafür machte er mich
zum »bucklicht Männlein«, zum Glöckner von Notre Dame. Wieder diese Ambivalenz, mich großzumachen und gleichzeitig zu
erniedrigen. Diese Ambivalenz zwischen Fliegenwollen und Krie-
chen, die ich angenommen hatte, prägte meine Erscheinung; das
»Heros-Prinzip«, das »Aspekte wie Aktion, Tatkraft, zielgerichte-
tes Handeln, Stärke, Mut, Bereitschaft zu Konflikt, Auseinandersetzung und Kampf« bezeichnet (A. und L. Müller, S. 165), war
mir so fern wie die Schimäre, die zu mir kommen sollte, mich zu
erlösen.

Außer durch schlechte Haltung wurde ich am Vorwärtsschrei-
ten durch meinen fürs Umknicken anfälligen rechten Fuß gehindert. Als ich im Verein Fußball gespielt hatte, von dreizehn bis
sechzehn, knickte der Fuß immer um, wenn ich dabei war, Erfolg
zu haben. Im ersten Spiel, mit geliehenen oder geschenkten Fuß-
ballschuhen, solche mit durchgebrochener Sohle, egal, schoss ich
drei Tore, wir gewannen 6:1. Das war der »Anfängergeist«, un-
reflektiert, ohne Zweifel, der Drache ließ grüßen. Im Verlauf
der Karriere kam die Bremse: die Lust am Spiel darf nicht sein,
die Lust am Gewinnen, »unsre Familie kann das nicht«. Und in
jedem Spiel trug mein Körper diesen Konflikt aus: FC Spiellust gegen Spielverderbervereinigung Vaterhaus; Gelbe Karte fürs rechte
Sprunggelenk, das ich in jedem Spiel bandagieren musste und das
trotzdem wieder einknickte. Es war sozusagen mein Gelenk des
Achilles. Tja, sagte der Hausarzt, der es mal wieder nach einem
Spiel behandelte, wenn ich so weitermachte, hätte ich wohl bald
ein »Schlottergelenk«. Einknicken statt Selbstbehauptung, das
Gelenk schlottern lassen statt selber zu schlottern aus Angst vor
den unausgesprochenen Ansprüchen und Urteilen des Vaters –
auch eine Überlebensstrategie … Solange ich nicht lernte, auf eigenen Füßen zu stehen und vorwärts zu gehen, war es mein rechter

Fuß, der bei meinen Versuchen und Vorspiegelungen, es trotzdem zu tun oder es schon zu können, mir sagte, es stimme noch nicht, und mich, von mir unbewusst »beauftragt«, daran hinderte, mich frei zu bewegen. Erst durch Taiji bekam ich Festigkeit in den Fuß, die immer wieder durch tägliche Übung erneuert werden muss.

So arbeitete ich mit Taiji in nunmehr vierzig Jahren meine körperliche Haltung durch (der rechte Fuß ist nur ein Beispiel), die ich immer verstand und verstehe als Ausdruck meiner Haltung zur Welt, ergänzt und unterstützt durch die »Seelenarbeit« und andere körperorientierte Therapien. Ziel war und ist eine aufrechte Haltung, den »aufrechten Gang«, wie ihn Ernst Bloch beschreibt[78], zu erlangen und darüber hinaus zum »Verbindungskanal« von Erde und Himmel zu werden. Ein langer Weg.

Denn Taiji ist sanft, aber beharrlich in seinem Vermögen, den Menschen zwischen Himmel und Erde auszurichten, sodass die Verhärtungen und Verkrustungen des Ego, hier verstanden als »falsches Selbst« (nach R. D. Laing), wie sie sich körperlich in der Haltung manifestieren, aufgelöst werden können. Es führt keine Zusammenbrüche der Identität herbei, wie meine New Yorker Theaterarbeit, sondern verändert sanft, aber stetig, wie das Wasser den Stein verändert. Ich glaube, diese Eigenschaft ließ mich auch, nach den exzessiven Erlebnissen und Erschütterungen in New York, den Weg zum Taiji finden und daran festhalten; ich wollte wohl nichts mehr, was mich weiter aufgerissen hätte.[79]

Drei Themen sind es, die hier eine wichtige Rolle spielen: a) die Bewegungen müssen Himmel und Erde verbinden, b) sie müssen so ausgeführt werden, dass ein »ichfreies« Bewusstsein entsteht[80] und c) muss innere, gewaltfreie Kraft entwickelt werden können, die die Übungspartnerin resp. den Gegner dazu bringt, sich selbst zu besiegen, wenn sie oder er harte Kraft einsetzt.

Kämpfen ja, Krieg nein

warum sind gefühle so widerstreitend?, fragte ich.
nicht die gefühle, sagte mein drache.
sondern?, fragte ich.
deine gedanken darüber, sagte mein drache.
aber trauer und freude sind doch gegensätze!, sagte ich.
warum?, fragte mein drache.
weil sie so verschieden sind, sagte ich.
denkst du, sagte mein drache.
sie sind im grunde eins?, fragte ich.
eben, sagte mein drache.

»Wenn du es genau überlegst,
hat dir niemand in der Welt mehr Leid zugefügt,
als du dir selber;
schon darum, weil du anderen,
die es taten, die Macht gegeben.«

BERTHOLD AUERBACH
(1812–1882, EIGENTLICH MOSES BARUCH AUERBACHER)

Wie ich mit meinen Verletzungen umgehe, bestimmt, wie ich kämpfe. Mein Leben, mein Verhalten anderen gegenüber wurde von den – meist unbewussten – Schmerzen bestimmt, die aus den alten, lange unerkannten Wunden kamen. Als die Schmerzen so groß waren, dass ich sie nicht ausgehalten hätte, wäre ich ihnen begegnet, legte ich die Plastikfolie der Depression darüber, und so eingehüllt ging ich meinen Tätigkeiten und Beziehungen nach. Das war Überlebenskampf, Gegner waren alle und keiner.

Als die Plane Löcher bekam, durch die ich wieder atmen konnte, waren darunter auch die alten Wunden zu entdecken, und die Verletzungen, die ich so empfand, als würden andere sie mir zufügen, stachen in die Wunden. Ich wurde selten von anderen willentlich verletzt, aber es war meine Bereitschaft, die Wunden hinzuhalten, damit die Äußerungen der anderen sie mich spüren machen konnten. Das war Masochismus, und ich glaube, dass diese Bereitschaft bei den meisten Menschen vorhanden ist, auch wenn ihr Verhalten äußerlich überhaupt nichts »Masochistisches« hat.[81]

Als ich fähig wurde, die Verletzungen, wenn sie geschahen, unmittelbar wahrzunehmen, und es nicht meine Reaktion auf irgendetwas Unerkanntes war, die mich irgendwohin abtreiben ließ, kam der Hass und damit der Impuls, mich zu rächen und »zurückzuverletzen«. Ich glaube, dass das die Struktur ist, die die aggressiven Handlungen der meisten Menschen bewegt, mit allen Reaktionen, die darauf folgen: Moral, Bedauern, Unterwerfung, Religiosität, alles eingebündelt in gesellschaftliche Konventionen, und wenn es nicht gelingt, den archaischen Hass so im Zaum zu halten, dann gibt es ja noch den Krieg oder den Amoklauf oder den Mord; für die, die diese Variante nicht realisieren können oder wollen, existieren diese Varianten, gebannt im Film und in anderen Medien (z. B. Computerspielen), an denen man die eigene Destruktivität gefahrlos erleben kann.

Eine andere Form der Ritualisierung des Hasses und der Destruktivität sind die Kampfsportarten oder auch »Kampfkünste«. Je weniger Regeln, desto unverstellter die Destruktivität: Beim westlichen Boxen (das ich ja selbst ein Jahr lang als Siebzehnjähriger praktizierte) sind es die Handschuhe und ein paar Verbote – Tiefschlag, Innenhandschlagen –, die einen daran hindern, den anderen tatsächlich tot oder zum Krüppel zu schlagen. Und bei den hochritualisierten Kampfkünsten, wie z. B. beim Aikido, wird zwar die Verletzung des anderen vermieden, er soll aber schon besiegt werden. Das geht nur, weil ihm Schmerz zugefügt wird, dem er sich ergibt und weshalb er dann aufgibt, um physische Verletzungen zu vermeiden, was er durch Abklopfen anzeigt. Da ist sie wieder, die Rache für den eigenen Schmerz, den man dem anderen heimzahlen muss, auch wenn der persönlich gar nichts damit zu tun hat – dafür dient das Ritual.

Alle Kraft, die eingesetzt wird, einen anderen zu besiegen, indem man ihm Schmerz zufügt, setzt dieses Rad der Vergeltung unbewusst fort und dient nicht dazu, diesen Kreislauf zu durchbrechen und die Destruktivität zu transformieren – das geht nur, wenn man sie im Augenblick der Entstehung entdeckt. Transformieren heißt, den destruktiven Impuls zuzulassen, nicht ihn zu verleugnen und zu verdrängen. Was ich nicht annehme, kann ich nicht verwandeln. Wenn ich den Drachen in mir nicht erkenne, lerne ich nie, auf ihm zu reiten.

Freundlich gewinnen

wie mache ich,
dass ich nicht so leicht
verletzt werde?,
fragte ich.
der pfeil kann sich nur in die feste
scheibe einbohren,
sonst fällt er einfach runter,
sagte mein drache,
au, sagte ich.
eben, sagte mein drache.

Man kann Menschen Freundlichkeit nicht durch Härte beibringen – ebenso wenig wie man Krieg durch kriegerische Maßnahmen abschaffen kann –, denn Härte ermuntert Härte und führt nie zu Weichheit und Güte. Dies formuliert Raymond Smullyan in seinem Buch »Das Tao ist Stille«[82] und bringt damit eine wesentliche ethische Botschaft des Daoismus auf den Punkt.

Als ich, noch vor dem Taiji, eine Weile Aikido betrieb, die japanische Kampfkunst, der ähnliche Prinzipien wie dem Taiji zugrunde liegen (indem der Angriff des Gegners gegen ihn selbst gewendet wird), hieß es immer: »in Liebe angreifen«. Dann stürmten die mit der Angreifer-Rolle auf die anderen los, wurden in den Kreis der Abwehrbewegungen hineingezogen und auf den Boden geklatscht, weil ihnen der Arm verdreht wurde und sie den Schmerz beenden und die Niederlage anerkennen mussten, indem sie abklopften und so um Schonung baten. Ich habe nie verstanden, wie das gehen sollte, »in Liebe anzugreifen«, wenn doch die gesamte Angriffsenergie alles an Zerstörungspotenzial enthielt. Vielleicht war das auch »in Liebe« geschehen, als ein Aikido-Meister einem Schüler, der ihn einmal schlecht aussehen ließ, weil er ihn so festhielt, dass er sich nicht aus dessen Griff befreien konnte – und das vor allen Schülern! –, bei der nächsten Gelegenheit mit einer Wurftechnik den Arm brach, um die Schmach zu rächen?[83]

Inneres Taiji entwickelt innere Kraft, und diese vermag einen Angriff zu überwinden, ohne dem anderen Schmerz zuzufügen. Von der Wirkung auf andere aus gesehen ist der Unterschied folgender: Äußeres Taiji heißt deswegen so, weil es äußere Kraft entwickelt und anwendet. Das Kennzeichen von äußerer Kraft ist, in den Raum eines anderen einzudringen und ihn so mit kurzfristiger, maximaler, willkürlicher Muskelanspannung zu bewegen oder zu zerstören; die Kraftbewegung findet ihr Ziel im anderen Körper, wo sie »explodieren« soll.

Im Sport ist das die Maxime von »*go and stop*«: Wenn die Bewegung auf ihrem Höhepunkt gestoppt wird, findet die Ablösung des zu werfenden Gegenstandes, z. B. des Speers, statt, auf den die Bewegungsenergie durch abruptes Anhalten übertragen wird. Diese Art der Kraft durch abruptes Anhalten spüren wir, wenn wir in einem Auto sitzen, das plötzlich bremst, und wir dann nach vorn geschleudert werden.

Im Inneren Taiji ist das Ziel der eigenen Kraftbewegung nicht der Gegner, sondern die Bewegung kommt aus dem Unendlichen und führt ins Unendliche; dies muss aber konkret vorgestellt werden, sonst bleibt es vage. Natürlich kann man sich das »Unendliche« nicht vorstellen, also: Die Bewegung beginnt hinter mir, geht durch mich hindurch und hat ein Ziel, das zwar sichtbar, aber außerhalb nicht nur von mir, sondern – und das ist der gravierende Unterschied – auch außerhalb des Gegners, also hinter ihm, anvisiert werden muss.

Die so initiierten Bewegungen sind die Basis von Energiespiralen, die nur ohne willkürliche Muskelanspannung entstehen und den anderen in sich hineinziehen (in die Energiespirale, nicht in die Person!); er wird nicht mit höchster Anspannung »angegriffen« und es wird nicht in ihn eingegriffen, sondern er wird hochgehoben und weggetragen und fühlt deshalb keinen Schmerz, stattdessen eine leichte, aber große – eben innere – Kraft. Und deswegen ist Inneres Taiji auch kein Sport. Wird jemand durch Schmerz bewegt, wirkt äußere Kraft, und damit ist es also äußeres Taiji.[84]

Taiji-Partnerübungen

>»Im Grunde sind es immer
die Verbindungen mit Menschen,
die dem Leben seinen Wert geben.«
WILHELM VON HUMBOLDT

Das Nichttun tun[85]

Die Partnerübungen sind eine große Disziplin.[86] Sie sind eine
Übung des Energieaustauschs. Alle Abweichungen, die diesen
Austausch stören bzw. nicht entstehen lassen, wie das Kontrollie-
ren-Wollen, zu starkes Nachgeben, zu widerwilliges Nachgeben,
Siegen-Wollen, sich gemeinsam einlullen in »Harmonie«, in der
das Anderssein verschwindet, sind große Lebensthemen. Die Person, die weiter darin ist, diese Themen bei sich zu erkennen und
die Abläufe dem Prinzip des Nichttun anzunähern, zeigt der anderen, ohne diese belehren zu wollen, wie weit diese noch davon entfernt ist. Deren Gegenwart beleuchtet die Präsenz des Partners
oder der Partnerin und dessen bzw. deren noch Ego-bestimmtes
»Machen«. Schlagartig wird dies erfahrbar durch die Entwurzelung, also durch den »Ausweg«, den der Partner oder die Partnerin – unbewusst und absichtslos – findet, auf die eigenen
Abweichungen vom geglückten Austausch zu reagieren. Das bedeutet, er oder sie entwurzelt sich selbst, fällt also aus der eigenen
Mitte heraus. Und das ist die »wortlose Lehre« der Daoisten, das
Wirken durch die Präsenz, der Ritt auf dem eigenen Drachen.
Natürlich gibt es Unterschiede in der je eigenen Entwicklung, aber
es gibt niemanden, der siegt, und niemanden, der verliert.

Jeder schubst jeden

ruhig bist du jetzt, sagte mein drache.
aber irgendein ticken ist noch zu hören.
kannst du die bombe nicht zur ruhe bringen?
aber bomben müssen doch platzen!, sagte ich.
wenn du meinst, sagte mein drache,
aber dann muss ich erst meine eier in sicherheit bringen.

Alle, die mit den Partnerübungen beginnen, benützen meiner Erfahrung nach äußere Kraft, wenn die eigene Bewegung nach vorn
geht, werden also hart im Bestreben, die andere Person »aus dem
Weg zu räumen« oder zu schubsen, und weichen beim Zurückge-
hen entweder mehr zurück, als sie müssten, und überlassen dem
oder der Vordringenden so das Feld, oder wollen nicht nachgeben
und wehren sich mit Anspannung, also Widerstand.[87] Das ist das
Feld, das beackert werden will: Bewegungen auszutauschen lernen
und dabei den richtigen Kontakt zu finden, weder schlaff noch zu
hart. Spüren lernen, wie der andere bzw. die andere sich bewegt
und die richtige Reaktion darauf finden. Die Absicht aufgeben,
gewinnen zu wollen, und bereit sein, den Stand zu verlieren, wenn
man Widerstand geleistet hat. Der ganze Körper wird durchge-
arbeitet und die Knoten werden gelöst, die sich wehren, denn die
sitzen überall und nicht nur in den Armen und Händen, die den
Kontakt halten. Es dauert, bis die Bewegungen – und der Geist –
so frei geworden sind, dass sie zwar zielgerichtet, aber nicht mehr
hart, sondern aggressionslos sind, und bis beide, Geist und Körper, nicht versuchen, gegen das Gegenüber äußere Kraft anzuwen-
den. Das ist offenbar ein so tiefsitzender Reflex, dass er behutsam
und geduldig transformiert werden muss.

So verstanden sind die Taiji-Partnerübungen ein Dialog und
kein verbissenes Manöver, bei dem Nachgiebigkeit taktisch eingesetzt wird, um den anderen oder die andere zu besiegen.[88]

Taiji-Glück

> »Alles wirkliche Leben ist Begegnung.«
>
> MARTIN BUBER

Ich übe mit Klaus, dem von mir zum Meister ernannten Schüler und Meisterschüler, der seit über dreißig Jahren von mir lernt und auch autorisierter Zen-Lehrer ist. Unsere Stunden sind ein großes Vergnügen. Ich lerne von ihm genauso wie er von mir. In letzter Zeit arbeiten wir an der Armspirale. Heute geht es darum, die Spirale, die wir bislang in Ruhestellung geübt haben, um uns über die Abläufe vom Rücken bis in die Fingerspitzen klar zu werden, aus den Push-Hands[89]-Bewegungen heraus zu finden. Dabei haben wir es leicht, weil wir beide Einatmer sind und die Spiralen gleichsinnig drehen; bei Ausatmern drehen sie andersherum. Aber immer drängt sich, bei uns beiden, die willkürliche Kraft dazwischen; »willkürlich« bedeutet hier nicht unbedingt »absichtlich« – dann brauchten wir sie einfach nur zu lassen –, sondern die Härte schlummert in unseren Bewegungen und kommt immer hervor, wenn die Situation »brenzlig« wird, also die Bewegung des anderen als Bedrohung erlebt wird, und umgekehrt, wenn man beim Vorgehen etwas erzwingen will.

Da tut sich plötzlich, nach vielen Versuchen, bei mir die Erkenntnis auf, dass das Zusammenspiel von Yin und Yang nicht nur den Ablauf im Großen bestimmt, wo das eigene Zurückweichen das Vorgehen des anderen beantwortet, sondern auch in kleinsten quasi »digitalen« Einheiten. Jetzt wird (mal wieder) deutlich, dass in unseren Körpern ein Räderwerk am Wirken ist und die kleinste Drehung mit einer ganz bestimmten »Antwortdrehung« neutralisiert werden kann. Dabei – und das ist das Neue heute – beantwortet eine Drehung in meinem Oberarm die vorangehende Spirale in seinem Unterarm (wir üben mit jeweils einem Arm): Es ist so, dass ich seine Bewegung mit meiner aufnehme (und annehme) und in den feinen Riss, der dadurch bei ihm entsteht, nun meine Unterarmspirale, mit Gegendrehung, »hineinsende«, was ihn von den Füßen holt. Dazu ist es nötig, dass mein Arm im Ganzen locker ist, vor allem der Ellbogen, der wirklich wie ein Scharnier nach allen Seiten frei sein muss. Die »Ellbogenlockerheit« ist also der eigentliche Schlüsselpunkt beim Erlernen der Armspirale. Von außen kann man nichts davon erkennen.[90]

Hier ist auch der Ort, nochmals genauer auf die Unterschiede von Innerem Taiji und Qigong einzugehen. Im Qigong gibt es keine Partnerübungen wie im Taiji. Es gibt zwar den »Qi-Muskeltest«, wie ihn T. Yayama in Anlehnung an die Kinesiologie in seinem Buch beschreibt[91], den man aber auch allein durchführen kann, ohne ein Gegenüber. Der Test der Verwurzelung im Inneren Taiji braucht aber das Gegenüber. So gesehen steht das Innere Taiji genau in der Mitte zwischen Qigong und den äußeren Kampfkünsten (hierzulande als »Kungfu« bezeichnet).[92] Wie Qigong entwickelt Inneres Taiji die innere Energie durch die Öffnung der »Himmlischen Kreisläufe« des Qi, und wie die äußeren Kampfkünste kann es die Fähigkeit zu kämpfen vermitteln. Anders als im Qigong, wo der Bezug zu einem anderen Menschen dem Übenden überlassen bleibt – er kann wählen, ob er es lediglich als »Selbstkultivierung« nutzen möchte oder ob er mit der erworbenen Fähigkeit, Qi zu lenken, andere heilen möchte –, ist der Bezug nach außen und zu einem Gegenüber im Inneren Taiji von Anfang an gegeben. Also auch diejenigen, die nur die Form ohne die Partnerübungen praktizieren, üben den Bezug nach außen immer mit. Denn in den Tests zur Verwurzelung ist immer ein Gegenüber notwendig, das einem das, was man an sich subjektiv fühlt und wahrnimmt, objektiv spiegelt und so die Selbstwahrnehmung durch Bezug auf die Außenwelt auf die Probe stellt. Andererseits gelingen die Test zur inneren Kraft nur, wenn auf jegliche Absicht, den Partner oder die Partnerin abzuwehren, zu bekämpfen, zu besiegen etc. verzichtet werden kann. Diese Absicht bestimmt hingegen wesentlich die Aktionen der äußeren Kampfkünste. Im Inneren Taiji sind dies die Tests, die einen lehren, zu siegen (im Sinne von »bestehen«), ohne zu kämpfen. Also: Über Qi zu verfügen – durch Qigong oder äußeres Taiji erworben – bedeutet nicht automatisch, Jin-Kraft zu entwickeln.

»Wer nur Qi hat, spürt selbst, dass er Kraft hat; aber der Gegner spürt bei ihm, dass er keine Kraft hat.« (Yang Chengfu, in R. Landmann, S. 97)

Kapitel 8 Lebenstor

»Der Fisch springt durchs Drachentor.«

(Bezeichnung für eine Taiji-Schwertbewegung.
Der Name geht auf eine Legende zurück,
in der der Flusskarpfen Li Yu im Gelben Fluss über eine das
»Drachentor« genannte Schleuse stromaufwärts springt.)[93]

Mein »Lebenstor« hatte ich gefunden in den letzten beiden Liebesbeziehungen und durch sie mich von dem befreit, was mich daran gehindert hatte, zu leben und zu arbeiten: das Fixiertsein auf das eigene Schwanzende, in das der Uroborus verbissen ist –

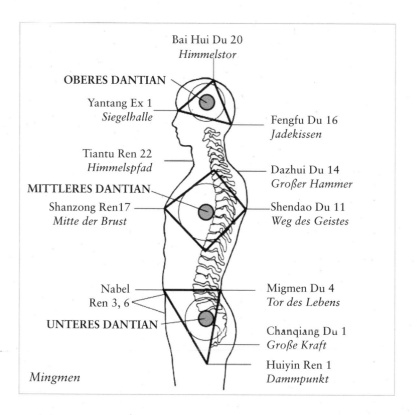

Bai Hui Du 20
Himmelstor

OBERES DANTIAN

Yantang Ex 1
Siegelhalle

Fengfu Du 16
Jadekissen

Tiantu Ren 22
Himmelspfad

Dazhui Du 14
Großer Hammer

MITTLERES DANTIAN

Shanzong Ren 17
Mitte der Brust

Shendao Du 11
Weg des Geistes

Nabel
Ren 3, 6

Migmen Du 4
Tor des Lebens

UNTERES DANTIAN

Chanqiang Du 1
Große Kraft

Huiyin Ren 1
Dammpunkt

Mingmen

durch die Erfahrung der bedürftigen Liebe konnte ich das »Ver-
bissensein« in mich selbst loslassen. Jetzt war der Weg frei, das
»Lebenstor« im Taiji zu finden.

Was ist das »Lebenstor«? Das Lebenstor, chinesisch »Mingmen«[94], ist in der chinesischen Medizin und im medizinischen
Qigong ein Energiepunkt zwischen dem ersten und dem zweiten
Lendenwirbel und bildet den hinteren Teil des Energiezentrums
»unteres Dantian«, des »Zinnoberfeldes«, dessen vorderer Teil
durch das »Meer des Qi« kurz unterhalb des Nabels gebildet
wird. »Lebenstor« heißt es deswegen, weil hier die ursprüngliche
Vitalität des Menschen verankert ist, die über die Lebensdauer
entscheidet.

Warum ist hier ursprüngliche Vitalität verankert? Weil man im Lebenstor die Brückenfunktion des Atems zwischen Bewusstem und
Unbewusstem beeinflussen kann. Im Lebenstor sind die »Ausläu-
fer« des Zwerchfells (siehe Abb. a) an der Lendenwirbelsäule an-
gewachsen und üben einen subtilen Einfluss auf die Atmung aus.
Man bezeichnet diese Fasern als »Crus« bzw. »Schenkel des
Zwerchfells« oder »Zwerchfellpfeiler« (siehe Abb. b).

Im Bereich des Übergangs von der Lendenwirbelsäule zum Kreuz-
bein verläuft die »Trennungslinie« zwischen dem Brustkorb und
dem Becken. In diesem »Knick« wird die Wirbelsäule bewegt.
»Schaukelt« man die Wirbelsäule um den Bereich des Mingmen
so, dass diese entweder beim Ein oder beim Ausatmen leicht geknickt wird, so kann der »wahre Atem« entstehen. »Wahrer
Atem« im daoistischen Sinne bedeutet, den Atem nicht zu »machen«, sondern ihn geschehen zu lassen – und ihn dann bewusst
zu führen. Dann ist er die Quelle der ursprünglichen Vitalität.
Wird die Lendenwirbelsäule permanent ruhig gehalten im Taiji,
wie ich es jahrelang selbst praktizierte, kann diese Quelle nicht
erschlossen werden. Die Konfuzianer sprachen vom Mingmen als
dem »Taiji des Mikrokosmos Körper«, die Daoisten nannten es
»die Schlucht des geheimnisvollen Ursprungs«.[95]

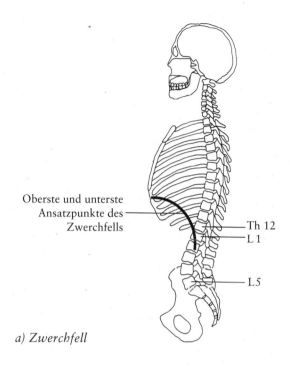

Oberste und unterste
Ansatzpunkte des
Zwerchfells

Th 12
L 1

L 5

a) Zwerchfell

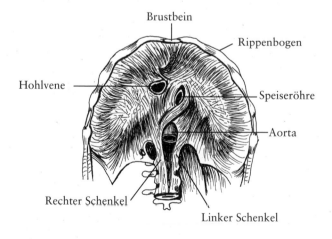

Brustbein

Rippenbogen

Hohlvene

Speiseröhre

Aorta

Rechter Schenkel

Linker Schenkel

b) Schenkel des Zwerchfells

Das Lebenstor im Qigong

»Lebenstor-Qigong«, wie ich es aus dem Fundus der bei Meister Chu erlernten Übungen weiterentwickelt habe, aktiviert durch Bewegungen, die in der unteren Lendenwirbelsäule ausgeführt werden und das Lebenstor direkt beeinflussen.[96] Insofern gehört es zum Inneren Taiji, wie weiter unten gezeigt werden wird, und unterscheidet sich von den Arten des Qigong, in den die Wirbelsäule ruhig gehalten und das Lebenstor durch die Vorstellungskraft geöffnet wird. Unter dem Aspekt der Atemtypen sehen die Phasen so aus:

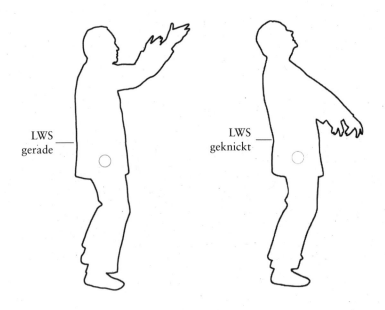

LWS
gerade

LWS
geknickt

1) Einatmer/yang   *2) Einatmer/yin*

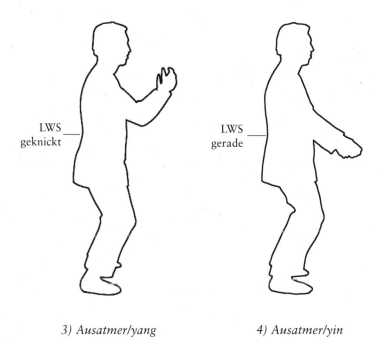

LWS
geknickt

LWS
gerade

3) Ausatmer/yang *4) Ausatmer/yin*

Toshihiko Yayama, ein japanischer Chirurg und Qigong-Meister, zeigt in seinem Buch »Die Heilkraft des Qi«[97] die »richtige« und die »falsche« Körperhaltung, mit dem Ziel, das Mingmen, das Lebenstor, zu öffnen. Vom Standpunkt des »Lebenstor-Qigong« sind bei ihm die Haltungen abgebildet, die das Einatmen des Ausatmertyps optimieren (Abb. 4) sowie das Ausatmen des Einatmers (Abb. 1); dies sind beides die Positionen der jeweils schwachen (Entspannungs-)Phase. Die Positionen für die aktive Gewinnung der inneren Kraft, optimal für das Ausatmen bei einem Ausatmer (Abb. 3) und für das Einatmen bei einem Einatmer (Abb. 2), sind ihm offenbar nicht bekannt (und wohl auch nicht notwendig für seine Art des Qigong).[98]

Das Lebenstor im Inneren Taiji

Im Taiji sind Hinweise auf die Bedeutung des Lebenstores kaum zu finden, ein seltenes Beispiel stammt von einem Meister des Chen-Sils: »Der Kunstgriff besteht darin, die Mitte zwischen den beiden Hüften, den [Punkt] Mingmen zwischen den beiden Nieren als Angelpunkt und Schlüssel zu nehmen.« (Chen Xin, 1849–1929)

Qigong wird im Wesentlichen im Stand (»Stehen wie eine Säule«, »*universal post*«, »Zen-Standübungen«; siehe in T. Yayama, S. 103) geübt, Taiji hingegen in Bewegung, auf der Basis der sogenannten »fünf Schrittarten«. Deswegen muss hier der aufrechte Körper in Bewegung betrachtet werden. Der Schlüssel zu einer Körperhaltung, die eine durchlässige Verbindung zwischen Himmel und Erde ermöglicht, entscheidet sich in der Gangphase,

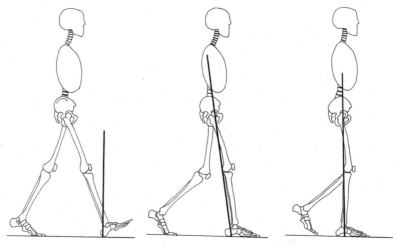

Gangphase 1 / Gangphase 2 / Gangphase 3 – Einbeinstand

in welcher das Körpergewicht ganz auf einem Bein ruht, dem sogenannten Einbeinstand. Hier herrscht »Gleichgewicht« zwischen der Schwerkraft, die uns am Boden hält, und ihrem Gegenpart, der aufsteigenden »Bodenreaktionskraft«, die unseren aufrechten Gang ermöglicht und verhindert, dass wir, der Schwerkraft allein ausgeliefert, wie eine Pfütze »flachliegen« würden.[99]

Die Atemtypen unterscheiden sich in ihrem Gang u. a. darin, dass die Lendenwirbelsäule (LWS) im Moment des Einbeinstandes jeweils eine unterschiedliche Form hat: bei Ausatmern ist sie zwischen dem vierten und fünften Lendenwirbel leicht geknickt, bei Einatmern gerade. Das ist der Moment, in dem im Taiji, in der sogenannten »Vorwärtsstellung«, das »Sinken« geschieht bzw. geschehen sollte, damit es gelingt, sich optimal der Schwerkraft anzupassen. Da die Ausatmer ihren (Aus-)Atem und ihre Energie zur Erde und in die Weite verströmen, lässt der Vorgang des Ausatmens beim Vorwärtsgehen, zu seinem Ende hin, eben jenen »Knick« in der LWS entstehen, weil die Atemmuskulatur, wenn man sie lässt, die Flanken verengt und das Becken weitet (aber nicht den Bauch automatisch einzieht), sodass das Steißbein sich anhebt. Dagegen verströmen die Einatmer (nachdem sie beim Einatmen Energie geschöpft haben) weder sich noch ihren Ausatem, sondern lösen beim Ausatmen die Einatemspannung lediglich so weit, dass der Atem leicht entschweben kann. Dazu muss die LWS gerade bleiben.

Die folgenden Darstellungen (siehe S. 238) zeigen die grundsätzliche Ausrichtung der Atemtypen zur Erde am Beispiel der Lande- und Startphase beim Laufen. Das Landen entspricht der Ausrichtung des Ausatmers, nach »unten«, das Starten der des Einatmers, nach »oben«.

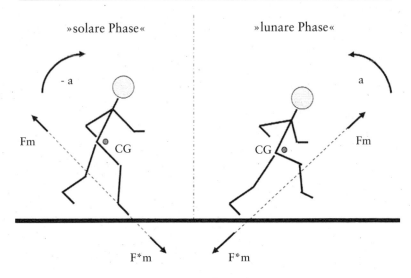

»solare Phase«   »lunare Phase«

- a   a

Fm   Fm

CG   CG

F*m   F*m

Starten und Landen

Das, was ich hier beschreibe, ist das Ergebnis jahrelanger Forschung, vor allem auch deswegen, weil der Unterschied in der Haltung des Einbeinstandes idealtypisch ist, also sich nur zeigt, wenn die Bewegungen nicht überformt sind, d. h. jemand weder dahinschwebt noch -schlurft, je nachdem, welche Muskeln er oder sie durch welches Training geübt oder nicht geübt hat. Ausatmer, deren Erscheinungsbild ihrem Atemtyp entsprachen, waren (und sind) selten und ein Glücksfall für meine Arbeit.[100]

Die Gangphase, die beim Gehen auf den Einbeinstand folgt, wenn das hintere Bein sich löst, um den Schritt nach vorn zu machen, verändert die LWS: Beim Ausatmer rundet sich der Knick, bis das Bein aufsetzt und wieder belastet wird. In dieser Schrittphase atmet der Ausatmer irgendwann reflexhaft ein, d. h., er lässt den Einatem zu: Die jetzt fast gerade LWS formt Becken und Flanken zu einem Gefäß, in welches der Atem »hineinsinken« kann. Beim Einatmer dagegen entsteht mit dem Schritt nach vorn jetzt der Knick in der LWS, der seinen »Höhepunkt« erreicht, wenn das hintere Bein neben dem anderen ankommt. Das ist auch der Höhepunkt des Einatmens beim Einatmer: Die Einatemmuskukatur

weitet Brustkorb und Rücken, der Atem strömt dort ein und das
Becken verengt sich; der »Knick« trennt und ermöglicht die verschiedene Ausformung von Becken und Oberkörper.

Energetisch gleicht sich der Einbeinstand bei den Atemtypen:
Bei beiden ist die LWS geknickt, um ihren Atemtyp optimal zu
realisieren, um an ihre innere Kraft zu kommen. Außer dem
Unterschied, dass der eine dazu aus- und der andere einatmet,
besteht noch ein weiterer: Beim Ausatmer ist der Einbeinstand
(Abbildung unten ganz rechts) verbunden mit dem »Liegenlassen«
des hinteren Fußes, beim Einatmer muss das hintere Bein bzw.
der Fuß schon neben dem belasteten Fuß, der den Einbeinstand
trägt, angekommen sein. Der Einbeinstand, atemtypgerecht verwirklicht, prägt im Inneren Taiji die Körperhaltung, die Art zu
gehen und die Armbewegungen.[101]

»Körperachse«

Der Drache fliegt

jetzt verlier dich mal ordentlich
im andern, gib dich hin,
sagte mein drache.
also streckte ich alle viere von mir und gab mich auf.
so doch nicht!, sagte mein drache,
hingabe braucht die form, in der du strömen kannst,
wie der fluss in seinem bett,
sonst machst du überschwemmung, die alles ersäuft.

Die übliche Vormittags-Routine. Mittags ist die beste Zeit für mein Taiji, die wichtigsten Büroangelegenheiten sind erledigt, das Frühstück hält noch vor, die Kurse beginnen erst in einigen Stunden. Ich beginne die Form. Mein Körper ist noch müde von drei Stunden Unterricht am Vorabend, ich weiß nicht, was er im Taiji finden möchte, und ich gebe diesmal kein Thema vor. Die ersten Schritte knirschen in den Gelenken, die noch etwas »schwergängig« sind. Langsam lockern sich die Verbindungen und gegen Ende des ersten Teils der Form, also nach etwa vier Minuten, spüre ich, wie sie beginnen, sich zu verschrauben: Das Sinken am Ende einer Verlagerung, im Einbeinstand angekommen, fühlt sich »richtig« an; die Gelenke signalisieren Zustimmung, und obwohl ich real vielleicht nur ein bis zwei Zentimeter dabei in die Knie gehe, kommt es mir vor, als sänke ich der Erdmitte entgegen. Trotzdem muss ich aufpassen, dass die Belastung in den Füßen stimmt. Ich darf die Knie in den Beinspiralen nur so weit öffnen, dass die Belastung nicht auf die Fußaußenkante rutscht, das wäre für Einatmer wie mich nicht optimal; und ich muss achtgeben, das Gewicht von der Ferse zu den Zehen richtig zu verlagern.

Die Belastung stimmt also, und ich spüre jetzt, wie durch das Sinken die Aufrichtung geschieht: Weil die Beine richtig verschraubt sind, kann die in den Boden drehende Spirale gleichzeitig aufsteigen – wie bei einer bestimmten Art Korkenzieher, bei dem durch das Hineindrehen der Spirale gleichzeitig der Korken aufsteigt. Nun spüre ich, wie die Atmung lebendig wird: Das Sinken in das hintere Bein hinein, wenn es das Körpergewicht trägt, regt den Atem an, aufzusteigen. Der Unterbauch geht dabei nach innen, die Brust wird weit, der Rücken füllt sich mit Luft; das ist die »umgekehrte« oder »paradoxe« Atmung, die richtige für Einatmer. Beim Verlagern vom hinteren aufs vordere Bein merke ich, wie die Luft noch nicht heraus will, sondern erst unterwegs, wenn ich fast schon vorn bin, sanft entweicht.

Der Rhythmus ist gefunden. Ich möchte ihm nachgeben und mehr davon aufnehmen, was das Sinken mir beschert. Jetzt, gut in der ersten Hälfte des zweiten Teils der Form – nach etwa zehn Minuten –, führe ich bewusst das Öffnen des Lebenstores ein: Wenn ich auf dem hinteren Bein angekommen bin, verbinde ich das Sinken mit dem Betonen des Knicks in der LWS, d. h., ich beuge mich im Rumpf leicht nach hinten bei gleichzeitigem Beugen der Knie, die dabei nach außen gehen, aber so, als begännen sie einen Kreis, der sich vor meiner Mittelachse, in einigem Abstand, schließt. Die Gleichzeitigkeit von Knie- und Rückenbeugen ist wichtig. Würde ich nur den Rücken beugen, entstünde ein Hohlkreuz; so aber wird der Knick durch das Beugen der Knie im Boden verwurzelt, zumal das Becken in die Knie »hineinrutscht«. Nun steigt der Atem auf der Vorderseite so auf, dass das mittlere Dantian im Rippendreieck weich und süß umspült wird und Qi, die Energie, sich in den ganzen oberen Bereich, bis in den Schädel hinein, ausbreitet. Wenn ich jetzt auf die Armbewegungen achte, dass sie Innenspiralen ausführen und die Handgelenke und Ellbogen dabei mitwirken, erfüllt mich das aufsteigende Qi bis in die Fingerspitzen. Der (Ein-)Atem hält inne am Ende des Sinkens, und mit Beginn der Verlagerung nach vorn, wenn er eigentlich entweichen sollte, geschieht etwas wunderbar Merkwürdiges: Obwohl

der physische Atem angehalten ist, scheint es, als steige er weiter
auf – eine Welle weicher Energie, die emporströmt, als fände sie zu
ihrem Bestimmungsort, dem Scheitel, und spülte alle Gedanken
und Besorgnisse hinaus. Sogar wenn ich die Vorwärtsbewegung
beginne, steigt die Welle weiter auf, um erst am Ende der Verlagerung zum vorderen Bein, zusammen mit einem entspannenden
Loslassen der Knie und dem Lösen des Atems, sanft zu sinken.
Unterwegs, in der Vorwärtsbewegung, entspannen der Rücken
und die Arme. Auch der Knick schwindet, die Ellbogen sinken
und die Handgelenke entspannen. Dann, mit der nächsten Phase
des Verlagerns auf das hintere Bein, beginnt das Ganze von
Neuem: Aufsteigen und Sinken von Atem und Qi-Energie lösen
sich harmonisch ab – von mir veranlasst und gelenkt, aber nicht
erzwungen und kontrolliert. Wu wei, das »Nichtun tun«. So fühlt
sich Taiji-Glück an.

Am Ende der Form, nach etwa fünfundzwanzig Minuten, ent-
steige ich diesem »Bad«, erfrischt, ruhig, gefühlt unbesiegbar –
der Rest des Tages kann kommen. Unterwegs habe ich allerdings
auch gemerkt, welche Teile (der Form und des Körpers) noch der
Aufmerksamkeit bedürfen; o.k., das nächste Mal werde ich darauf achten, nehme ich mir vor – aber vielleicht kommt wieder alles anders. Zum Abschluss der Session hänge ich noch Übungen
aus dem (von mir so genannten) »Lebenstor-Qigong« an, die mich
mehr erden, weil sie den Geist, der durch die Form hellwach geworden ist, beruhigen, ohne schläfrig zu machen.

Das ist meine tägliche Mindest-Energiezufuhr, dazu kommt
der Unterricht, aus dem ich, im Unterschied zu früher, auch Kraft
für mich gewinne, und die besonderen Zeiten, in denen ich mir
»selbst eine Stunde gebe« und mit Meister Klaus und Meisterschüler Andreas übe, um in Technik und Verständnis des AtemtypTaiji voranzukommen. Da geht es nun darum, die innere Kraft,
die ich allein für mich in der Form erlebt habe, als reale Kraft einzusetzen und damit auf andere einzuwirken, mit der gleichen Ich-
Freiheit, die mir im Ablauf der Form geschenkt wurde. Und diesen
Zugang weiterzugeben.[102]

Drachen-Reitstunden: Wie ich unterrichte

wie kann ich liebe geben,
wenn ich selbst nie welche bekommen habe?,
fragte ich.
dass du so fragen kannst, zeigt dir, dass du es tun kannst!,
sagte mein drache.
wieso?, frage ich.
wenn du nichts von liebe wüsstest,
könntest du nicht danach fragen, sagte mein drache.
wissen schon, sagte ich, aber nicht haben.
eben, du hast das wissen, sagte mein drache,
gib es fort, teile es mit anderen. fang an damit.

Früher war ich der Dompteur. Zu Beginn meiner Lehrzeit bei
Meister Chu, 1979, begann sich mein Taiji, bis dato schlaff und
schwach, zu verändern – durch harte Arbeit und auch durch den
Versuch, die Veränderungen, die ich nun erreichen wollte, zu erzwingen, sowohl durch hartes Üben an mir selbst – ich wollte,
dass das Harte das Weiche erreicht – als auch durch harten Unterricht, um den Schülern in kurzer Zeit etwas zu vermitteln, ihnen
etwas »zu bieten«.[103]
Eine Kampfkunst-Geschichte erzählt von dem Schüler, der seinen Meister fragt, wie lange er denn brauchen werde bis zur Meisterschaft. »Zwanzig Jahre«, antwortete der Meister. »Ui, aber
wenn ich mich sehr anstrenge und ganz viel übe?« »Dreißig«, war
die Antwort. Damals, in den Achtzigern, fackelte ich in meinem
Unterricht die lange Taiji-Form (wie von Meister Chu gelernt) in
dreißig Stunden ab: je zehn Stunden für einen der drei Formteile.
(Zu meiner Entlastung muss ich sagen, dass die Vorgabe, wie lange die Ausführung der Form sein sollte, ca. fünfzehn Minuten war;
erst ab den Vertiefungsstufen erheblich langsamer.) Heute brauche
ich ca. zwei Jahre dafür, etwa fünfundsiebzig Unterrichtsstunden,

was auch schon knapp ist. Von den damaligen Schülern ist auch kaum einer geblieben, und wahrscheinlich sind viele überhaupt nicht dabeigeblieben. Alles war außengeleitet: Was Meister Chu vorgab, war unantastbar richtig, aber da niemand fähig war, das zu erspüren, galt nur das, was man sah.

Jetzt bin ich ein »Drachenflüsterer«: Ebenso wie meine Arbeit an der inneren Energie, die ohne Gewalt auskommen muss, versuche ich, den Unterricht gewaltfrei zu halten.

Beispiele aus Einzel- und Gruppenunterricht

☞*a) Schülerin, Mitte vierzig, Ausatmerin, nach Gesangsausbildung im IT-Bereich tätig.*

Sie beginnt mit Taiji. Sie steckt voller Energie, zweifellos durch die Gesangsausbildung erworben oder verstärkt. Sie lernt langsam und bedächtig, ist sich ihres Körpers bewusst und führt die Bewegungen nach der Taiji-Devise, dass der »Geist führen« soll, von selbst richtig aus. Auch die äußere Form der Bewegungen, die ich ihr, natürlich im Ausatmertyp, vormache, macht sie richtig. Toll! Aber sie hält nur zehn Minuten durch, danach beginnt sie, immerhin humorvoll, zu jammern, wie weh ihr die Beine täten. Ich versuche, ihr zwischendurch andere Übungen zu geben, mache Tests für die innere Kraft, erzähle, um sie etwas zu schonen.

Warum erschöpft die Kraft sich so schnell? Sie ist körperlich nicht schwach gebaut, aber sie macht eben, von Anfang an, alles richtig, zumindest sind die Körperhaltung und die Beinstellungen idealtypisch die einer Ausatmerin. Das hat zur Folge, dass die Beine direkt und unmittelbar so belastet werden, wie es anderen, die sich die Haltungen und Stellungen im Laufe längerer Zeit allmählich erst »stimmig« erarbeiten müssen, erst nach und nach gelingt, die dann durch die Übung auf die Anstrengung vorbereitet, sprich trainiert, sind. Ich versuche ihr zu erklären, dass die Probleme mit der Kraft deswegen auftreten, weil sie begabt sei und von Anfang an alles richtig mache. Jetzt wäre es wichtig, zu Hause zu üben, wenig zwar, aber eben ein Training aufzunehmen wie in anderen Bewegungsarten auch. Sie übt aber nicht, bekommt die Kurve nicht. Nach etlichen weiteren Einzelstunden, in denen sie immerhin Teil 1 der Form lernt, bricht sie ab – weil sie es nicht fertigbringe, allein zu üben. Wir trennen uns in gutem Einvernehmen.

b) Schülerin, fünfzig, Einatmerin, Restaurantfachfrau, intensiv im Fitness-Studio engagiert, Anfängerin.

Sie lernt schnell, ist sehr bewegungsbegabt, kann ausgezeichnet meine Bewegungen nachahmen. Ihre Körperhaltung ist durch das Gerätetraining im Schulter- und Oberarmbereich muskulär stark ausgeprägt. In den ersten zwei, drei Stunden mache ich den Fehler, ihre Bewegungen genau korrigieren zu wollen, was nur bis zu einem bestimmten Grad, die Armhaltung betreffend, geht; Rücken und Beine zeigen sich »resistent«, sind von dem anderen Training so stark geprägt, dass sie die richtigen Taiji-Haltungen nicht gleich einnehmen können. Ich ändere die Methode und lasse sie mitlaufen, korrigiere wenig und setze auf ihre Stärke der Nachahmung. So kommen wir gut voran. Nur das Üben für sich allein fällt ihr schwer: Der Schritt von der Nachahmung zur Verinnerlichung ist groß. So fragt sie nach einigen Stunden, was sie denn spüren solle. Ich versuche zu erklären, dass erst die eigene »Aneignung« der Bewegungen diese so verändern, dass sie – für den flüchtigen Blick gleichaussehend – in die Tiefe wirken können und sie Taiji-spezifische Erfahrungen machen könne; jetzt sei es eher ein Tanz und nicht Taiji. Sie versteht. Andererseits ist ihre innere Kraft sehr stark, wenn wir sie testen; was ihr wiederum nicht einleuchtet, weil sie eben von der Erfahrung der äußeren Kraft im Fitnessstudio und den »äußeren« Tanzbewegungen (gemeint ist nicht »äußerlich«!) geprägt ist. Wir werden sehen. Sie braucht Zeit, und wenn sie die aufbringt, wird sie sehr gutes Taiji machen – eines Tages.

✎ *c) Schüler, Anfang vierzig, Ausatmer, Berater, fortgeschritten im Taiji.*

Er kommt, aus beruflichen Gründen, unregelmäßig zum Unterricht. Sein philosophisches Interesse ist groß, auch das am Taiji. Er hat eine »Karate-Vergangenheit«. Er beginnt mit der Form, ich schaue eine Weile zu, um spontan zu erkennen, was heute »dran« ist. Das Hauptthema sind die Arme, die ihre Karate-Prägung verlernen müssen, aber wo ich heute ansetzen muss, um ihn abzuholen – z. B. an den Ellbogen, am Zusammenhang Arme-Beine –, das erschließt sich mir nicht sofort. Diese Freiheit ist mir sehr wichtig, weil meine eigene Kreativität dabei geweckt und gefordert wird und ich nicht in die Schulmeisterrolle gerate. Es ist heute der Zusammenhang zwischen Armen und Beinen. Das war das letzte Mal schon Thema, die Erinnerung an das damals Erreichte ging aber inzwischen verloren. Also wieder neu beginnen, was natürlich nicht stimmt, da wir doch an bestimmte Erfahrungen anknüpfen können, die sich gleich wieder melden werden. Die Bewegungen der Arme sollen denen des Rumpfes nachgeordnet sein: Bewegung und Kraft sollen »in den Füßen beginnen, durch die Hüfte gelenkt werden und durch die Finger wirken«, wie es in den klassischen Taiji-Texten heißt. Seine Arme wollen aber dominieren, die Finger nicht das letzte Glied in der (Muskel-)Kette sein. Zunächst schauen wir nach der Verlagerung und auf das Sinken des Körpers. Wenn beides stimmt, kann der aufsteigende Impuls der Bodenreaktionskraft in die Bewegung der Arme umgesetzt werden. Sie stimmt heute nicht, weil er sie zu äußerlich versucht und so keine Verbindung zwischen Füßen und Händen entsteht. Nach einigen Tests, die das Sinken und Verwurzeln wieder ins Gefühl und ins Bewusstsein – ins »Spürbewusstsein« – zurückholen, spürt er den aufsteigenden Impuls, den die Arme nun beginnen, in ihre eigene Bewegung umzuformen. Jetzt stimmt die Abfolge: Füße, Hüfte, Hände. Aber die Arme sind nicht locker, die Gelenke fest, Karate lässt grüßen. Wir schauen uns in einigen ausgewählten Bewegungen die Bewegungen und die Rolle der Ellbogen an. Die müssen so locker sein, dass, lässt man die Unterarme baumeln, diese leicht hin- und herschlackern können. Das nenne ich die »Affenübung«, weil sie an einen Gorilla erinnert, der seinen Rang behauptet. Diese kann nahezu jeder und jede ziemlich schnell ausführen, aber diese Lockerheit dann in den vorgegebenen Taiji-Bewegungen beizubehalten, ist dann doch etwas schwieriger. Wenn Oberarm und Unterarm im Ellbogen fest zusammenhängen, kann die Armspirale nicht entstehen, und ohne die gibt es keine innere Kraft. Er probiert, es geht ganz gut, aber die Arme nehmen die Schultern mit, was sie nicht sollen. Ich sage ihm, dass er nur die Handgelenke bewegen solle, Ellbogen locker lassen, sozusagen den Arm »kleinteilig« bewegen. Das wirkt: Die Schultern bleiben gesenkt, und die Ellbogen beginnen zu leben, die Handgelenke und Hände lockern sich. Weil diese Art der Armbewegung direkt auf die tiefere Atmung – den »wahren Atem« – wirkt, ist sie sehr anstrengend für den Körper. Er versucht nun, den ersten Teil der Form so auszuführen, dass der Impuls des Sinkens die Arme bewegt und diese selber locker geführt werden – und es gelingt.

Dies ist ein Beispiel für die Umsetzung der daoistischen Weisheit, für das »Nichttun tun« (Wu wei), bei dem in diesem Fall die Arme selbst nichts »machen«, sondern Teil eines Ganzen sind, sich wie von selbst bewegen und in Partnerübungen so den anderen entwurzeln können, was den Ausführenden oft den Kommentar entlockt: »Ich hab doch gar nichts gemacht.«

Der Schüler ist zufrieden mit dem Verlauf der Stunde, ich bin es auch.

Nach Teil 1 hören wir auf, weil Konzentration und Kondition (seine Woche war sehr anstrengend) nachlassen. Wir haben (wieder) etwas Wichtiges erreicht.[104]

d) Gruppe von Anfängern nach vier Unterrichtsstunden.

Diese Gruppe ist recht klein; es sind vier Einatmer und zwei Ausatmer, im Alter von etwa Anfang dreißig bis Ende fünfzig.

(Die Zusammensetzung ist Zufall, es kommen alle »Mischungen« vor, ich unterrichte immer beide Atemtypen gemeinsam.) Die Gruppe hat letztes Mal die dritte Bewegungsform vom Anfang der Taiji-Form erlernt. Ich wiederhole nochmals, nachdem zu Beginn daoistische Entspannungsübungen und Qigong im Stehen das Erlernen der Form vorbereitet haben. Außerdem hatte letztes Mal jemand gefehlt, für den nun die Wiederholung neu ist. In so kleinen Gruppen ist der Unterricht sehr individuell, vor allem, wenn die Teilnehmer sehr verschieden sind. Einer, der die Form vor Jahren schon mal konnte und jetzt dazu neigt, das, was er noch erinnert, zu wiederholen, und nicht recht offen ist fürs Hier und Jetzt; einer, der vor einem halben Jahr schon mal begonnen und dann abgebrochen hat und dem die Koordination der Bewegungen schwerfällt; einer mit Vorerfahrung in einer anderen Kampfkunst, die sein Bewegungsverständnis geprägt hat; einer mit (vorübergehender) Gehbehinderung; einer, der aktiv Kungfu betreibt und dessen Körperspannung ziemlich hoch ist; und eine Ausatmerin, die lieber aufrecht steht wie eine Einatmerin und Mühe hat, sich »sinkend« in Ausatmer-Weise mehr zum Boden hin zu orientieren.

Ich beginne mit der Form, sie machen mit. Ich spreche dazu stichwortartig den Ablauf für die, die mehr übers Hören als übers Sehen lernen. Dabei ist es für den Lehrer wichtig, immer der Gruppe voraus zu sein, damit sie, wie der Esel der Mohrrübe vorm Maul, den Worten folgen können; wenn man parallel zu den Abläufen spricht oder sogar erst hinterher, ist das nutzlos. Das zu beachten ist eine der schwierigsten Aufgaben für einen Taiji-Lehrer.

Nach zwei oder drei Durchgängen, bei denen ich mitgemacht habe, mache ich den Ablauf allein vor, einmal als Einatmer, einmal als Ausatmer – nur zum Zusehen, nicht zum Mitmachen. Dann lasse ich den Ablauf ohne mich ausführen, damit ich meinerseits zusehen kann, helfe mit dem Text und individuell, wenn einer »hängt« oder etwas vergisst, z.B., den hinteren Fuß einzudrehen. Das geht mehrere Male so, dazwischen gerne Fragen an mich. Meistens nehme ich dann pro Unterrichtsstunde eine Bewegung aus der Form und lasse sie »testen«: Wird sie richtig ausgeführt, entsteht dabei innere Kraft, wird sie falsch ausgeführt, eben nicht. Das Staunen ist groß, dass durch so kleine Unterschiede eine so große Wirkung erzielt werden kann. Wenn Zeit ist, lasse ich einzeln üben, oder, etwas später im Kurs, alleine ohne meine Ansagen. Jetzt zeigt es sich, wer den Ablauf kann und ob die Gruppe schon fähig ist, diesen synchron auszuführen; aber das ist eher ein Thema für noch später. Ist alles o.k., gehen wir zur nächsten, neuen Bewegung über.[105] Wenn die Gruppe größer und fortgeschrittener ist, wird meine Aufmerksamkeit getragen von der Energie der Gruppe, muss aber ständig präsent sein, weil die Korrekturen jetzt genauso individuell, nur feiner, sein müssen. Und wenn ich mir was Gutes tun will, weil ich Kraft brauche und die Gruppe gut drauf ist, setze ich mich hin, schaue zu und tanke die Energie, die von ihnen ausgeht, entweder vor dem Teil meines aktiven Unterrichts oder danach. ☙

Kapitel 9 Der Drache kehrt heim

was kann ich tun, dass ich nicht mehr darauf warte,
dass liebe zu mir kommt?, fragte ich.
nun, sagte mein drache, einfach aufhören damit.
du bist gut, sagte ich, als wenn das so einfach wäre.
zeige, worauf du wartest, sagte mein drache.
deine liebe, die sich der andere wünscht.
und dann kommt liebe?
nein, sagte mein drache,
sie ist schon da.

Mannsein

Wie schon im sechsten Kapitel (und der Anmerkung 62) ausgeführt, unterscheidet Erich Neumann zwischen zwei Arten der
Männlichkeit, der »unteren« und der »oberen«, und beschreibt
die Verbindung der phallisch-irdischen mit der geistig-himmlischen Stufe als das Ziel des Heldenkampfes.

Die Ich-Entwicklung führt »über die phallisch-chthonische
Männlichkeit, in der die Aktivität der Körpersphäre überwiegt, zu einer Männlichkeit, in der die Bewusstseinsaktivität
als Eigenaktivität des Ich deutlich und selbständig geworden
ist und als ›obere Männlichkeit des Hauptes‹ zur Erkenntnis
und zum Selbstbewusstsein der eigenen Wirklichkeit gelangt«.
(E. Neumann, S. 249)

Meine »obere Männlichkeit« zu erreichen ist ein Weg, der gerade
erst begonnen hat, und ich hätte ihn nicht beginnen können, hätte
ich nicht den Kampf mit dem »Vater-Drachen« geführt.

»In den Mysterien wird der Kampf nur als Kampf mit dem
Mutter-Drachen, der unbewussten Erdseite, konzipiert, und es

kommt zu einer Identifikation mit der Vater-Geist-Seite, soweit
überhaupt in den Mysterien die Drachenkampfsituation erreicht ist.« (E. Neumann, S. 203)

Diese Identifikation habe ich überwunden durch die »Tötung«
meines leibhaftigen Vaters und meines geistigen Vaters Meister
Chu, und gerade dadurch fühle ich mich in einer Reihe mit
den »Gründervätern« des Taijiquan und entdecke meine Arbeit in
ihrer, soweit sie schriftlich überliefert ist.[106]

Zurück in der Welt

Der mythologische Held kehrt nach bestandenem Drachenkampf
und der Befreiung der Gefangenen in die Welt zurück, um die
Menschen an seinen gefundenen Schätzen teilhaben zu lassen
oder um sein Königreich zu gründen. Dazu ist die Erreichung
der »oberen Männlichkeit« unerlässlich, d.h. der Fähigkeit, das
von den Vätern Ererbte neu zu beleben und es mit Tatkraft, Über-
sicht und Mut zu vertreten, weil »die Bewusstseinsaktivität als
Eigenaktivität des Ich deutlich und selbständig geworden ist«,
wie Neumann es formuliert, und der Versuchung, aufgrund der
Anfechtungen zu resignieren, bzw. der Verlockung, sich wieder in
den uroborischen Schutz zu begeben, zu widerstehen.

Energetisch gesehen entspricht der »oberen Männlichkeit« das
»obere Dantian«, das Energiezentrum zwischen den Augen und
»Sitz« der Ausstrahlung des Geistes. Im Inneren Taiji wirkt dieses
Dantian als Quelle der Intentionalität (oder der »Gedankenwün-
sche«), von den Chinesen »Yi« genannt, das den Körper und das
Qi führt, damit die innere Kraft »Jin« entstehen kann.

Erde und Himmel – verbunden

Die energetische Mittelachse im Rumpf ist die »Energie-Säule«, die von den drei Dantian gebildet wird. Diese Säule wird auch als Taiji-Pol bezeichnet, vor allem im medizinischen Qigong: Sie verbindet das Basiszentrum im Damm (Perineum, steht symbolisch für die Erde) mit dem Scheitelzentrum auf dem Kopf (symbolisch für den Himmel), stellt also den Teil der Achse dar, die Erde und Himmel verbindet, und wird auch »psychoenergetischer Kern« genannt. Und dieser Kern wird verwurzelt, indem Beine und Rumpf eine gemeinsame Achse mit dem Taiji-Pol im Rumpf bilden; dies ist essenziell für Inneres Taiji. Zwischen Erde – unteres Dantian – und Himmel – oberes Dantian – befindet sich im Rippendreieck der »Ort des Menschen«, das mittlere Dantian. Es ist das empfindlichste der drei, eben weil es der Ort des Menschen ist, d. h. der körperliche Altar, der Tummelplatz, das Schlachtfeld der Emotionen und Affekte. Es zu öffnen bedeutet, Erde und Himmel zu verbinden.

Wie kann man es öffnen? Im Taiji gibt es eine Anweisung für die Haltung des Oberkörpers: »Die Brust zurückzuhalten.« Das wird meist verstanden als ein »Einziehen« oder Einsinken der Brust im Bereich des mittleren Dantian, was dieses aber blockiert. Ebenso falsch ist das »heldische« Herausstrecken der Brust, weil es auch das mittlere Dantian blockiert. Hier das rechte Maß zu finden, um das mittlere Dantian zu öffnen, entscheidet sowohl über die Entstehung der Jin-Kraft als auch über den Wert von Taijiquan als Kampfkunst und seine Bedeutung für die Selbstkultivierung des Individuums, seine »Herzensbildung«, bei welcher die Befriedung der Emotionen und Affekte gelungen und der Weg ins »transpersonale« Sein möglich ist.

Der Schatz

ich bin glücklich, sagte ich dir.
aha, sagte mein drache.
trotzdem ist alles, wie es war, nur heller, sagte ich.
weil es genau das ist, was es ist, sagte er.
ja, das zu sehen, macht hell,
und das licht kommt aus dir.
aus mir.
wer spricht jetzt?
eben.

> »Geliebt wirst du einzig,
> wo du schwach dich zeigen darfst,
> ohne Stärke zu provozieren.«
> THEODOR W. ADORNO

»Das mythologische Ziel des Drachenkampfes ist fast immer die Jungfrau, die Gefangene oder allgemeiner der Schatz, die ›schwer zu erreichende Kostbarkeit‹. (...) Ursprünglich ... [sind] Gold und Edelsteine, besonders aber Diamant und Perle symbolische Träger immaterieller Werte. Auch das Wasser des Lebens, das Heilkraut, das Elixier der Unsterblichkeit, der Stein der Weisen, die Wunschringe, die Tarnkappe und der fliegende Mantel sind Symbole mit der Bedeutung des Schatzes.« (E. Neumann, S. 160)

Der Schatz, der durch Taiji gefunden werden kann, ist die Fähigkeit, freundlich zu gewinnen, energetisch »gefangenen« Hass und Destruktivität im blockierten mittleren Dantian zu transformie-

ren. In der Liebe kann die »Gefangene« objektiv als eine wirkliche
Frau in der Welt verstanden werden, und ich meine, dass ich ihr
in der Person von Marina begegnet bin, sie finden konnte, weil
ich die alten Drachenkämpfe durchgefochten habe.[107] Sie erweckt
alles in mir, was ich bin, wie ich geworden bin. Ich kann alles von
mir zeigen, die Schleusen zur Kindheit öffnen sich – und das, was
da schlummert und geweckt wird, richtet keinen Schaden an,
wenn es ans Licht kommt. Ich werde gebraucht und angenommen,
wie ich bin.

Gewesenes Jahr

»Ich zeige dir den Mond durch einen Frühlingsbaum.

Jede Blüte, jedes Blättchen
hebt sich aus seinem Glanz.

Jede Blüte, jedes
Blättchen
schimmert.

Beide Arme schlingst du mir um den Hals!«

ARNO HOLZ

Ich erfahre, dass Erwachsensein heißt, das Frühe zu leben, bewusst, und nicht, sich darin zu verlieren oder es zu beschneiden
und zu kontrollieren. Es bedeutet, dieses Frühe anzunehmen –
auch den damit verbundenen Schmerz – und zu genießen, weil es
da ist und sein darf. Aber eben auch, es zu führen und zu lenken.
Das ginge nicht, wenn ich es vorher nicht erfahren hätte, aber da
war es noch die Quelle von Leid, weil es über mich hereinbrach
und nicht sein durfte.

Das, was mich antreibt, geformt hat, bewegt, das bin ich, das
muss und will ich leben. Will es ausdrücken, verwirklichen, weil

es meine Art ist, mich zu beziehen, zu lieben. Einen Menschen zu finden, der mich genau da ergänzt, und ich ihn, das war der Antrieb meiner Suche. Aber erst einmal musste ich selber dasjenige finden, was mich ausmacht, und mich als »mich selbst« annehmen. Solange ich das nicht gefunden hatte, haben die, die ich fand, nicht »gepasst«: Wer will und kann schon mit in den Glanz der frühen Tiefe hin zur Auflösung im »uroborischen Inzest« abtauchen – gemeinsam sterben – und gleichzeitig heute leben? Das ging nicht zusammen.

Immer, wenn das deutlich wurde, begann das Grübeln: Warum geht es nicht? Ich muss mich ändern. Der andere muss sich ändern. Die Folge war Verstellung und Verleugnung, Qual, Leid und Unglück. Denn das, was mich hinzog zu der anderen Person, schien auf einmal falsch zu sein, unangemessen, eben regressiv in dem Sinne, dass es mir als kleinem Kind zugehörig war, aber heute, erwachsen, sollte ich mich bitte schön doch davon endlich distanzieren, weil es die Realität verpasst. Nur nicht so sein wie früher! Alle Bedürfnisse wandeln und zurechtbiegen! So versuchte ich krampfhaft, mich zurechtzumodeln, damit ich kompatibel war. Das, was an mir so unangemessen war – eben weil es Unglück brachte –, stillzulegen oder es herauszuschneiden. Und das erwartete ich vom anderen auch: sich gefälligst zurechtzustutzen, damit ich meine Fantasie von Zweisamkeit als Verschmelzung leben konnte – ich brachte ja auch Opfer, indem ich versuchte, mich zu ändern. Das geht nicht. Man kann sich nicht ändern durch Selbstverleugnung, und den anderen schon gar nicht. Das bedeutet Gewalt, gegen mich und gegen die andere Person – und hält man an diesem Modell fest, eskaliert die Gewalt.

gewalt

wollte alles
bestimmen
damit es mir
passte
klar
müsst ihr opfer bringen
an haupt
und gliedern
ihr frauen
wenn ich
prokrustes
euch zersäge

aber dafür
seid ihr auch
in meinem bett

Tiefenpsychologisch bedeutet die Befreiung der Gefangenen die Entdeckung der Wirklichkeit der Seele.

»Der Kampf um sie ist eine Auseinandersetzung des Männlichen mit dem Weiblichen, das aber – wie die Urmutter und der Urvater – transpersonal ist, d. h. ein kollektiv Seelisches innerhalb der Menschheit vertritt.« (E. Neumann, S. 160)

Der Kampf gegen die Frau, wie ihn das obige Gedicht beschreibt, war lange Zeit vor allem »personal« oder persönlich – und nicht »transpersonal« – getrieben von der Angst, in gewissem Sinne ganz und gar »verschluckt« zu werden von der übermächtigen Großen Mutter.

»Solange das Männliche in der Frau nur die spendende Mutter liebt, bleibt es infantil. Und wenn es das Weibliche als kastrierenden Urschoß fürchtet, kann es sich nicht mit ihm verbinden

und in ihm zeugen. Getötet wird vom Helden nur die furchtbare Seite des Weiblichen, und dies, damit seine fruchtbare und
segenspendende Seite befreit wird, in der es sich dem Männlichen verbindet. Diese Befreiung des positiven Weiblichen und
seine Abtrennung vom angsterregenden Bild der Großen Mutter bedeutet die Befreiung der Gefangenen durch den Helden
und die Tötung des Drachen, in dessen Gewahrsam sie sich
befindet. Die Große Mutter als bis dahin einzige und über-
mächtige Form, in der das Weibliche erlebt wurde, wird getötet, d. h. überwunden.« (E. Neumann, S. 163)

Erst dann ist die transpersonale Dimension erreicht.

Wie es ist

»Das große Glück in der Liebe besteht darin,
Ruhe in einem anderen Herzen zu finden.«

JULIE DE LESPINASSE (1732–1776)

»Die Entdeckung der Wirklichkeit der Seele entspricht mythologisch der Befreiung der Gefangenen und der Hebung des
Schatzes. Die Schöpferischkeit und urzeugerische Kraft der
Seele, die in den Schöpfungsmythen ins Kosmische projiziert
wurde, wird nun menschlich, d.h. als Teil der Persönlichkeit,
als Seele, erfahren. Erst jetzt wird der Held zum Menschen,
erst mit diesem Akt der Befreiung wird das transpersonale
Urelterngeschehen des überpersönlichen Unbewussten zum
seelischen Geschehen innerhalb einer Person.« (E. Neumann,
S. 171)

Marina sagt, als sie mich das erste Mal sah, habe sie mich gleich
erkannt. Und umgekehrt: Sie zu sehen öffnet mein Herz, für alles,
was sie ist, bzw. für das, was ich von ihr wahrnehme. Ich habe ihr
Foto im Internet gesehen und bin immer wieder in meiner Suche
dahin zurückgekehrt, weil ihre Augen mich in den Bann geschlagen hatten. Darin drückte sich alles aus, was sie erlebt und erlitten
hat (und das war viel und heftig) und was sie bereit für unsere Begegnung machte. Zwei Reliefs unter und über Wasser ergänzen
sich, ohne sich zu verhaken und zu verschleißen oder gar sich zerstören zu wollen, und wenn solche Tendenzen sich doch abzeich-
nen und das Wasser unruhig oder gar heftig wird, können wir sie
erkennen und sanft sinken lassen. Ich werde alles daransetzen,
dass mir die Einsicht in die Gnade dieses Geschenks erhalten bleibt.

gefunden

tauchen ins frühe licht
das versunkene relief absuchen
ob es zum puzzle taugt
das mir fehlt

jetzt schwimme ich
über
diesen gefilden
alles passt
aber ich
bin nicht mehr dort

bin hier
als wäre ich da

Leben – mit Schwert und Schild

Jetzt leben wir seit Kurzem zusammen, das erste Mal für mich seit der Trennung von meiner ersten Frau 2001. Nun verstehe ich, warum ich mir immer Beziehungen gesucht hatte, bei denen es unmöglich war, zusammenzuleben: Die »eingebaute« Distanz bewahrte mich davor, ganz von der »Großen Mutter« verschlungen zu werden, dem uroborischen Inzest, den ich im Zusammensein mit der Frau lebte, immer wieder für kurze Zeit zu entkommen, weil ich nicht stark genug war, ihn zu erkennen und mich mit ihm zu konfrontieren. Ich brauchte viel Zeit für mich allein. Und die Unmöglichkeit, die ersehnte Zweisamkeit wirklich zu leben, bestätigte mich auch in meiner innersten Überzeugung, dass es für mich keine Liebe gäbe, und gab mir also Sicherheit.

Nun ist es anders. Das Ersehnte habe ich erreicht, und ich kann nicht mehr fliehen. Fliehen vor der Angst, verschlungen zu werden, in den uroborischen Zauber zurückzugleiten und mich darin zu verlieren. Die Augen meiner Frau, die mich beim ersten Anschauen ihres Fotos so in den Bann gezogen hatten, treffen mich ins Herz – dort, wo ich am tiefsten berührt werde und wo der Keim meines Liebesvertrauens sitzt, der so lange nicht wachsen konnte, wo aber auch der Keim der Angst sitzt, verlassen und enttäuscht zu werden. Den Blick in diese Augen muss ich aushalten und alles, was er bei mir auslöst, im Guten wie im Bösen.

> »Denn so, wie die Liebe dich krönt, kreuzigt sie dich.
> So wie sie dich wachsen lässt, beschneidet sie dich.
> So wie sie emporsteigt zu deinen Höhen
> und die zartesten Zweige liebkost, die in der Sonne zittern,
> steigt sie hinab zu deinen Wurzeln
> und erschüttert sie in ihrer Erdgebundenheit.«
>
> KAHLIL GIBRAN, VON DER LIEBE

Perseus, einer der großen Helden der griechischen Mythologie, besiegt die schreckliche Medusa, deren Blick alle versteinert, die sich ihm aussetzen. Das Versteinern, als Bild der Erstarrung, verstehe ich als Gefangenschaft im uroborischen Inzest: alle Bewegung und Entwicklung ist gestoppt. Er besiegt sie durch seine Waffen, Schwert und Schild, und durch magische Hilfsmittel: Flügelschuhe, Tarnkappe und eine magische Tasche. Er schaut sie an, indem er ihr Bild anschaut, das sich in seinem Schild spiegelt, und kann sie so, unversehrt durch den direkten Blickkontakt, der ihn machtlos machen würde, enthaupten. Er schaut also ihr Bild an, das mittels Reflexion zu ihm kommt, und kann dann handeln, indem er sich mit dem Schwert der Erkenntnis von dem trennt, was ihn bedroht.

Immer, wenn die Medusa im Blick meiner Frau – als meine Projektion früherer Erfahrungen und Reaktionen! – erscheint, beginnt die Versteinerung: Ich werde gelähmt von den frühen Wünschen, die geweckt werden, die hier und heute nichts zu suchen

haben und doch wieder da sind, und von meinen Verteidigungs-
und Fluchtversuchen, dieser Bedrohung zu entkommen. Aber alle
früheren Möglichkeiten sind mir abhandengekommen: zu versuchen, mich klein zu machen und »unterzukriechen«, zu versuchen,
die Bedrohung mit Großmannssucht zu überspielen und zu kontrollieren, das Um-Mich-Schlagen im Wutausbruch. Was ich aber
inzwischen besitze, sind mein Spiegelschild und mein Schwert,
mit denen ich erkennen und danach handeln – mich also von den
alten Dämonen abtrennen – kann. Nicht sofort – nein, das dauert
und tut weh, meistens jedenfalls; ich denke, wenn die Erkenntnis
intuitiv und das Handeln daraus spontan geschieht und der tägliche Heldenkampf siegreich bestanden wurde, bin ich dem näher-
gekommen, was die Weisen Erleuchtung nennen.

medusa

sehe
ihre augen
wende mich ab
laufe davon
suche schwert
und spiegel
kämpfe
töte
blut
gerinnt
auf mir

sehe
endlich
dass ich nicht
sehe
dass sie
mich
erkennt

Das vervollständigte Leben

Was ich heute leben darf, ist ein großer »Egoismus«. Und ich meine damit eine Form des Egoismus, wie ihn der chinesische Philosoph Yang Zhu[108] vertrat, den ich bereits 2004 in meinem Buch »Das Innere Tai Chi Chuan«[109] als »Patriarchen« für Inneres Taiji vorschlug. Dazu gebe ich hier eine Stelle aus jenem Buch wieder:
Weil er lehrte, die begrenzte Lebenszeit bestmöglich zu nutzen, sie auszufüllen oder zu »vervollständigen«, wird seine Lehre als »Vervollständigung des Lebens« (Quansheng) oder, in anderer Übersetzung, als »Unversehrterhalten des Lebens« bezeichnet. »Ein vervollständigtes Leben ist das beste [Leben]. Ein Leben, das nicht vollständig ist, verhält sich [zu einem vervollständigten Leben] bereits zweitrangig. An nächster Stelle kommt der Tod. Am schlimmsten aber ist das Leben, welches genötigt wird.«[110]

Seine Lehre steht für die individualistische – hedonistische – Richtung des Daoismus, die ihm – nicht nur bei den Konfuzianern – das Etikett eines egoistischen Menschen eintrug. Die Essenz seiner Lehre wird in dem Spruch überliefert: »Ich würde nicht ein Haar von meinem Kopfe hergeben, selbst wenn ich das ganze Reich (oder die ganze Welt) damit retten könnte.«

»Ch'in-tzu fragte Yang Chu: ›Würdet Ihr ein einziges Härchen auf Eurem Körper hergeben, wenn Ihr damit die ganze Welt retten könntet?‹ ›Man kann die Welt nicht mit einem Haar retten‹, antwortete Yang Chu. ›Aber nehmen wir einmal an‹, drängte Ch'in-tzu, ›sie könnte damit tatsächlich gerettet werden?‹ Yang Chu gab keine Antwort. Da ging Ch'in-tzu fort und wandte sich an (Yang Chus Schüler) Meng Sunyang. ›Ihr begreift nicht‹, sagte der, ›was unser Lehrer meint. Darf ich

Euch das klar machen? Würdet Ihr Euch die Haut ritzen lassen, wenn Ihr 10 000 Goldstücke dafür bekämt?‹ ›Allerdings‹,
erwiderte Ch'in-tzu. ›Und würdet Ihr Euch ein Glied abhacken
lassen, wenn Ihr einen Staat dafür bekämt?‹ Da schwieg Ch'in-
tzu. Nach einer Weile sagte Meng Sunyang: ›Ein Haar ist natürlich weniger als die Haut, die ist weniger als ein Glied. Und
doch handelt es sich dabei nur um Weniger oder Mehr. Ein
Haar ist nur der zehntausendste Teil des Körpers, doch warum
soll man diesen einen Teil gering schätzen?‹«[111]

Ich denke, dafür lohnt es sich, zu kämpfen: andere davon abzu-
halten, mir ein Haar zu krümmen oder mich zwingen, es herzuge-
ben. Das ist etwas anders, als zu kämpfen, um andere zu besiegen,
stellvertretend für die, die mir, als ich hilflos war, Haare ausgerissen und mich verletzt haben und mich genötigt haben, als ich
mich nicht wehren konnte. Und diesen Weg zu kämpfen lehrt das
Innere Taiji.

Der hier beschriebene Egoismus ist beispielhaft, weil er darauf ab-
zielt, die unerschöpflichen Quellen der Lebenskraft, die in jedem
Einzelnen verborgen sind, freizulegen und sie – den moralischen
Anforderungen der Gesellschaft zum Trotze – wieder zum Fließen
zu bringen und zu kultivieren; ein Egoismus, der nicht gegen die
Welt gerichtet ist und den, der ihn praktiziert, nicht in die Verein-
samung treibt, sondern im Gegenteil, wie Bauer es formuliert,
»die fernsten Winkel der Erde und die Herzen aller Menschen« erschließt – Yang Zhu würde in der Tat einen vortrefflichen »Patriarchen« für Inneres Taijiquan abgeben.

Wie kann aber solcher Egoismus die Herzen aller Menschen
erschließen? Die Antwort ist einfach: weil – nach Auffassung der
Daoisten und Konfuzianer – der Mensch von Natur aus gut ist.
Findet – nach daoistischer Auffassung – der Mensch durch die
wohlverstandene »Pflege des Lebens« zum unverdorbenen natürlichen Zustand zurück, so zeigt sich seine wahre Natur, nämlich
Güte und Freundlichkeit.

alte chinesen

die alten daoisten
saßen
im mondlicht
am teich
tranken
den sake
dachten
an nichts

ich
auf meiner terrasse
wo die sonne
untergeht
und der wind
mich erfrischt
trinke
vino blanco
und denke
an dich

Epilog

»Ich glaube nicht,
dass es nur eine richtige Initiationsfolge gibt.
Wir durchleben den Kreislauf der Erfahrungen
immer und immer wieder –
zunächst recht oberflächlich und,
je älter wir werden,
mit zunehmender Tiefe.«
ROBERT BLY[112]

Der Uroborus hat seinen Schwanz aus dem eigenen Maul gezogen, das damit frei geworden ist, die Welt und die anderen schmeckend und beißend zu entdecken und erkennend zu erobern. Beine und Flügel sind gewachsen und tragen den Körper, der stehend und fliegend das Gegenüber entdeckt und sich konfrontiert. Der Rückzug in die Regression des Sich-Selbst-Verzehrens, die das Außen ausblendet, weil die narzisstische Selbstbespiegelung scheinbare Sicherheit bietet, lockt vielleicht noch, aber das symbiotische Verschmelzen, das dem Schmerz, den offenbar die Außenwelt zugefügt hat, entkommen möchte, ist kein Ausweg mehr.

Jetzt müssen mein Drache und ich das aushalten, was im aufrechten Gang und beim Fliegen, bei dem Kopf und Schwanz getrennt sind, im Innern aufsteigt und sich nun nicht mehr im Kreis – um sich selber – drehen kann, sondern angeschaut werden will. Die Muster, die sich endlos wiederholt haben – zwar immer wieder von Einsichten durchschaut –, bröckeln nun und lösen sich langsam auf. Jetzt sind die Schmerzen andere als die scheinbar ewigen in der »vorigen« Existenz: Schmerzen, die nicht immer wiederkommen, weil sie nur beschwichtigt und genährt waren

vom In-Sich-geschlossen-Sein des Uroborus, der sich selbst lutscht
wie das Baby seinen Daumen, sondern solche, die sozusagen auf
eigenen Beinen im Leben stehen. Und die, wie die Ängste, die mir
nun erhalten bleiben, weil ich nicht vor ihnen wegtauchen kann,
angeschaut und ausgehalten werden wollen. Und siehe da, sie ziehen sich zurück.

Wenn ich nun, am Ende des Schreibens dieses Buches angelangt, das Motto zum Vorwort erinnere und versuche, die Frage
zu beantworten, die der Fünfundreißigjährige in mir gestellt
hat: »Was ist geschehen?«, kommt mir das »Zentrale Portal für
initiatisch-phänomenologische Arbeit und Therapie« im Internet
(www.zipat.de) zu Hilfe, wo Walter G. Mauckner »Die Heldenreise des Mannes« folgendermaßen thematisiert:

> »Der Weg eines Mannes zu sich selbst ist eine innere und äu-
> ßere Heldenreise, sie führt durch die sieben Wirklichkeiten
> seiner männlichen Seele. Seit jeher hatten geistige oder spiri-
> tuelle Schulen auf ihre Weise diese Themen zum Inhalt. In den
> archaischen Kulturen waren die Entwicklungsschritte meist
> in Form von Initiationsprozessen ritualisiert und wiesen dem
> heranreifenden Mann einen sicheren Weg zu seiner Identität,
> Würde und Beziehungsfähigkeit. Heute sind die Männer in
> unserem Kulturkreis oft schon über die Lebensmitte hinaus,
> bevor sie sich für den inneren Weg des Mannseins öffnen
> können.«

Die sieben archetypischen Aspekte der männlichen Seele sind nach
Mauckner:
- Verletzbarkeit / Mitgefühl – Heiler
- Unterstützung / Stärke – Vater
- Unabhängigkeit / Freiheit – Wilder Mann
- Entscheidungskraft / Wille – Krieger
- Sexualität / Liebe – Liebhaber
- Spiritualität / Intuition – Magier
- Verantwortung / Wert – König

Wenn es einen Fragebogen gäbe, der die Errungenschaften meiner Heldenreise abfragt, könnte ich Folgendes eintragen:

Über Verletzbarkeit und Mitgefühl – der Heiler

Ja, ich habe meine Verletzbarkeit in Mitgefühl gewandelt. Zwar bin ich immer noch verletzbar, wenn an alte Wunden gerührt wird, aber ich kann es anschauen und aushalten, bin dem längst nicht mehr so ausgeliefert wie früher. Die eigene Verletzlichkeit zu erkennen und anzunehmen ist eine Quelle großer Kraft. Mitgefühl kann nicht »gewollt« werden, es entsteht aus der Annahme der eigenen Verletzlichkeit. Ich ahne, was das »Hinhalten der anderen Wange« bedeutet. Abwehr der eigenen Verletzlichkeit ist die Ursache alles Übels. Masochismus instrumentalisiert – unbewusst – diese Haltung, um den anderen ins Unrecht zu setzen und um die Erfahrung des Verletztwerdens zu vermeiden. Bin ich Heiler? Ich erfahre die Heilkraft des Taiji an mir und versuche, dies an andere weiterzugeben. Aber ein Heiler, nein.

Über Unterstützung und Stärke – der Vater

Meine Stärke habe ich gefunden durch das »Töten« des Vaters (neben der Überwindung des uroborischen Inzests). Die Unterstützung, die ich durch meine beiden Väter, den leiblichen Vater und Meister Chu, erfuhr, war immer zwiespältig, weil sie nicht reinen Herzens geschah. Meine Vaterrolle – ich habe selbst keine Kinder – sehe ich darin, meine Schüler und Schülerinnen zu unterstützen, und es ist dabei meine Aufgabe, meinen Ego-Eigennutz dabei zu erkennen und aufzulösen, also zu versuchen »reinen Herzens« zu geben.

Und würde zu diesen beiden Punkten noch einfügen:

meinem vater

unter deinen fittichen
die dich
und mich
schützen sollten
vor feindlichen
krallen
und schnäbeln
lernte ich
das fliegen
nicht

nun endlich
flügge
dem federdach
entronnen
sehe ich dich
hingekauert
in deiner sandkuhle
darin
dein antlitz
verborgen
deine tränen
trocknend

die galgenvögel
die dir drohten
werde ich
adler nun
verjagen

sie töten
nicht mehr
mich

Über Unabhängigkeit und Freiheit – der Wilde Mann[113]

Der Drang zu Unabhängigkeit und Freiheit war immer stark – kein Wunder, bei diesen Vätern. Ich war nur einmal, die zwei Jahre in Kassel, fest angestellt. Zu groß war die Angst vor Abhängigkeit, »eingeschluckt« zu werden. Die Unabhängigkeit verwirklichte ich jedoch eher durch die Flucht. Heute lerne ich, abhängig zu sein, und muss nicht mehr flüchten. Den »Wilden Mann« in mir erfuhr ich in New York und brauchte dann vierzig Jahre, ihn zu integrieren. Aber er war ständig wirksam, auch wenn er, in den Zeiten meiner Depressionen, wie der Eisenhans im gleichnamigen Märchen, wieder in den Brunnen hinabstieg, aus dem er kam.

Über Entscheidungskraft und Wille – der Krieger

Entscheidungskraft zu entwickeln fiel (und fällt, kein Wunder: Sternzeichen Waage) mir schwer. Meine »Entscheidungen«, mich zu trennen beispielsweise, traf ich eher unbewusst, aus dem Bauch heraus. Meinen Willen entwickelte ich im Nachhinein, indem ich lernte, zu diesen Entschlüssen zu stehen und deren Folgen auszuhalten. Gekämpft habe ich immer: mit meinen Dämonen, mit denen ich ringe, bis sie sich zu erkennen geben; mit der äußeren Welt kämpfe ich erst seit Kurzem. Zum Krieger-Sein verhalf mir Taiji: innere Kraft zu entwickeln, die vom geistigen Willen geführt wird. Und diese Kraft hat mich zu meiner erneuten Ehe geführt.[114]

Über Sexualität und Liebe – der Liebhaber

Ein Spätentwickler. Meine Beziehung zu den Frauen war geprägt vom uroborischen Inzest, und darin entdeckte ich meine Sexualität, die nun transformiert werden will in der Liebe zu meiner Frau. Ich liebe die Sinnlichkeit, aber die war lange gesteuert vom Wunsch nach dem uroborischen Inzest und bedarf nun einer neuen »Verwurzelung«. Sexualität gründet in der Befindlichkeit, der inneren Wahrhaftigkeit. Es gibt keine Erektionsstörungen, wenn der Wunsch nach Sexualität mit der Befindlichkeit übereinstimmt und nicht vom Willen gesteuert wird, wie es exemplarisch in meinem ersten Sexualakt misslang.

Über Spiritualität und Intuition – der Magier

»Intuition ist alles im Leben, wenn man richtig denkt.« Von wem das ist, weiß ich nicht mehr, aber an Intuition hat es mir nie gemangelt, eher musste ich mich um das »richtige Denken« bemühen. Und ob ich ein spiritueller Mensch bin? Vielleicht, aber kein Magier, das klingt mir zu esoterisch. Nennt man einen erleuchteten Zen-Meister einen Magier? (Nicht, dass ich etwas Ähnliches wäre ...) Habe ich noch nie gehört.

Über Verantwortung und Wert – der König

Erst seit Kurzem lerne ich, Verantwortung zu übernehmen: für mich selbst und meine Entscheidungen, für meine Arbeit, dass ich zwar nicht alles tun können muss, aber die Fäden entwirren, sie in der Hand behalten muss, bevor ich Aufgaben an andere delegiere. Verantwortung für andere? Jein. Für meine Schüler und Schülerinnen, ja, die hatte ich immer, wenn auch lange überdeckt von Schuldgefühlen; für den Weg der anderen? Nein, denn den muss jeder und jede selbst finden, ich kann nur versuchen, zu fördern und nicht zu hemmen. Umgekehrt kann ich meinen Wert nicht von der Zustimmung anderer abhängig machen. Das ist für mich (immer noch) am schwersten. Und ein König? Ja, in meinem »Reich« des AtemtypTaiji und des AtemtypQigong. Aber ich möchte ein weiser Herrscher werden und kein autokratischer »Herr des Himmels«, der seinen Vasallen befiehlt.

Selbstwert

>>Ich trage meine Sorge ...<<

(VARIANTE VON >>ICH TRAGE MEINE MINNE VOR WONNE STUMM ...<<
VON KARL FRIEDRICH HENCKELL/RICHARD STRAUSS)

Sorge statt Liebe, also eine emotionale Zuwendung, die gleichermaßen ohnmächtig wie auch größenfantastisch glaubt, die andere
Person lenken zu können, zeigt nun ihren Grund, aus dem sie entstanden ist: das Gefühl, in allem, was man tut, nicht zu genügen,
um geliebt werden zu können. Das Gefühl meiner eigenen Nich-
tigkeit – und damit ist hier keine spirituelle, sondern eine existenz-
psychologische Dimension gemeint, aber vielleicht gibt es da auch
keinen Unterschied – war der unerkannte Antrieb, so gut wie
alles für die geliebte Person und >>die anderen<< tun zu wollen
und in Verzweiflung zu stürzen, wenn das abgelehnt wurde. Denn
alles, was daraus entstand, konnte, weil es Liebe verdienen wollte,
nur Ablehnung sein. >>Liebe ist eine freiwillige Gabe.<< Danke,
Dr. M.! So, wie es sich am Anfang meines Weges, in der New Yorker Theatergruppe, in reiner Form gezeigt hatte, nämlich alles nur
>>für andere<< tun zu können, und später im Gesang, zu singen, um
Anerkennung für die Äußerung der eigenen schmerzlichen Gefühle zu bekommen: Was da zurückkam, konnte nicht genügen, und
wie tröstlich war dann wieder die Flucht in den Urzustand – oder
in die blinde Wut, die auch keinen Wert an sich besitzt.
Dazu kam der unbewusste Wahn, das selbst Entbehrte anderen
geben zu können: Ich wollte das, was ich nicht bekommen habe,
sozusagen stellvertretend, in positiver Identifikation mit der versa-
genden Elternfigur, anderen geben. Das >>Helfersyndrom<< ist eine
überaus brüchige Konstellation, weil es auf der Verkehrung des
Bettelns um Liebe in ein Gebenwollen beruht und eigentlich ein
latenter Vorwurf eines >>hungrigen Geistes<< an die Welt ist – und
damit auch nur auf Sand gebaut ist.

sandspektakel

das
was ich nicht
bekam
gab ich
an alle
die auch nicht
bekommen hatten
was sie brauchten

so
ging der mangel
zum mangel
in der maske
der fülle
grandioses spektakel
auf sand

jeder
bekam etwas
von dem
was ich selbst
nicht hatte.

Die Verwandlung vom schlummernden, sich selbst verzehrenden Uroboros in den lebendigen Drachen, wie ich sie krisenhaft immer wieder in meinen Beziehungen erlebt – oder versucht? – hatte und die nun in der Liebe mit Marina zu gelingen scheint, wurde unterstützt und begleitet vom Taiji, das, so wie ich es verstehe und erfahre, einen solchen »Verwandlungsweg« darstellt. Immer gilt es, jede Situation als neu und gegenwärtig zu erfahren und danach zu handeln, und die Reste der alten Häutungen, die noch irgendwo in mir festhängen, anzuschauen und sich im Handeln davon zu lösen. Für mich bedeutet das heute, in jedem Bereich meines Lebens zu schauen, was es ist, das mich antreibt – und ich bin ziemlich kreativ und produktiv, schon wieder ein Buch! –, und mich zu fragen: Laufe ich vor meiner innersten, mal wieder verdrängten, Überzeugung davon, dass ich nichts wert sei, und muss ich deswegen dagegen »produzieren«, mich, wie auch meine Arbeit? So, dass ich auf einen Egotrip gehe, weil ich alles, was ich entdecke im Taiji, gleich weitergeben möchte – Anerkennung! –, und meine Schüler und Schülerinnen damit in doppelter Hinsicht aber überfordere: Zum einen kommen sie zu mir, um von mir zu lernen und nicht, um mich zu bestaunen, und zum anderen sind sie gar nicht in der Lage, meine Entdeckungen sofort nachzuvollziehen, weil sie ja in ihrer Entwicklung ganz woanders sind.

Glaube ich also immer noch, dass ich mir meinen Wert mühsam verdienen müsste, um darüber Liebe zu gewinnen? Kann ich die Liebe meiner Frau ohne Schuldgefühle annehmen, weil ich nichts dafür getan habe? Und das bedeutet auch, die Dämonen auszuhalten, die kommen, wenn meine frühen Bedürfnisse nicht fraglos angenommen werden? Und den Schmerz der Erkenntnis auszuhalten, dass der andere ein eigenständiger Mensch ist? Oder gelingt es mir, reinen Geist und reine Emotion mich führen zu lassen, die anderen in ihrer Reaktion auf mich frei zu lassen und den Drachen fliegen zu lassen, wohin er will, und ich mit ihm?

Auf dem Weg zur mir selbst

>>Die Nachtigall, die die Dornen nicht ertragen kann,
sollte besser niemals von der Rose sprechen.<<
AUHAD OD-DIN MOHAMMED ANWARI

Ich habe das Glück, meine »obere Männlichkeit« auf vier verschiedenen Gebieten erreichen und entfalten zu können: im Taiji, dessen grundlegende Maxime, dass der »Geist« den Körper und das Qi führe, immer deutlicher wird für mich, im Gesang, wo sich die »obere Männlichkeit« in der Höhenlage und in den »Spitzentönen«, die ich mir weiterhin erarbeite, manifestiert, und im künstlerischen Ausdruck, der meine Gefühle integriert statt von diesen dominiert zu werden. Und außerdem in der Liebe, die den uroborischen Inzest verlassen hat, aber weiterhin davon bedroht sein wird. Die Arbeit an diesen Lebensthemen wird mich immer weiter beschäftigen.[115]

Zum Schluss

Wenn ich im Unterricht, den ich gebe, wie von selbst durchs praktische Taiji-Tun in die daoistische Philosophie und Lebensweisheit hinein »abhebe«, ist das kein aufgesetzter Überbau, mit dem ich meine Praxis aufwerten möchte. Hier ist es mir im Lauf der Jahre wie von selbst gelungen, mich als mich selbst zu zeigen, eben weil mich das Taiji verwandelt hat und weiter verwandelt, und ich diese Weisheiten, wenn ich sie kundtue, lebendig verspüre, weil ich sie im Moment körperlich und geistig erfahre. Dabei habe ich manchmal gedacht: Worauf es ankommt, weiß ich doch eigentlich, warum kann ich es nicht »positiv« verkünden, indem ich wohlfeile Bücher mit meinen Erkenntnissen fülle? Weil es nicht stimmen würde. Ich kann nur »verkünden«, was ich selbst erlebt und erlitten habe und was ich zu leben versuche. Entsprechend sind Menschen, die es anders machen und aus sicherlich tief greifenden Erlebnissen und Erfahrungen heraus, ohne in die eigene Wandlung zu gehen, auf den esoterischen Zug aufspringen und anderen den »richtigen Weg« zeigen wollen, für mich unglaubwürdig.[116]

Mein Weg ist das reflektierte Tun, das, dank Taiji, seine Wurzeln finden kann. Deswegen dieses Buch. Und danke, Klaus, Taiji-Meister und Zen-Lehrer, nun im neunten Lebensjahrzehnt, dass du mir das vorlebst – natürlich im Sinn des »Nicht-Tuns«, also ohne es zu wollen.

Anmerkungen

1 Zit. nach E. Neumann, S. 223 (ursprünglich entnommen aus: Edmund Hildebrandt, *Leonardo Da Vinci – Der Künstler und sein Werk*, 1927).

2 Die Stationen der Heldenreise werden verschieden dargestellt, vgl. Campbell oder auch Hollywoodfilme wie »Krieg der Sterne«, dessen Drehbuch sich an der klassischen Heldenreise orientiert. Dieses Konzept wird auch generell als dramaturgische Gebrauchsanweisung für Drehbuchschreiber angeboten; siehe dazu: »Heldenreise. Dramaturgisches Konzept aus der Mythenforschung«, www.hyperwriting.de/loader.php–pid=255 (Stand: 07.04.2014)

3 Xuanzang (603–664) war ein buddhistischer Pilgermönch aus China, der im Zeitraum von 629 bis 645 die Seidenstraße und Indien bereiste. Er erhielt den Auftrag, die buddhistischen Schriften des »Großen Gefährts« (Mahayana) nach China zu bringen. Der klassische Roman »Die Reise nach Westen« von Wu Chen'en handelt von dieser Reise. Zum Abschied erhielt Xuanzang vom Kaiser den Namen Tripitaka (= Sanskrit: »Drei Körbe«), denn die in Indien zu holenden 15.144 buddhistischen Schriften befanden sich in drei großen Körben. Die »Drei Körbe« werden im Roman auch als Ausdruck der »drei konstitutiven Elemente des menschlichen Selbst gedeutet: Geist, Stimme und Lebensenergie«.

4 »Wenn wir nun zusammenfassen, was in den beschriebenen Bildern assoziativ alles mit dem Drachen verbunden wird: Leere, Abgrund, Tiefe, Chaos, Dunkelheit, Katastrophen, Weltuntergang, tödliche, verschlingende Bedrohung, ekel- und schreckenerregende Gestalt, Gift, Feuer und Lava, dann sehen wir, dass er eine Projektionsgestalt der Menschheit für ihr Grundgefühl der dauernden Gefährdung sowohl in der Außenwelt wie auch in der psychophysischen Innenwelt ist.« (L. Müller, S. 95)

5 Für den Zusammenhang dieses Buches formuliert es Erich Neumann differenzierter: »Der Kampf gegen diese Angst, gegen die Gefahr, wieder zurückgeschluckt zu werden in den Zustand des Anfangs im Überwältigtwerden durch die Regression, welche die Emanzipation

rückgängig macht, das ist der Kampf mit dem Drachen in seinen vielfachen Abwandlungen, der erst die Selbständigwerdung des Ich und des Bewusstseins vollendet.« (E. Neumann, S. 108)

6 »›Drachenkampf‹ heißt psychologisch u. a. Angstüberwindung. Allerdings legt uns das Wort ›Kampf‹ nahe, mehr an Besiegen und Töten zu denken als an Überwinden und Integrieren.« (L. Müller, S. 98)

7 Zhang Y. H./K. Rose, S. 18

8 Zitiert nach Bauer, S. 157. Ge Hong (283–343) war Arzt, Alchemist und Autor einer Enzyklopädie der Methoden zur Erlangung der Unsterblichkeit.

9 Vgl. L. Müller, S. 85

10 »Überall, wo eine Ich-Phase durch eine andere abgelöst wird, entsteht Angst, welche symbolisch verbunden ist mit der Symbolik des Todes. Dem durch seine Phase charakterisierten Ich droht ja auch wirklich der Tod.« (E. Neumann, S. 278)

11 Die (freudianische) Psychoanalyse, bei der ich später Hilfe fand, sieht darin die Übertragung meiner Vaterbeziehung auf meinen Freund. Die analytische Psychologie mit dem, wie ich heute glaube, umfassenderen Blick auf das Leben der Menschen, sähe hier vielleicht eine (verspätete) »Pubertätsinitiation«: »Mit der heldhaften Aktivität des Ich, das weltschaffend, aber die Gegensätze trennend aus dem uroborischen Bannkreis heraustritt, begibt sich das Ich in einen Zustand, den es als Alleinsein und als Gespaltensein erfährt. (…) Das sich einsam fühlende Ich, das zugleich mit dem Sich-selber-Vorfinden auch das Negative wahrnimmt und auf sich bezieht, stellt einen Zusammenhang zwischen diesen beiden Tatbeständen her und meint so, die Ich-Werdung als Schuld zu erkennen, das Leiden, die Krankheit und den Tod als Strafe.« (E. Neumann, S. 100) Mein Leiden war die Depression, jahrelang, und nach Aufhellungen immer wieder.

12 1984 gründete eine Assistentin Grotowskis eine Schule in Berlin. Ähnlich radikal war das Living Theatre, das auch mit einer extremen Körperlichkeit arbeitete; nur war hier der Körper Ausdrucksmittel der Person, also sinnenbejahend, und nicht Instrument einer asketischen, katholisch geprägten Geistigkeit. Die politische Zielsetzung des Living Theatre, als »anarcho-pazifistisch« beschrieben, konnte schließlich nur mit Darstellern glaubwürdig sein, die sich selbst bejahten.

13 Es ist wichtig, die inhaltlichen Ziele Grotowskis (die er später in seiner Theaterarbeit aufgab und sich dem Zirkus zuwandte) von seiner Methode zu unterscheiden. Zugrunde liegt diesen die Vorstellung eines

Leib-Seele-Dualimus. Ist im normalen Leben der Körper wie eine Maske, erworben und geformt im Prozess der Vergesellschaftung des Individuums und notwendig für dessen soziale Rolle, so liegt unter dieser Maske das »wahre« Selbst verborgen – die Seele oder der Geist –, das wesentlich verschieden ist von der Gesellschaft. Sein Theater zielt darauf, diese Maske zu zerbrechen, d.h., seelische Impulse sich unmittelbar durch den Körper ausdrücken zu lassen; die Seele selbst rüttelt am Gefängnis des Leibes und beult ihn aus. Der Leib ist dabei wie eine Schale über dem Seelenkern, sein Widerstand muss gebrochen werden. Denn die Seele kann sich – so Grotowskis Armes-Theater-Credo – nur körperlich äußern, sie muss durch den Körper hindurch, er ihr also völlig zu Diensten sein.

14 Sie entspricht dem Prinzip des Taiji, dass »der Geist führt und Qi und Körper folgen«. Dieses Prinzip konnte ich überhaupt erst durch diese »Vorerfahrungen« in New York verstehen, obwohl ich dort noch gar nichts vom Taij wusste.

15 Bis hier stammt der Text aus dem erwähnten Aufsatz von 1970. Heute sehe ich das anders. Meine damalige Ablehnung der Archetypen, von denen ich eigentlich gar nichts verstand, hat sich in eine behutsame Annäherung verwandelt. Hier würde ich für mich in Anspruch nehmen, was Joseph Campbell, der große Mythenforscher, schreibt: »Die Archetypen, die so zu entdecken und zu assimilieren sind, sind genau die gleichen, die durch die Annalen der menschlichen Kultur hindurch die fundamentalen Bilder in Ritual, Mythos und Vision inspiriert haben. Diese ›Ewigen des Traums‹ [Roheim] sind nicht zu verwechseln mit den je nach der Person modifizierten symbolischen Figuren, die in Alpträumen oder im Wahnsinn dem Individuum erscheinen, das noch nicht zu den Archetypen vorgedrungen ist.« (J. Campbell, S. 31) Ich war so sehr in der Vaterübertragung auf Tony befangen, dass »Jesus am Kreuz« nur Ausdruck meiner persönlichen (Leidens-)Geschichte war, von der ich Erlösung von ihm erhoffte. Was es heute für mich bedeutet, da ich erst dabei bin, »zu den Archetypen vorzudringen«, ist noch offen.

16 E. A. Poe, S. 117–141

17 »Exzentrische Positionalität bezeichnet das Charakteristikum des Menschen, sich auf seine Mitte beziehen zu können, wofür der Mensch gleichsam neben sich stehen können muss, ohne sich zu verlassen. Dafür braucht es einen Abstand des Menschen zu seinem erlebenden Zentrum, der im Begriff der exzentrischen Positionalität ausgedrückt wird. Das Konzept der exzentrischen Positionalität entwickelt Plessner als

einen Gegenentwurf zu Konzepten der cartesianisch-dualistischen Tradition. Descartes unterschied zwischen *res cogitans* auf der einen
und *res extensa* auf der anderen Seite. Diese Differenzierung zwischen
Körper und Geist, Leib und Seele drückt sich nicht nur in der Teilung
zwischen Natur- und Geisteswissenschaften aus, sondern auch in den
meisten sozialwissenschaftlichen Disziplinen spiegelt sie sich in Form
der fast ausschließlichen Beschäftigung mit der sozialen Dimension
des Menschen wider.« (Quelle: Wikipedia, www.wikipedia.de; Stand:
17.04.2014)

18 Diese Beschreibung bezieht sich bei Plessner auf Lachen und Weinen.
»Ausgespielt« als eine »einer ganzen Existenz mächtige, beherrschte
Person« hat der Mensch dann, wenn er plötzlich auf die Erfahrung
stößt, dass er auch lebendiger Leib ist, der nicht darin aufgeht, seinen
Körper beherrscht, instrumental oder expressiv einsetzen zu können.
Diese Erfahrung – als »Auflösung« – nämlich selber »Leib-haftig« zu
sein und fähig zu einer Lust und Energie, die in unserer Kultur immer
nur dem »Leibhaftigen« zugeschrieben wurden, räumt Person samt
Würde erstmal ab.

19 »Das Aufblühen und Welken des Körpers. Rhythmisches Gehen. Wie
in einer Pflanze, so steigt der Saft in den Füßen auf, breitet sich aus im
ganzen Körper, erreicht die Arme, sie springen auf wie eine Knospe und
mit ihnen erblüht der ganze Körper. In der zweiten Phase welken die
Gliederzweige ab und sterben einer nach dem anderen. Die Übung soll
im gleichen Rhythmus der Schritte beendet werden, mit dem sie begonnen wurde.« (J. Grotowski, S. 134)

20 »Allgemein lässt sich Regression als ein Prozess der seelischen Regeneration verstehen, als inneres Kräfteschöpfen, das vorübergehend als
Innehalten, Rückzug, Stagnation der Entwicklung oder Einschränkung
erlebt werden kann, oft aber auch einer wesentlichen Weiterentwicklung, der Progression, vorausgeht. Rückzug, Innehalten, auch Rück-
blick halten (auf die Kindheit, Auseinandersetzung mit dem inneren
Kind, Regression in frühkindliche Bereiche) sind menschliche Verhal-
tensmuster, die dem Schutz des Organismus dienen, lebenserhaltend
und sinnvoll sein können. Wenn im individuellen Lebensprozess Hin-
dernisse und Schwierigkeiten auftreten, die mit den vorhandenen Erle-
bens- und Verhaltensmöglichkeiten nicht bewältigt werden können,
hört die progressive Bewegung der Libido auf und es kommt zu einer
regressiven Gegenbewegung.« (L. Müller auf www.symbolonline.de,
Stand: 16.04.2014)

21 Neumann spricht hier vom magisch-religiösen Ritual, welches »anthropozentrisch die Aktion des Menschen als wesentlich in den Naturverlauf einschaltet«. (E. Neumann, S. 172) Und in diesem Sinne kann Taijiquan als Ritual gesehen werden, in welchem sich die Menschen als Bindeglied von Erde und Himmel »erschaffen«.

22 Im vorletzten Kapitel ist vom »Lebenstor« die Rede, einem Energiezentrum im oberen Teil der Lendenwirbelsäule. Aus meiner heutigen (und aus chinesischer) Sicht war das Lebenstor blockiert und ließ mich das »In-der-Mitte-durchgebrochen-Sein« empfinden. Das war der körperliche Ausdruck der Depressionen: das Lebenstor war verrammelt und verriegelt; oft hatte ich Hexenschuss.

23 Ich machte dann Anfang 1979 noch eine Tournee mit Günther Strack und Liesel Christ in dem Stück »Loch im Kopp« (eine Komödie nach Labiche, auf Hessisch von Wolfgang Deichsel) – das war schon etwas verschieden vom »Armen Theater«, aber im Grunde bin ich auch komisch. Dann bekam ich noch eine größere Fernsehrolle im Dreiteiler »Der Winter der ein Sommer war«, der teilweise in Nordhessen spielte, wo aber trotzdem alle Hessen »frankforderisch babbelten«, wohl weil der Kasseler Dialekt zu grob fürs Fernsehen war, und beendete danach meine Theaterkarriere, die so gar nicht in Gang kommen wollte, um mich ganz dem Taiji zu widmen.

24 Aber erst danach brachen die Dämme; siehe Kapitel 6.

25 Ich werde oft gefragt nach dem Unterschied zwischen Taiji und Qigong: Taiji ist eine Bewegungsfolge mit Schritten, Qigong bleibt hauptsächlich am Platz – aber das ist nur eine grobe Unterscheidung. Mehr dazu in Kapitel 7.

26 Es gibt im Chinesischen eine Redewendung, die heißt: »*gan cuì lì luò*«, die bedeutet, dass man etwas unkompliziert und direkt, der Situation angemessen, nicht mehr und nicht weniger macht.

27 Das lag daran, dass er zunächst die »Ausatmervariante« seines Lehrers übernommen und praktiziert hatte, was für ihn, als »Einatmer«, kontraproduktiv war – aber davon später.

28 Das entspricht dem Vasallensystem des chinesischen Kaiserreichs: Die Fürsten waren dem Kaiser gegenüber gehorsams- und tributpflichtig, mussten aber selbst sehen, wie sie Konflikte untereinander regelten. Die Konkurrenz, die in Taiji-Kreisen allgemein herrscht – jeder hält das, was er macht, sowieso für das Beste, warum sich also austauschen (vergleichen, um zu gewinnen, ja), denn das würde nur die eigene, vom Lehrer oder Meister verliehene Souveränität gefährden –, gab es hier

sogar zwischen den Schülern desselben Lehrers. Zwar gab es die Bekundungen von Meister Chu, dass wir doch alle Mitglieder einer großen Familie seien, aber da kein Austausch dieser Mitglieder erwünscht war, passt wohl die Verwendung des Wortes im Sinne von Karl Kraus für die »Familienbande« hier am besten.

29 Die Vertiefungsstufen zu erlernen dauert etliche Jahre. Es ist eine Art der Körper- und Geistesschulung, die tief in die erworbene Struktur von Haltung und Bewegung eingreift und versucht, diese von Blockaden und Hemmnissen zu befreien, um zur ursprünglichen Erfahrung der frei fließenden Energie zurückzufinden. »Zurückfinden« deswegen, weil diese Art der Energieerfahrung allen Menschen als Kleinkindern eigen ist, bevor Überlebensstrategien beim Erwachsenwerden diese reine Energie in persönliche Energie im Dienst des Ego verwandelten. »Zurück zum Ursprung« nennen die Daoisten, die geistigen Stammväter des Taiji, diese Bewegung, zurück in den Zustand der »Leere«, in welchem alle Handlungen Ich-frei sind und vom Wu wei geprägt sind, dem »Nichtun-Tun«. Dass diese Rückbewegung keine regressive Bewegung wie bei Drogenkonsum oder Sektenmitgliedschaft wird, dafür sorgt der wache Geist, der alle Bewegungen führt und registriert. Tiefenpsychologisch gesehen ist das die Rückkehr und die bewusste Aneignung der Ichfreiheit im schöpferischen Uroboros.

30 »Meisterschüler« (oder »tudi«, englisch: *disciple*«) ist ein Titel in der Tradition der chinesischen Kampfkünste. Im Allgemeinen muss ein Schüler eine gewisse Zeit bei seinem Lehrer lernen, bevor er als Meisterschüler in Betracht gezogen wird. Die Annahme hängt von verschiedenen Kriterien ab. Meisterschüler müssen Begabung und verschiedene gute Eigenschaften besitzen: Ehrlichkeit, Freundlichkeit und Loyalität gegenüber dem Meister. Als Meisterschüler angenommen, werden ihm Fähigkeiten vermittelt, die zu einem Grad des Verständnisses führen, der den der »normalen« Schüler weit übersteigt, sodass sie in der Lage sind, dem Meister bei der Aufgabe zu helfen, den jeweiligen Stil zu verbreiten.

31 »Der Vaterarchetyp enthält Aspekte wie Autorität, Verbindlichkeit, d. h. Gültigkeit von Regeln, von Gerechtigkeit, von Strafe und Vergebung, von Mut, Stolz und Freiheitsliebe, von Tradition, von Wissen und Werten.« (L. und A. Müller, S. 450)

32 Dieser Begriff umfasst die transzendente Seite des väterlichen Archetyps, die kulturell häufig im Bild eines großen väterlichen Gottes gefasst und verehrt wird. Diesen Gottgestalten – es gibt sie oft jeweils nur

AnmerkungenAnmerkungen283

in der Einzahl, anders als die Großen Mütter – werden verschiedene
Aspekte dessen zugeschrieben, was zum Vaterarchetyp allgemein gehört: die Schöpferkraft, das Ernähren, die Gesetzgebung, die Macht
über die Zukunft, das allumfassende Wissen, Strafe und Vergebung
(wie z. B. im »Vaterunser«). (Vgl. L. und A. Müller, S. 449)

33 »Die patriarchale Kastration hat zwei Formen, die der Gefangenschaft
und die der Besessenheit. In der Gefangenschaft bleibt das Ich in totaler
Abhängigkeit als dem Vertreter der Kollektivnorm, d. h. (es verliert)
den Anschluss an das Schöpferische.« (E. Neumann, S. 154) Dadurch
fühlte ich mich am Ende unserer Beziehung bedroht. Und vorher war es
die andere Form gewesen, die ich nicht als Bedrohung erlebte: »Die andere Form der patriarchalen Kastration ist umgekehrt die Identifizierung mit dem göttlichen Vater. Sie führt zur Besessenheit der Himmels-
inflation in der ›Vernichtung durch den Geist‹.« (Ebd.)

34 Bei der Trennung »tötete« mich Meister Chu ebenfalls, d. h., er nahm
alle Titel und Ehrungen zurück, die er mir gegeben hatte, und teilte
es allen Mitgliedern, Lehrerinnen und Lehrern der ITCCA mit. Ich
habe es bisher auch nicht öffentlich gemacht, zu offenkundig wäre der
Grund: meine »Unbotmäßigkeit«, ihm die (auch finanzielle) Gefolg-
schaft aufzukündigen – und nicht mangelnde Qualifikation, die er mir
schließlich ja bescheinigt hatte. Später las ich »Der Meister und seine
Schüler« von dem Gelehrten George Steiner. Er untersucht darin das
selten geglückte und oft prekäre Verhältnis von Meister und Schüler
an ausgewählten Beispielen der Religions-, Philosophie- und Kulturge-
schichte und kommt zu dem Schluss, dass es offenbar immer nur drei
Möglichkeiten für Meister und Schüler gab, sich zu trennen: Der Meister vernichtet den Schüler, der Schüler vernichtet den Meister oder beide trennen sich, emanzipiert, den anderen anerkennend. Welche der
drei Möglichkeiten traf bei uns ein? Die dritte jedenfalls nicht.

35 Dem Rat eines Coachs vor ein paar Jahren, nach der Tipping-Methode,
die ich nicht weiter kenne, Vergebung bei ihm zu suchen, bin ich nicht
gefolgt. Ich habe daran gearbeitet, mir selber zu vergeben, und dabei
war die Haltung Heinrich Heines wichtig, der gesagt haben soll, er
würde seinen Feinden dann vergeben, wenn sie erhängt in seinem Garten hingen. Das half, die Schuldgefühle zu überwinden, dass ich ein un-
dankbarer Geselle sei etc. Ich verdanke ihm viel, habe ihn nie wirklich
gehasst, aber mich jetzt endgültig von ihm abgegrenzt, persönlich und
fachlich. Und seltsam: Ohne den Wunsch nach Vergebung stellt sich
heute immer öfter ein Gefühl der Dankbarkeit ein. Für ihn und mich.

36 Diese Schuld ist deshalb archetypisch, weil sie jeder auf sich nimmt.
»Die Urtat, die Trennung der Welteltern, wird in den Religionen
theologisiert. Es handelt sich dabei um den Versuch, das faktische
Mangelgefühl, das dem Ich und seiner Emanzipation anhaftet, zu rationalisieren und zu moralisieren. Es wird als Sünde, Abfall, Rebellion
und Ungehorsam interpretiert, was in Wirklichkeit die grundlegende
Befreiungstat des Menschen ist, seine Loslösung von der Übermacht
des Unbewussten, und seine Selbstetablierung als ich, Bewusstsein und
Individuum. Dass diese Tat wie jede Tat der Befreiung mit einem Opfer
und einem dazu gehörenden Leiden verbunden ist, macht die Entschei-
dungsschwere der Situation aus.« (E. Neumann, S. 104 f.)

37 Übrigens war das Thema des von meiner Theatergruppe EXP entwickelten zweiten Stückes kurz vor dieser Zeit »Versagung« gewesen:
»Werden wir den toten Kaspar jemals wiederfinden?«

38 Alle großen Sänger waren/sind starke Persönlichkeiten, aber wohl nur,
weil sie gelernt haben, den egohaften Ausdruck zu eliminieren und
sich, im Reiten ihres Drachen, der reinen Energie der Musik zur Verfügung zu stellen, indem sie ihre eigene Energie mit dieser vereinigen.

39 Es gibt »Einatmer« und »Ausatmer«. Die Lehre von den Atemtypen
wurde von dem Musiker Erich Wilk (1915–2000) begründet. Er wurde
in eine Bauernfamilie hineingeboren, studierte Geige und bemerkte
dabei die Verschiedenheit seiner Lehrer. Aufgrund seiner außergewöhn-
lichen Beobachtungsgabe und Sensibilität entwickelte Wilk die Theorie
der zwei unterschiedlichen Atemtypen und wandte sein Wissen erfolgreich im medizinisch-therapeutischen Bereich an. Er veröffentlichte seine Entdeckung bereits 1949, sie blieb aber zunächst unbeachtet.

   Erich Wilk bemerkte beim Geigenspiel, dass er bei zunehmendem
Mond sehr gut ohne Noten auskam, während ihm bei abnehmendem
Mond das Auswendigspielen sehr schwerfiel. Weiterhin registrierte er
die Unterschiedlichkeit seiner Lehrer bezüglich Körperhaltung und
Bogenführung. Während des Krieges, der seine Geigenkarriere unter-
brach, erfuhr er im Afrikakorps und in der dreijährigen Kriegs-
gefangenschaft, dass er die extreme Hitze trotz guter Konstitution sehr
schlecht aushielt, andere Mitgefangene aber mit eher asthenischem
Körperbau viel besser mit dem trocken-heißen Klima zurechtkamen.

   Diese Beobachtungen der unterschiedlichen Wirkung der Sonne auf
den Menschen und seine vorher gemachten Erfahrungen der Einwirkung des Mondes auf sein Geigenspiel führten ihn zur Erkenntnis, dass
es einen von der Sonne und einen vom Mond beeinflussten Menschen-

typ bzw. Atemtyp geben müsse: Die »Ausatmer«, die ihre innere und äußere Kraft beim Ausatmen gewinnen, und die »Einatmer«, die ihre Kraft aus dem Einatmen schöpfen. Er fand heraus, dass offenbar der Geburtstermin für die jeweilige Prägung verantwortlich ist. Überwiegt die Sonnenenergie, wird der Ausatmer geprägt, ist dagegen die Mondenergie stärker, prägt diese den Einatmer. Daraus leitete er die Berechnungsmethodik zur Bestimmung der Atemtypen ab. Heute findet die Lehre von den Atemtypen (Terlusollogie®) vor allem in Kreisen der Körpertherapeuten, Yoga-Lehrer, Hebammen, Logopäden, Stimmbildner, Sänger, Sprecher und Schauspieler Anwendung, seit kurzer Zeit zum ersten Mal auch auf dem Gebiet von Qigong und Taijiquan.

40 Rückblickend erkläre ich mir den Impuls beim Singen, die falsche Muskulatur zusammenzuziehen, so, dass ich mich schützen wollte, mich verkriechen wollte, um daraus Töne heftig hervorzudrücken: Der »Schmerzensmann« verwirklicht sich körperlich und gibt davon Kunde mit seinen Tönen. Die Arbeit, zu der meine Lehrerin mich anhielt, war, diese »Zusammenzieh-Impulse« zu erkennen und zu unterlassen, indem ich in die Dehnung und Streckung der Gelenke ging, damit die Stimme beginnen konnte, frei zu fließen. Immer, wenn es mir mit ihrer Hilfe gelang, mich auf den Flügeln des Gesanges emporzuschwingen, vollzog ich damit die Trennung vom Uroboros, der mich gefangen hielt, eben vor allem in der »deutschen Innerlichkeit«, die den Geist meines Vaters beschwor.

41 »In diesem Sinne bedeutet Mutter immer mehr als die persönliche Mutter; nämlich lebenslang wirksames archetypisches Streben der Psyche nach Mütterlichkeit, Geborgenheit und Aufgehobensein, die sich regressiv (Energie, Regression) und lebenshemmend bemerkbar machen kann, aber auch als zukunftsgerichtete Sehnsucht (Finalität) und Suche nach der im Hier und Jetzt möglichen Realisation der archetypischen, Konstellation und ihrer Gestimmtheit wirkt.« (L. Müller auf www.symbolon.de, Stand: 07.04.2014)

42 »Wenn bei einer Scheidung die emotionale Sicherheit eines Mannes verloren geht, kann er entweder rückwärts durch die Tür gehen und sich dabei lustige Filme ansehen, oder er kann versuchen, die tatsächliche Dunkelheit der Tür in sich aufzunehmen, während er sie ins Auge fasst. Vielleicht ist es zu der Scheidung gekommen aufgrund einer bestimmten Kindheitswunde des Mannes – oder vielleicht kam es aufgrund dieser Wunde zur Heirat –, aber in beiden Fällen erwacht die

Wunde durch das Auseinanderbrechen oder das Ende der Ehe zu neuem Leben.« (R. Bly, S. 104)

43 Ein Paar, das keines mehr ist und versucht, zusammen ein Unterneh-
men wie eine Taiji-Schule zu führen, bei der es auch auf gute Atmosphäre und Kontakte zu den Schülern ankommt, wird keinen Erfolg
haben, wenn die Atmosphäre eisig oder bestenfalls neutral und der
Kontakt aufs Nötigste beschränkt ist. So war es mit uns. Und als die
Situation unerträglich wurde, weil noch Konkurrenz und Machtspiele
hinzukamen, kündigte ich die GBR zum Sommer 2006.

44 Wie Meister Chu bin ich ein »Einatmer«, gehöre also zu den Menschen, die ihre Kraft beim Einatmen gewinnen, deswegen konnte ich
gut von ihm lernen. Der Einatmer baut, indem er aktiv einatmet, Spannung auf. Der Brustkorb wird geöffnet und durch die Aktivität der äußeren Zwischenrippenmuskeln (Rippenheber) gehoben und geweitet.
Das Zwerchfell spannt sich aus. So hat der Einatmer das Gefühl von
Raum und Energie. Am Ende des Einatmens ist die innere Kraft am
größten. Danach beginnt das Loslassen, das keine weitere Aktivität be-
nötigt.

Der »Ausatmer« hingegen gibt Spannung ab, indem er den Ausatem
aktiv führt. Dabei sinkt der Brustkorb, verengt und schließt sich durch
die Aktivität der inneren Zwischenrippenmuskeln (Rippensenker). Das
Zwerchfell steigt. Am Ende des Ausatmens hat der Ausatmer ein Gefühl der kraftvollen Verengung und der Konzentration auf einen Punkt.
Nun ist die innere Kraft am größten. Die Einatmung folgt dann passiv
aus dem Lösen der Spannung nach der Ausatmung.

45 Und später auch des EinatmerTaiji, weil die Einatmer diesen Knick genauso brauchen, nur in einer unterschiedlichen Atemphase. Ich sage
»meine« Erforschung des AtemtypTaiji, aber tatsächlich wäre das ohne
das Feedback der Ausatmer gar nicht möglich gewesen. Das, was es
vorher gab, den einzigen Leisten, über den das Taiji geschlagen wurde,
wurde nun durch den »Gegentyp-Leisten« ergänzt, und meine im
Grunde rigide Haltung wurde nun abgelöst durch ein Eingeständnis
meiner Unwissenheit und Unsicherheit, den Gegentyp der Ausatmer
betreffend. Anders gesagt, vermeintliche Sicherheit – »alles so wie
Meister Chu« – wurde ersetzt durch zugegebene Unsicherheit – »alles
so wie die Ausatmer es empfinden« (natürlich nur für die Ausatmer).
Denn beim EinatmerTaiji hatte ich Gewissheit durch meine Erfahrung,
den Gegentyp konnte ich zwar verstehen, vielleicht auch spüren, aber
ich konnte die Kraft nicht entwickeln, wie es die Ausatmer konnten.

Das brachte zwar die Dimension der »Erfahrungsoffenheit« in meine Arbeit hinein, aber auch die Gefahr mit sich, dass diese Offenheit für die Erfahrungen das Taiji zunehmend subjektivierte. Dieser Tendenz der Subjektivierung konnte ich zunächst nichts entgegensetzen, schließlich waren es ja die Geister, die ich gerufen hatte. Real sah das so aus, dass ich in den ersten Jahren mit AtemtypTaiji immer die Bestätigung der Ausatmer brauchte, und wenn sie eine Haltung oder Bewegung als richtig erspürten, dann war es »richtig«. Das stimmte aber nur zum Teil. Denn Taiji ist eine Bewegungskunst, deren Ziel es ist, den eigenen Stand zu verwurzeln und über die Spiralen und den Atem die innere Kraft zu entwickeln, die einen anderen per Berührung so von den Füßen heben kann, dass er nur Leichtigkeit und keinen Schmerz verspürt. Diese Fähigkeit bedarf der korrekten Bewegungen, der Fähigkeit, diese mit dem Geist zu lenken, und des Spürbewusstsein, das alles zu erfassen. Aber irgendetwas zu spüren, das sich »richtig« anfühlt, *ohne* die objektive Beurteilung, ob das Ziel der Übung, die innere Kraft, auch erreicht wurde, und sei es auch nur im Ansatz, ist nur ein Aspekt des Ganzen. Inneres Taiji ist zielgerichtet, »Erfahrungsoffenheit« ist ein Teil davon, aber kein Endziel.

46 Ich erinnere das erste Seminar mit Meister Chu, etwa 1981 in Frankfurt, als er uns Schülern, vorwiegend Latzhosenträgern, eindringlich darauf hinwies: »*You must do it!*« Wir sollten also etwas tun und uns nicht, wie wir dachten, im Taiji-Üben irgendeinem Strom überlassen.

47 Das tradierte westliche Denken verabsolutiert die geistige und die körperliche Erfahrungswelt, anstatt beide in jedem Moment aufeinander bezüglich bzw. ineinander verschränkt zu denken. Helmuth Plessner (1892–1985), ein Hauptvertreter der Philosophischen Anthropologie, begegnet diesem Problem, indem er konsequent die doppelte Perspektive der Verschränktheit beibehält. Seine auf biologischen Tatsachen aufbauende Philosophie wiederholt beständig die Einsicht in die paradoxe Grundverfasstheit menschlichen Selbst- und Welt-Erlebens: dass der Mensch eben zugleich sein Körper/seine physische Existenz ist und diese hat, dass er zugleich um sich als Geistwesen und als Körperding weiß. Vergleiche hierzu auch das gleichnamige Kapitel »Körper-Haben und Körper-Sein« weiter oben.

48 Denn bei der »umgekehrten« Atmung zieht man nicht einfach den Bauch ein, damit die Brust herauskommt. Und die Anweisung, die dazu erging, das »Zwerchfell« hochzuheben, ist falsch, weil das anatomisch nicht geht beim Einatmen. Hier trug Meister Chu einfach eine irrige

Auffassung der alten Meister weiter: z.B. zitiert bei Gu Liu-xin (1908 bis 1991, siehe R. Landmann S. 90).

Die Brust weitet sich, ja, aber nicht über das willkürliche Anheben des Brustbeins, sondern über die Weitung des Rückens, wobei noch eine bestimmte Bewegung in der Lendenwirbelsäule dazukommt. Und es darf nicht der gesamte Bauch einfach eingezogen werden, sondern nur der Oberbauch, weil der Unterbauch mit dem »Meer des Qi« fest bleiben soll. (Hier unterscheidet sich das AtemtypTaiji von der Lehre von den Atemtypen, der Terlusollogie®, für die der Bauch »nur zum Verdauen« da sein sollte, also überhaupt nicht an der Atembewegung, sei es für Einatmer oder Ausatmer, beteiligt ist.)

Innere Kraft entsteht nur, wenn die Spiralbewegungen der Arme und der Beine, die jeweilige Art der Atmung »generieren« und nicht separat zum Atemvorgang versuchen, Kraft abzugeben oder zu sammeln. Also auch, wenn ein Einatmer irgendwie »umgekehrte« Atmung einsetzt, aber die für ihn richtigen Spiralen nicht versteht, entsteht nicht schon automatisch innere Kraft, ebenso wenig wie durch das Ausatmen beim Ausatmer nicht. Es hat von den sieben Jahren ab 2005, in denen ich das AtemytpTaiji erforscht und wiederentdeckt habe (»wieder«, weil ich glaube, dass Taij in seiner Blütezeit im 19. und beginnenden 20. Jahrhundert nur so erfolgreich war, weil die Meister ihrem Atemtyp folgten), zwei Jahre gebraucht, bis ich mir über die Spiralbewegungen der Arme und Beine klar wurde. Gründe waren einmal, dass ich es nicht richtig bei Meister Chu gelernt hatte und dass außerdem mein letzter innerer Widerstand, ihn da zu korrigieren, wo ich glaube, dass er falschlag, besonders hartnäckig war.

Also: Wenn die Arm- und Beinbewegungen gezielt auf den Atem wirken sollen, müssen es Spiralbewegungen sein, und zwar so, dass die Innenrotation vorab der Unterarme, also die Drehung von Elle und Speiche umeinander, die jeweils aktive Atemphase durch Kontraktion unterstützt. Und aktiv ist beim Einatmer die Einatemphase und beim Ausatmer die Ausatemphase. Der Gegenpol im Atemrhythmus geschieht idealerweise reflexhaft, also beim Einatmer das Ausatmen und beim Ausatmer das Einatmen. Und diese Phase, die mit dem Wort »Lösen« beschrieben werden kann – nämlich dem »Lösen« der Spannungen der aktiven Phase – wird jeweils durch Außenrotation der Unterarme unterstützt, bei welcher Elle und Speiche ihre »Verdrehung« lösen. Und da der Atemapparat, zuvörderst Lunge und Zwerchfell, symmetrisch aufgebaut ist und arbeitet, müssen auch beide Arme bzw. Beine gleichsinnige Spiralen ausführen – sonst würde der eine Lungenflügel ja animiert werden, anders zu atmen als der andere. (Das mag nach jahrelanger Yogapraxis vielleicht gehen, aber wäre hier fehl am Platze, weil sonst die Zentrierung und die Verwurzelung nicht mehr stimmen und keine innere Kraft entstehen kann.)

Aber Meister Chu lehrt(e) Folgendes: Etwa neunzig Prozent der Armspiralen laufen synchron, die restlichen zehn Prozent asynchron, das heißt, der eine Arm dreht nach außen, der andere nach innen. Warum? Weil dadurch in bestimmten Bewegungen, wenn sie als Technik zur Entwurzelung eines Gegners angewandt werden, ein Effekt entsteht, der den anderen im Rumpf verdreht und so von den Füßen hebt – ein Vorgang, den der Außenstehende nicht unterscheiden kann von der direkten Entwurzelung, bei welcher sofort durch die Einwirkung der inneren Kraft (mit synchronen Spiralen!) sich die Füße vom Boden heben – aber er wird deutlich gespürt.

Warum er das so macht? Weil er es nicht besser weiß? Weil er äußeren Erfolg letztlich doch über »*pure internal energy*« stellt, die er doch eigentlich als sein Markenzeichen sieht? Oder macht er es für sich richtig und behält das »synchrone Prinzip« für sich, nicht zur Weitergabe bestimmt, wie bei den alten Meistern? In meiner letzten Zeit bei ihm nahm er mich manchmal zur Seite und sagte »*I give you the key*«. Dazu kam es nicht, auch weil ich gar nicht wissen wollte, was das gekostet hätte. Ich glaube, ich habe inzwischen nicht nur einen, sondern mehrere Schlüssel gefunden, ich brauche die seinen nicht. Ich habe ihn eingeholt, nicht auf seinem Gleis, sondern auf meinem, das eben zweigleisig fährt mit den Atemtypen, die er negiert. Überholt in meinen eigenen Fähigkeiten, innere Kraft einzusetzen, habe ich ihn sicherlich nicht, aber im Wissen und Verständnis des Taiji bin ich, im doppelten Sinne, »weiter« als er.

49 Bemerkenswert ist in diesem Zusammenhang noch, dass der Partner/ Gegner nicht umgeworfen wird (das gibt es zwar auch, aber nur so, dass man zu Boden geht und auch nicht weiß, warum, also keinen Zwang oder Druck verspürt) und so seine Würde als aufrechte Person, die Himmel und Erde verbindet, bewahrt – der eben nur für einen Moment der Kontakt zur Erde entzogen wird, was die betroffene Person im Übrigen selbst verursacht. Andere Kampfkünste besiegen den Gegner, indem sie ihn zu Boden zwingen und dort mit Gewalt festhalten. Natürlich kann das Taiji auch, sonst wäre es im 19. Jh. nicht die berühmteste Kampfkunst Chinas gewesen – aber ohne dem anderen

Schmerz zu bereiten. Andererseits: Die innere Kraft kann auch verletzen oder töten; Taiji war und ist keine »weiche« Kampfkunst, als die es
oft bezeichnet wird.

50 Joseph Needham, ein britischer Sinologe und Autor von »Wissenschaft
und Zivilisation in China«, beschreibt in diesem Werk das erste »astro-
nomische Uhrwerk der Geschichte«, konstruiert von einem der größten
Staatsmänner der Sung-Zeit in China, der zugleich Wissenschaftler und
Astronom war: Su Sung (1020–1101 n. Chr.). Die Konstruktion baute
auf chinesischen Entdeckungen auf, die wahrscheinlich bis ins erste
nachchristliche Jahrhundert zurückreichen. Entscheidend dabei war
das Element der Unruh – »die erste große Errungenschaft in der Geschichte der Kraft« –, da diese, im Unterschied zu den späteren mecha-
nischen Uhren, ihren Antrieb nicht durch ein fallendes Gewicht erhielt,
sondern durch die Kette eines Wasserrades. »Die Himmel bewegen sich
ohne Unterlass, genau so fließt das Wasser (talwärts). Wenn man also
das Wasser völlig gleichförmig strömen lässt, dann wird ein Vergleich
zu den Kreisbewegungen (des Himmels und der Apparate) keinen Unterschied oder Widerspruch zeigen; denn genau wie (die Sterne) nicht
ruhen, strömt (das Wasser) unablässig (talwärts).« (Su Sung, in J. Needham, S. 351). Needham bemerkt dazu: »Hier finden wir eine hübsche
Vorformulierung dessen, was die Europäer später das allgemeine ›Gesetz‹ der Schwerkraft nennen würden.« (J. Needham, S. 352)

51 »Wenn wir ... das Stehen von allem befreien, was nicht dazugehört,
wie etwa männliches oder weibliches Stehen, damenhaftes oder aggressives, sportliches, autoritäres, manierliches, tüchtiges, stolzes, unter-
würfiges, kraftvolles und alle die anderen Motivationen übers Kreuz,
die wir in Kindheit und Jugend mit so viel Überzeugung pflegen, dass
sie richtig und nötig seien, dann bleibt ein Stehen übrig, wie die Struktur des Körpers und des Nervensystems es verlangen und hervorbringen. Es ist ein seltener Stand, aber jeder ist seiner fähig.« (M. Feldenkrais, S. 96)

Diese Haltung nennt Feldenkrais »tonische Haltung«, weil sie
durch tonische Muskelkontraktionen ermöglicht wird: sie kann »große, langsame, lange anhaltende Anstrengungen leisten, der Kraftauf-
wand der zweiten (Muskelkontraktion) ist abgestuft, schneller und
kürzer. Die erste tritt uns überhaupt nicht ins Bewusstsein. Die zweite
gehorcht unserem Wollen und wird innerlich wahrgenommen. Die erste ist tonisch, die zweite ist die phasische Kontraktion, die wir mittels
direkter absichtlicher Kontrolle in allen unseren Handlungen anwen-

den.« (Ebd.) Es gibt, nach Feldenkrais, drei Körperzustände, die sich durch ein unterschiedliches Maß an Muskelkontraktion unterscheiden. In der Mitte der Skala zwischen den Extremen – der vollständigen Kontraktion und der völligen muskulären und vaskulären Entspannung – ist der Körper in einem Zustand der tonischen Kontraktion: der beste Zustand, um zu lernen, d. h., um neue Reaktionen zu bilden.

Kennzeichen der inneren Kraft ist die tonische Kontraktion, und entscheidend dabei ist der Verzicht auf willkürliche Muskelkraft. (Hier unterscheidet sich die innere Kraft des Taiji von den Erfahrungen von Feldenkrais, die er u. a. seiner Praxis in einer äußeren Kampfkunst, dem Judo, verdankt: »Die erste [Muskelkontraktion] ist tonisch, die zweite ist die phasische Kontraktion, die wir mittels direkter absichtlicher Kontrolle in allen unseren Handlungen anwenden.«) Nicht in allen: Inneres Taiji braucht die phasische (willkürliche) Kontraktion nicht.

52 Nur »Inneres Taiji«, so verstanden, kann nach meiner Erfahrung innere Kraft entwickeln. Der Prüfstein dafür, auf dem richtigen Weg zu sein, also Inneres Taiji zu praktizieren, ist immer die innere Kraft, die in jeder Phase der Bewegungen präsent sein muss.

53 Unser Erkenntnisvermögen löst verkrustete Denkstrukturen und Gewohnheiten auf (»Kraft gleich Gegenkraft« gilt nicht bei lebendigen Wesen), entdeckt, wie einfach alles im Grunde ist – und staunt trotzdem, weil der Verstand es nicht begreift. Die Faszination besteht für mich darin, diese Einheit von Wissenschaft und Geheimnisvollem zu entdecken, die als Kennzeichen des philosophischen Daoismus und seiner Anwendung in der Praxis gilt, und zu sehen, dass Erkenntnis im Taiji beides – Geist und Natur – umgreift: »lebendiges Begreifen«.

54 »Dass menschliches Fühlen und Wahrnehmen bzw. Urteilen massiv vom Körper beeinflusst ist, wissen Psychologen seit rund zwanzig Jahren. Ob jemand stolz ist, sich stolz fühlt, hängt auch damit zusammen, ob man aufrecht und gerade oder gebeugt und gekrümmt sitzt, aber auch das Urteilsvermögen wird von rein körperlichen Momenten bestimmt und beeinflusst. Die Wechselwirkung zwischen Körper und Psyche ist aber eine beidseitige, denn psychische Zustände drücken sich nicht nur im Körper aus, also nonverbal, in der Körpersprache und Haltung, sondern auch Körperzustände beeinflussen psychische Zustände. (…)

Embodiment spielt vermutlich auch bei der Bewertung von menschlichen Eigenschaften oder Moralvorstellungen eine Rolle, denn in Experimenten hat sich gezeigt, dass jemand, der eine warme Tasse in der Hand hält, freundlicher zu seinen Mitmenschen ist als mit einer kalten.

Kurioserweise zeigen etwa auch Menschen, die eine Rolltreppe nach oben fahren, mehr Mitgefühl beim Spenden als die, die sich auf der Rolltreppe nach unten bewegen.« (Lexikon online für Psychologie und Pädagogik, http://lexikon.stangl.eu; Stand: 07.04.2014)

55 Diese innere Kraft hat Taijiquan im 19. Jahrhundert berühmt gemacht: als Kampfkunst, deren wahre Meister fähig waren, einen Angreifer abzuwehren, ja, abprallen zu lassen, ohne ihn zu verletzen. Erst später wurde der Wert des Taiji als Gesundheitsübung erkannt – sozusagen als »Nebenwirkung« –, und der ursprüngliche Kern ging bis heute mehr und mehr verloren. Denn so, wie Taiji heute überwiegend verstanden wird, nämlich als reine Entspannungstechnik, ist es lediglich »Äußeres Taiji«. So praktiziert, wirkt es vielleicht entspannend, aber sein Kern, der es so einzigartig macht, wird verfehlt. Entspannung – besser: Lockerheit – ist der Weg, zu diesem Kern zu gelangen, aber nicht das Ziel, um das es geht.

56 Damit ist nicht nur ein Spüren oder Sich-Einfühlen in körperliche Vorgänge oder Abläufe gemeint, sondern diese sollen vor ihrer Ausführung bereits in der geistigen Vorstellung vorweggenommen werden. Das bloße In-der-Bewegung-Sein, also das lediglich aufmerksame Spüren der Bewegung, ist zwar eine schöne Erfahrung, führt aber nicht zum vitalen Potenzial der Jin-Kraft. Yang Chengfu dazu: »Nicht anstrengen, Kraft benutzen. Mit dem Herzen [Herz=Geist] führe man das Qi, das Qi führt die vier Glieder.« (Vgl. R. Landmann, S. 107)

57 Charakteristisch für den Geist ist die Intentionalität, also das Gerichtetsein auf ein Objekt (z. B. einen anderen Menschen, eine Handlung, Wünsche); dies wird als ein wichtiges Merkmal zur Unterscheidung von Körper und Geist angesehen, denn der Körper ist Werkzeug des Geistes und per se nicht intentional; allerdings sind nicht alle mentalen Zustände intentional, z. B. Nervosität, Euphorie oder diffuse Angst sind es nicht.

58 Zeigt der Finger auf den Mond, so geht es um den Mond, nicht um den Finger. Dieses bekannte Gleichnis, das im Zen verwendet wird, um darauf hinzuweisen, dass die Erleuchtung – der Mond – nicht mit dem Weg dorthin – dem Arm bzw. Finger – verwechselt werden soll, kann in unserem Zusammenhang die verschiedenen Möglichkeiten des Zusammenspiels von Geist und Körper verdeutlichen: Schaut man auf den Finger, reicht der Geist nur bis zum Ende des Fingers, d. h., der begrenzte Körper ist das Feld seiner Beschäftigung. Schaut man auf den Mond, auf den der Finger zeigt, reicht der Geist etwa 380.000 Kilome-

ter über die Körpergrenzen hinaus, d. h., der Körper wird Teil des Kosmos. Diese Bewegung ist intentional, weil sie etwas zeigen will, was außerhalb des Körpers ist; bleibt die Aufmerksamkeit auf das Naheliegende fokussiert, schwindet die Intentionalität und es ändert sich der Charakter der Bewegung. Konzentriert man sich darauf, den Arm zu strecken, bleibt Yi (und Qi) »im Arm stecken« und endet am Finger; präsentiert man sich selbst, seinen wohlgeformten Arm, geht gar kein Yi nach außen, weil der Körper in »Schönheit erstarrt« und der Geist sich nur auf die Aufmerksamkeit von außen bezieht, die er zum Erfolg, bewundert zu werden, braucht, und wer narzisstisch den eigenen Arm genießt, kommt ganz ohne Bezug nach außen aus. Zeigt der Finger, von Yi geführt, auf den Mond, fließt das Qi durch den Arm ins potenziell Unendliche, und es entsteht Jin, was der bekannte Test zeigt, bei dem jemand von außen den so »ausgerichteten« Arm beugen will, aber es nicht schafft. Ist dagegen die Fingergrenze auch die Grenze von Yi, funktioniert der Körper wie eine Art Maschine, und Kraft kann nur durch willkürliche Muskelanspannung erzeugt werden.

59 Muskel- oder Schwungkraft dagegen ist hart und dringt aggressiv in den (lebendigen) Berg ein, der sich dagegen zu Recht wehrt. Yi ist also nicht dem Willen gleichzusetzen, denn vom Willen bewegte Muskulatur erzeugt Kraftanstrengung gegen Widerstand (Li), dagegen entwickelt der von der Vorstellung Yi »inspirierte« Körper Jin.

60 Dieses Gedicht entstand nach der Beendigung der Amour fou.

61 Vgl. www.wikipedia.de, Stand: 07.04.2014.

62 Neumann unterscheidet zwei Arten der Männlichkeit, die »obere« und die »untere«. »Das Ziel des Heldenkampfes ist die Erreichung der oberen und unteren Männlichkeit, die Verbindung der phallisch-irdischen mit der geistig-himmlischen Stufe, wie sie sich in der schöpferischen Verbindung mit der Anima, im Hieros gamos [griechisch für »Heilige Hochzeit«; bezeichnet die Verbindung von Männlichem und Weiblichem auf der göttlichen wie auf der menschlichen Ebene; Anm. F. A.] und seiner schöpferischen Zeugung manifestiert.« (E. Neumann, S. 203)

63 Vor Kurzem habe ich zum ersten Mal Wagners »Tristan und Isolde« erlebt. Jetzt verstehe ich, warum ich um Wagner immer einen großen Bogen gemacht habe. Er tummelt sich nämlich in diesem »Zwischenreich«, das ich hier erfahren habe: im uroborischen Inzest. Statt des Drachenkampfes, um daraus zu entkommen, wird bei ihm eine bombastische Überhöhung seiner regressiven Ich-Nicht-Entwicklung zur Utopie verklärt, die mich abstößt; natürlich auch, weil sie mich in

meinem Leben so stark angezogen hat und immer wieder verlockt. »Der Tag – das meint alles, was der ›wahren Liebe‹ freundlich gesinnt ist, sie unmöglich macht, während das ›Wunderreich der Nacht‹ die ur-ewig, einzig wahre ›Liebeswonne‹ erleben lässt, weil sie Hässlichkeiten und Widrigkeiten der realen Welt verdeckt und unsichtbar macht ... Was sich hier im Tristan ereignet – und was Wagner mit kaum mehr steigerungsfähiger Intensität komponiert hat –, ist eine gesellschafts-politische Utopie: der Ausstieg aus einer entfremdeten Gesellschaft in ein Reich der Freiheit, in der die Liebe ohne alle Einschränkungen ge-lebt werden kann.« (Udo Bermbach, »Notizen zu Tristan und Isolde«, Programmheft Staatstheater Darmstadt, 2014) Wie schrecklich, eine solche regressive Utopie! Nachklang der Siebziger; »private Größen-fantasien« fände ich passender; ich habe auch daran geglaubt und darüber gedichtet. Aber darüber gibt es mehr aus berufenerem Munde, siehe Adornos »Versuch über Wagner« und die psychoanalytischen Wagner-Studien von Bernd Oberhoff.

64 Dann, als es vorbei war (und ich noch nichts vom Uroboros wusste), schrieb ich: »Sie war so groß, ich so klein. Habe alles für sie getan, hätte alles für sie getan, würde alles für sie tun – aber nur als Kleiner. Als erwachsener Großer muss ich erkennen, sie ist schlecht für mich.«

65 Siehe in Kapitel 3, »Der Weg zum Drachen«.

66 Mehr dazu in der Fußnote in Kapitel 7 zu Jean Gebser und der Unter-scheidung verschiedener Arten des Bewusstseins.

67 Ich schrieb an die hundert Gedichte in diesem Dreivierteljahr, dachte auch daran, sie zu veröffentlichen, aber die meisten sind, als Lyrik, eher schwach. Sie zeigen zwar meine Seelenzustände, ich schaffte es aber nicht, diese literarisch zu formen – und das kannte ich doch schon von der Theresienstadt-CD, auf der ich die (vorgegebene) Form der Lieder nicht wirklich erfüllen konnte, weil meine Emotionen sich vordräng-ten. Vielleicht später, mit anderen, die danach kamen und vielleicht noch kommen werden. Immerhin, einige sind es wohl wert, hier aufzu-tauchen, weil sie Kunde geben von meiner Entwicklung – besser: dem Neu-Zusammenfügen meiner Einzelteile, die durch diese Liebeserfah-rung durcheinandergeschüttelt worden waren.

68 Für den aus der Dunkelheit zum Licht einer neuen Erkenntnis treten-den Helden finden sich noch verschiedene andere Motive, wie z.B. auch Jona, der im Bauch des Walfischs gefangen war und wieder ans Land gespien wurde. C. G. Jung weist unter anderem darauf hin, dass in der Dunkelheit des Unbewussten auch ein Schatz verborgen liegt

und der Held, wie Jona im Bauch des Walfischs, »gewaltige Mysteria«
zu sehen bekommt.

69 Ich denke, dass die meisten Menschen sich vor dieser Erfahrung fürchten und sie deshalb nicht zulassen, wenn sie denn ansteht, weil sie so
bedrohlich ist und das Ich überschwemmt, aber vielleicht denke ich das
auch nur, weil ich von anderen nichts weiß, die das Gleiche erlebt
haben, und es ist viel häufiger, als ich glaube. Aber diese Erfahrung
bedeutet nicht »Glück« – das Glück, zu lieben und geliebt zu werden –,
aber kann, da es zum Grund der eigenen Existenz führt, Kräfte frei-
setzen, die sonst von Konventionen, Ängsten, Schuldgefühlen behin-
dert werden.

70 »Die Angst machende Wirkung des konzentriert auf uns blickenden
Auges ist ein uraltes evolutionäres Erbe. Das intensive Angeblicktwer-
den bedeutet in der Tierwelt nämlich meist, dass sich ein Feind, der einen zu fressen beabsichtigt, auf einen konzentriert.« (L. Müller, S. 58)

71 Oder war es auch die Mahnung des »Großen Vaters«, mein kleines Ich
endlich sterben zu lassen, damit ich zu meinem großen Ich, meinem
»Selbst« fände? In dieser Zeit hatte ich auch Träume, in denen ich mich
mit meinem Vater versöhnte.

72 Ich musste ihr mein Foto und eine Schriftprobe schicken. Kurze Zeit
später erfuhr ich nachts eine Art Austreibung in Form eines heftigen
Albtraums, dazu Assoziationen, ich müsse irgendwas auf dem Nacht-
tisch ordnen, stattdessen schlug ich heftig mit der Stirn drauf, dann war
er weg, der Alb, und kam auch nicht wieder. Ja manchmal, da treibt es
mich heute noch im Halbschlaf, aufzustehen und ins Arbeitszimmer zu
gehen, um zu sehen, ob alles noch da ist, aber dann kann ich das am
nächsten Tag einordnen und diese Ängste den »Tagesresten« zuordnen,
und dann sag ich mir, dass ich meiner heftigen Fantasiekraft wohl wieder zu wenig Betätigungsfelder geboten habe, und schaue, dass sich das
ändert, mit Poesie, Gesang … Theresia praktiziert keine Schwarze Ma-
gie, das mache sie nicht, sagte sie damals am Telefon, sie habe sie einfach weggeschickt, die Albträume, wohin, wisse sie nicht (oder wollte
es mir nicht sagen). Ähnlich half sie mir auch, die zum Albtraum ge-
wordene Beziehung zu N. zu beenden: »Wie lange wollen Sie noch leiden?«, war ihre Frage am Ende eines Telefonats. Nach kurzer Zeit rief
ich zurück und sagte, ich wolle nicht mehr leiden. Dann solle ich sofort
allen Kontakt abbrechen, denn es gebe keine Anzeichen eines Verän-
derungswillens bei N. – ja aber, ich wolle die Frau doch verstehen und
ich müsse doch meine eigenen Schwierigkeiten, ihre Besonderheiten

auszuhalten, besser in den Griff bekommen ... aber ich tat es. Ich brach. Ich hätte mich sonst ewig gequält. Solange man nicht sich selbst die richtigen Fragen stellen kann, ist es hilfreich, wenn es jemand für einen tut, gezielt, auf den Punkt; die Antwort muss man sowieso selbst finden. Ich begann Zwiesprache mit meinem Drachen zu halten, stellte ihm, der ja in mir war und ist, Fragen und wartete auf Antwort. Die Drachen-Dialoge in diesem Buch stammen alle aus den letzten zwei Jahren.

73 Aber dann geschah, was oft geschieht, wenn ein Partner sich zurück-zieht: der andere besinnt sich, bemerkt den Verlust und versucht, zu klammern. Zuerst hatte ich es nicht geschafft, meine Bedürftigkeit in Zaum zu halten, und hatte sie verletzt und bedroht mit meinen Reak-tionen, und am Ende sah es so aus, dass jetzt ihre Bedürftigkeit sich zeigte, als sie auf mein Gefühl des »zu spät« stieß – da war keine Zu-kunft mehr. Andererseits gab es diese Zukunft ja nie für uns. Sie war nicht bereit, selbst daran mitzuwirken, den Zauber, der sie festhielt – ihre gesicherte Existenz, ihr soziales Ansehen, die Anerkennung der Verwandtschaft und der Freunde –, zu lösen; sie wollte, dass alles so bleibe. Ich denke, dass C. hier das erlebte, was ich in der vorigen »Nicht-Beziehung« erlebt hatte: schwärzeste Verzweiflung.

74 www.profil.at/articles/1316/560/356958/eifersucht-das-gefuehl-welt (Stand: 27.04.2014)

75 Die bedürftige ich-lose, anarchische »Liebe« ist zumindest der Grund für alles – dafür, ob das Leben gelingt. Ob das frühe Paradies, das (fast) alle Bedürfnisse stillte, erlebt werden durfte, ob der Auszug daraus, das Erwachsenwerden, gelang, ob die Bedürftigkeit erkannt und in »wahre Liebe« verwandelt werden konnte – wann ist egal –, das alles entschei-det darüber, ob die Liebesenergie dem Leben oder dem Tod dient. Dem Tod dient sie, wenn sie im Gewand von Hass, Gewalt, Unterdrückung auftritt und den anderen am eigenen Leben hindert oder ganz zerstört. Die Religionen versprechen Liebe, aber ohne Erkenntnis der eigenen Bedürftigkeit und der darin wurzelnden Möglichkeit, andere zu zerstö-ren, ist Liebe nicht Liebe. »Es handelt sich dabei um den Versuch,[der Religion] das faktische Mangelgefühl, das dem Ich und seiner Eman-zipation anhaftet, zu rationalisieren und zu moralisieren. Es wird als Sünde, Abfall, Rebellion und Ungehorsam interpretiert, was in Wirk-lichkeit die grundlegende Befreiungstat des Menschen ist, sein Loslö-sung von der Übermacht des Unbewussten, und seine Selbstetablierung als ich, Bewusstsein und Individuum.« (E. Neumann, S. 105)

Ich kann in meiner Sucht nach Liebe festhängen und außer dem
anderen auch mich selbst zerstören, psychisch oder physisch, wenn ich
meine Liebessucht durch andere Süchte ergänze oder ersetze. Oder ich
leugne diese archaische Kraft in mir und entscheide mich, ein »guter
Mensch« zu werden, der nur für andere da ist, aber immer den Drachen in sich bekämpfen und töten muss, der diese Kraft verkörpert.
»Manche Frauen wollen einen passiven Mann, wenn sie überhaupt
einen Mann wollen; die Kirche will den gezähmten Mann – Priester
genannt; die Universität will den domestizierten Mann – Beamter
genannt; die Firma will einen, der gut ins Team passt und so weiter.«
(R. Bly, S. 87 f.)

76 Nun war diese Befindlichkeit aber nicht ständig manifest, das wäre
nicht auszuhalten gewesen. Sie zeigte sich zuerst, zwar heftig, aber
kurz, in der ersten rauschhaften Verliebtheit vor meinem Abflug nach
New York, als ich Mitte zwanzig war, und später in der »Nicht-Beziehung« mit der blonden Frau, mit Anfang vierzig, und dann eben umso
heftiger in den letzten drei Jahren, als es offenbar endlich Zeit war,
mich damit zu konfrontieren. In der Zeit dazwischen, die äußerlich
turbulent war in meinem Leben, brauchte ich offenbar sichere Beziehungen, die, wiewohl symbiotisch, mir den Rücken stärkten, aber die
nicht in die Tiefe meiner abgründigen Bedürftigkeit reichten; das hätte
mich, wenn nicht zerstört, dann doch gehörig aus der Bahn geworfen,
sodass ich wohl vom Wege abgekommen wäre.

77 Während ich das schreibe, bin ich unsicher, ob es in dieses Buch gehört – es tut es aber doch, weil es zeigt, wie tief der Kampf um mein
Herz mir »ans Herz ging«. Andere verhärten oder brechen, mein Herz
hat gelitten und gekämpft. Und heute wird es reich beschenkt.

78 »Der Zielinhalt, das Zielbild im Naturrecht ist nicht das menschliche
Glück, sondern aufrechter Gang, menschliche Würde, Orthopädie des
aufrechten Gangs, also kein gekrümmter Rücken vor Königsthronen
usw., sondern Entdeckung der menschlichen Würde, die eben gleichwohl zum großen Teil nicht aus den Verhältnissen abgeleitet wird,
denen man sich anpasst, sondern (…) von dem neuen, stolzen Begriff
des Menschen als einem nicht kriecherischen, reptilhaften, vielmehr
einem mit hoch erhobenem Kopf, was uns verpflichtet und uns vor den
Tieren auszeichnet und unterscheidet.« (A. Münster, S. 83)

79 Andererseits ist es wichtig, festzuhalten, dass nur das Innere Taiji diese
stetige Wandlung bewirkt, indem es die eigene Person ausrichtet zwischen Himmel und Erde und ihr damit das rechte Maß (zurück)gibt –

ein Taiji, das lediglich schwache Entspannungsbewegungen vollführt, kann das nicht, es ist ein Sedativ, und da gibt es bessere.

80 Der Kulturphilosoph, Psychologe und Schriftsteller Jean Gebser (1905 bis 1973) unterscheidet verschiedene Arten des Bewusstseins, wie sie die Menschen im Laufe der Geschichte entwickelt haben: das magische Bewusstsein, das »ichlos« ist, das mythische Bewusstsein, das »wirhaft« denkt, und das mentale Bewusstsein der Neuzeit, das »ichhaft« ist und das durch das Erreichen eines neuen »a-rationalen, integrativen« Bewusstseins überwunden und »ichfrei« werden kann. Als Vertreter der Integralen Theorie strebte er danach, wissenschaftliche und spirituelle Erkenntnisse zu verbinden. In diesem Kontext gilt er als einer der ersten kulturwissenschaftlich orientierten Bewusstseinsforscher, die ein Strukturmodell der Bewusstseinsgeschichte des Menschen etabliert haben. Gebser war befreundet mit C. G. Jung.

»Von der Art des Bewusstseins hängt die Art dessen ab, was wir Wirklichkeit nennen. So ist beispielsweise … die Wirklichkeit vieler Asiaten (sowie die des Afrikaners, Indios und anderer außereuropäischer Bevölkerungen) eine andere als die unsere, weil sie sich die Welt nicht als ein Gegenüber zu ihrem Ich vorstellen. (…) Wir dagegen betrachten alles von unserem Ich-Bewusstsein aus. Uns ist die Welt eine greifbare Wirklichkeit, die uns gegenübersteht: hier ich, dort sie, die Welt; und wir glauben, diese Welt mittels unserer ›Außentechnik‹ verwalten zu können, da wir um unseren Standort in Raum und Zeit wissen, ja wissen müssen, denn ohne diese bewusste Kenntnis wären wir ichlos, ja zeitlos, wie es die Vertreter jener Kulturen sind, die wir soeben erwähnten. Ihr Bewusstsein ist gewissermaßen noch traumhaft; es weiß noch nichts vom Ich und von der Zeit; diese Menschen sind zugleich ichlos und zeitlos. Auch wir Europäer waren es einmal. Das ist einige tausend Jahre her. Dann erwachten wir zum Ichbewusstsein, erlangten gewissermaßen ein Wachbewusstsein, mittels dessen wir wach und klar in der Welt standen und Raum und Zeit als erfassbare Größen zu betrachten lernten. Dank dieses mentalen und ichhaften Wachbewusstseins konnten wir unsere Wirklichkeit ganz neuartig gestalten: Wir schufen die Philosophie und die Wissenschaft und ermöglichten dadurch die Technik. Trotz der sogenannten Fortschritte, die wir machten, trotz aller Leistungen droht uns aber eine von Tag zu Tag größer und offensichtlich werdende Gefahr. Diese Gefahr besteht darin, dass unsere Ichhaftigkeit zu stark wird, dass sie uns verhärtet, dass sie … uns zur Ichsucht, zur Egozentrik degenerieren und uns somit beziehungslos, ja letztlich unmenschlich werden lässt. (...) Viele fliehen vor diesen Konsequenzen, indem sie versuchen, in die Zeit- und Ichlosigkeit – ohne sich dessen bewusst zu sein – zurückzutauchen. Falsch verstandene Yoga-Schulung soll dann helfen oder der Beitritt zu sektiererhaften oder europäisch missverstandenen östlichen Gemeinden, in den jedoch nur mehr die Gemeinde oder der für heilig gehaltene Lehrer etwas gilt, sodass jene, die dorthin fliehen, auf diese Weise ihres Ichs verlustig gehen. (...) Aber es gibt noch einen anderen Weg. Er führt durch Überwindung der Ichhaftigkeit in die Ichfreiheit. (...) Gelingt es uns, sowohl die Ichlosigkeit als auch die Ichhaftigkeit zu überwinden, indem wir sie beide bewusst integrieren, so gestaltet sich unser mentales Wachbewusstsein ichhafter Art um in ein integrales überwaches Bewusstsein ich- und zeitfreier Art.« (J. Gebser, S. 167 ff.)

Das ist eine andere Formulierung des Ziels des Drachenkampfes, wie ihn die Tiefenpsychologie sieht, hin zur Ich-Bewusstseins-Entwicklung und zu einer immer feiner werdenden Differenzierung des Selbst in seine Polaritäten (Vgl. L. und A. Müller, S. 197), hin zur Individuation.

81 »Auf dieser frühesten Stufe, auf der Ich und Unbewusstes voneinander noch nicht abgelöst sind, sind alle Erfahrungen des Ich in seiner Beziehung zum Unbewussten zugleich lust- und unlustbetont. Dafür ist die Situation des uroborischen Inzests charakteristisch. Auch die eigene Auflösung wird hier lustvoll erlebt, weil das Aufzulösende, das Ich, schwach, das Auflösende aber, für das die Auflösung lustbetont ist, stark ist. Die unbewusste Identität mit dem stärkeren Auflösenden, der uroborischen Mutter, führt zu einer Lust, die später in der Perversion als ›masochostisch‹ bezeichnet werden kann.« (E. Neumann, S. 222)

82 R. Smullyan, S. 122

83 Solche Sprüche wie »in Liebe angreifen« sind ideologisch, weil sie der aggressiven Intentionalität des Angreifers aufgepropft sind und potenziell schizoide Persönlichkeiten hervorbringen: körperlich und egohaft aufgemotzte Leute, die sich anderen durch ihre Techniken, die sie beherrschen, überlegen fühlen, und ihren Verzicht darauf, diese Überlegenheit auch noch körperlich zu demonstrieren, mit Liebe verwechseln. »Freundlich gewinnen« ist verschieden davon: Es bedeutet, den anderen, der mich in feindlicher Absicht bedrängt, dazu zu bringen, dass er, unfreiwillig, davon ablässt, weil er die Koordination seines Körpers verliert – und zwar ohne ihm Schmerz zuzufügen.

84 Und prinzipiell macht es keinen Unterschied dabei, wie stark die aufgewendete äußere Kraft ist: Ob ich den anderen bloß weich schubse oder

ob ich ihm durch Blockieren eines Gelenks wehtue – beide Male ist es
äußere Kraft.

85 Wu wei, wörtlich »Nicht-Tun« oder »Das Nichttun tun« meint »Handeln durch Nichthandeln« oder auch »Handeln ohne Mühe«.

»In der antiken Philosophie Chinas spielt die Idee des Wirkens
durch Nicht-Tun eine bedeutende Rolle, selbst Konfuzius war davon
beeinflusst. Unter Nicht-Tun darf man aber keineswegs völlige Gleich-
gültigkeit und Untätigkeit verstehen, sondern eher das Unterlassen
aller unnötigen Eingriffe in das Geschehen. Dies ist eine Fähigkeit des
weisen Mannes. (...) Das Gegenteil des Nicht-Tuns ist eine aus Selbstüberschätzung und mangelnder Einsicht geborene Aktivität.« (Schlei-
chert, S. 91)

»Aus Sicht der frühen chinesischen Denker (...) kulminiert das Wissen nicht darin, eine Reihe abstrakter Prinzipien zu begreifen, sondern
darin, in einen Zustand des Wu wei einzutreten. Das Ziel ist die Fähigkeit, sich so durch die physische und soziale Welt zu bewegen, dass
man sich völlig spontan verhält und dennoch völlig in Harmonie mit
der korrekten Ordnung der Natur und des Menschen (dem Dao oder
Weg) befindet.« (Slingerland, S. 23)

86 Zwei Partner stehen sich gegenüber, ein oder beide Arme in leichtem
Kontakt, der nicht aufgegeben werden darf, und vollziehen einen ständig vor- und zurückrollenden Bewegungsablauf, bei dem es darum
geht, den Partner aus dem Gleichgewicht zu bringen und dabei das eigene nicht zu verlieren. Denn jeder ist bemüht, den eigenen sicheren
Stand und die Zentriertheit in seinen Aktionen zu bewahren, also nur
so weit vorzugehen oder zurückzuweichen, dass die eigene Position
nicht gefährdet ist und in jeder Phase der Bewegung das Bild eines fest-
stehenden Rades zu realisieren. Dabei muss die »volle«, weil vorwärts-
gehende Yang-Bewegung des einen Partners von einer »leeren«, weil
zurückweichenden Yin-Bewegung des anderen Partners ergänzt, also
angenommen werden, damit die volle Bewegung leerläuft. So ergeben
Fülle und Leere zusammen ein Ganzes, wie es im Taiji-Symbol dargestellt ist. Nie darf einer Yang-Bewegung mit Yang, also Kraft mit Gegenkraft begegnet werden, und beim Yin-Nachgeben darf der Kontakt
zum vorgehenden Yang-Arm nicht unterbrochen werden. So neutralisiert Yin das Yang in einer Kreisbewegung, und wenn dieser Vorgang
am Ende, Yang also erschöpft ist, läuft der Angriff, wie die Tangente an
der Kreisoberfläche, ins Leere, oder er wird umgekehrt und kann so
potenziell unendlich lange, der Mechanik eines Räderwerks vergleich-

bar, geübt werden. Sichtbarer Erfolg (auf der Grundstufe) ist dann erreicht, wenn ein Partner entweder nach vorne ins Leere »fällt« – weil er sich zu weit aus seiner Mitte entfernt hat, von allein oder vom Partner dazu verlockt – oder wenn er vom anderen »zurückgestoßen« wird, weil er zu weit nachgegeben hat oder beim Zurückweichen nicht »rund« genug war und mit seinem Widerstand »Sand ins Getriebe« gebracht hat.

87 Wenn das »Nur-Nachgeben« überwiegt, man also bei den Taiji-Partnerübungen einem Angriff »überweich« nachgibt, kommt danach Härte ins Spiel, wenn man den Gegenangriff startet – und der ist dann unfreundlich. Viele Richtungen im Taiji, die Weichheit und Nachgeben üben, haben dieses Problem, dass, wenn die Übenden anschließend den anderen »besiegen« wollen, sie aggressive Härte einsetzen müssen, die dem Partner oder der Partnerin wehtun. (Nur ist es für sie kein Problem, weil sie es nicht anders kennen.) Das ist, davon bin ich überzeugt, im traditionellen Taiji nie so gewesen; der andere oder die andere konnte zwar auch verletzt werden, aber grundsätzlich war die Kraft, die ihn oder sie abwehrte, frei von destruktiver Energie. »Versucht uns jemand mit einer Kraft von tausend Pfund anzugreifen und nähert sich aus einer bestimmten Richtung – sagen wir von vorne –, dann ziehe ich seine Hand mit der Energie von vier Unzen und folge dabei der Richtung seiner Kraft. Nun ist die Stärke unseres Gegners neutralisiert, und genau in diesem Moment gebe ich Energie ab, um ihn wegzustoßen. So wird er unweigerlich einige Meter weit weggeschleudert. Die Energie, die zum Ziehen des Gegners eingesetzt wird, braucht nur vier Unzen zu betragen. Die Energie, um ihn wegzustoßen, muss jedoch den Umständen angepasst werden.« (Cheng Man-ch'ing, S. 107 f.; auch: Zheng Manqing, 1899–1974, Schüler von Yang Chengfu, der den Yang-Stil in den sechziger Jahren des letzten Jahrhunderts nach Amerika brachte und die traditionelle Form nicht nur in der Länge, sondern auch um wesentliche Inhalte kürzte.)

»Den Umständen angepasst werden« bedeutet, dass jetzt Schwungkraft und willkürliche Muskelanspannung eingesetzt werden müssen, um den anderen zu »schubsen«, was nicht »entwurzeln« ist. Inneres Taiji braucht nur eben jene »vier Unzen« sowohl beim Neutralisieren wie auch beim Einsatz des »Fa Jin« (Energieabgeben). Mein Lehrer, Meister Chu, sprach dann davon, wenn es um andere Richtungen – andere Stile oder Varianten des Yang-Stils heute ging –, dass sie das »Geheimnis verloren« hätten.

88 Der jüdische Religionsphilosoph Martin Buber (1878–1965) schrieb in seinen Werken über das »dialogische Prinzip«, das, wie ich glaube, in den Partnerübungen verwirklicht wird. »Für Buber steht im Zentrum nicht das Selbst, sondern das Leben, nicht das Einzelwesen, sondern das Existieren in der Beziehung zu einem anderen. Der Mensch verwirklicht seine Lebensgeschichte im Dialog. Wirkliches Leben ist nur, wo Gegenseitigkeit da ist … Die Distanz, die die Andersheit des anderen begründet, gibt das Kraftfeld der Beziehung. Die beiden Pole sind Du und Ich, durch Distanz auseinandergebracht, durch Beziehung einander zugeordnet.« (J. Willi, S. 128) Buber kommt überdies das Verdienst zu, als Erster (1921) eine deutsche Ausgabe der Schriften des chinesischen Philosophen und Dichters Zhuangzi (auch: Tschuang-Tse) besorgt zu haben.

89 Push-Hands, chinesisch *tuishou*, wörtlich »schiebende« oder »schlagende Hände«, bezeichnet die Partnerübungen des Taiji.

90 Der Dialog in den Partnerübungen als Auseinandersetzung betrachtet: »Der chinesische Stratege vermutet nicht, argumentiert nicht und konstruiert nicht. Er stellt keine Hypothesen auf und macht keine Wahrscheinlichkeitsrechnung. Seine ganze Kunst besteht vielmehr darin, so früh wie möglich die geringsten Tendenzen aufzuspüren, die sich zu entfalten beginnen. (…) Die gesamte Strategie gegenüber dem anderen ließe sich in diesem doppelten Manöver zusammenfassen: dem Gegner nicht den geringsten Riss bieten, sodass er keinen Einfluss auf uns bekommt und dazu verurteilt ist, an uns abzugleiten, anstatt in uns einzudringen; gleichzeitig nach dem winzigsten Rissigwerden bei ihm forschen, damit dieses, indem es sich immer mehr zur Bresche öffnet, es schließlich erlaubt, ihn ohne Gefahr anzugreifen.« (F. Jullien, S. 100 f.; es ist kein Text über Taiji!)

91 Siehe T. Yayama, S. 24

92 »Gong fu« bezeichnet im Chinesischen alle Fähigkeiten, die durch »innere Arbeit« erworben wurden, ist also nicht nur auf die Kampfkünste beschränkt.

93 »Sobald du das Drachentor erklimmst, wird dein Prestige in den Himmel wachsen«, verheißt ein chinesisches Sprichwort. Wer den gesegneten Glücksstein unter dem Drachentor berührt, dem winken Ansehen, Vermögen und eine gute Gesundheit. Zum »Drachentor« führt der berühmteste Pilgerpfad der Provinz Yunnan. »Die Steinmetz-Künstler, die den Spiralenhochweg für die Pilger und die Grotten für die Götter und himmlischen Wesen aus dem Stein herausgearbeitet haben, waren

taoistische Mönche. Der Weg war ein Mammutprojekt, das 1781 angefangen und 1853 abgeschlossen wurde, also insgesamt zweiundsiebzig
Jahre harte und waghalsige Arbeit kostete.« (Ernst Stürmer in »Asien«
4/2009; siehe www.inasien.de; Stand: 07.04.2014)

94 »Ming« ist in der chinesischen Philosophie der Wille des Himmels, eine
Verfügung, ein Schicksal, eine Bestimmung und bezeichnet die festgelegte Lebensspanne. »Men« (wörtlich: Tor, Tür, Eingang, Öffnung,
Ventil) kommt in vielen chinesischen Namen vor und bezeichnet immer
einen ungehinderten Ein- und Ausgang für etwas.

95 Blockaden im Lebenstor äußern sich u.a. als Bandscheibenvorfall, und
je nach Auffassung der westlichen Medizin, ob es sich um ein rein
anatomisches oder »ganzheitliches« Ereignis handelt, verschreibt sie
den operativen Eingriff oder eine ganzheitliche Therapie. AtemtypTaiji
wirkt, da es direkt am Lebenstor ansetzt, präventiv und heilend, denn
der Ort, wo die ursprüngliche Vitalität verankert ist, kann nur ganzheitlich erschlossen werden.

96 Eine interessante Entdeckung ist das »Hsin Tao«, geheime Übungen,
die aus dem Shaolin-Kloster, der »Wiege« der äußeren Kampfkünste in
China, stammen sollen und von dem Australier Ratziel Bander verbreitet werden, der sich damit von schwerer Krankheit heilte. Ihr Kennzeichen sind Bewegungen aus dem Lebenstor heraus, obwohl dieser Name
nicht auftaucht; auch auf die Atemtypen wird kein Bezug genommen.
Siehe dazu *Hsin Tao – Der sanfteste Weg zu Gesundheit und langem
Leben*, München: Lotos 2004.

97 T. Yayama, S. 108

98 Interessant ist auch seine Feststellung, dass das Qi im Kleinen Himmlischen Kreislauf unterschiedlich verläuft bei Frauen und Männern,
jedoch mit der Einschränkung, dass das nicht immer so sei: »Es gibt
Männer, bei denen das Qi so fließt wie bei Frauen, und es gibt Frauen,
bei denen die Energie in die Richtung fließt, die man von Männern
kennt. Die Gründe für diese Abweichungen sind noch nicht geklärt.«
(T. Yayama, S. 44) Vielleicht können die Atemtypen zur Klärung beitragen, vgl. die Zuordnung des »Himmlischen Kreislaufs« zu den
Atemtypen in Anders/Brauner/Zock, S. 47 ff. und S. 83 ff.

99 Inneres Taiji verwirklicht diese Säule oder Achse, die Erde und Himmel
verbindet, in der menschlichen Körperhaltung; die mythologische Säule, die, in der Erde verankert, das Himmelszelt trägt, wurde im alten
China »Taiji« genannt.

100 Die Ähnlichkeiten und Unterschiede zwischen den Atemtypen erforsche ich mit meinen Schülern und Schülerinnen, mit Mitarbeitern und Mitarbeiterinnen seit meiner Trennung von Meister Chu (2005), und zwar zunächst bei den Ausatmern. Aber meine eigenen Versuche beim Üben brachten mich (als Einatmer) zu der Entdeckung, dass der Knick in der LWS beim Einatmer genauso wichtig ist wie beim Ausatmer. Da kamen mir dann die Qigong-Übungen von Meister Chu in den Sinn (und in den Körper zurück, welche er »Internal-Breath-Qigong« nennt), bei denen er deutlich in bestimmten Phasen den Körper beim Einatmen nach hinten bog. Da er aber in meinen Einzelstunden wie auch in seinen Kursen, in denen ich übersetzte, nichts darüber sagte, kopierten wir Schüler ihn, indem wir ins Hohlkreuz gingen – was der »Knick« eben gerade nicht ist. Das fühlte sich sehr unangenehm an und warf die Frage auf, wann ich durch solche mühsamen Übungen endlich zum Qi-Fluss und zur inneren Kraft gelangen würde. Denn der Ort, wo alles gesteuert wird, ist anatomisch die Stelle zwischen dem LWS 4 und dem LWS 5 – da, wo die Wirbelsäule aus dem Becken heraus beweglich wird und wo, der Lehre von den Atemtypen zufolge, die Trennungslinie zwischen sich dehnenden und verengenden Körperregionen verläuft; aber der Ort, wo Energie und Atem energetisch gesteuert werden, ist das »Lebenstor«, das höher in der LWS sitzt. Die Bewegung geschieht also in der unteren LWS und nicht im Lebenstor selbst. Wollte man das versuchen, so würde man sich eben ein Hohlkreuz und Rückenschmerzen etc. antrainieren.

Das ist die Krux der »chinesischen Methode«: wenig oder nichts zu erklären und dem Schüler zu überlassen, das für sich Richtige selbst herauszufinden; dabei hat Meister Chu früher viel erklärt für uns Europäer, und es dauerte immer noch Jahre, das bei sich wiederzufinden, sprich umzusetzen. Aber wenn man in der christlichen Tradition aufgewachsen ist und den eigenen Körper als minderwertig betrachtet (dass der Körper nach Luther ein »Madensack« sei, den unser Religionslehrer immer genüsslich ins Feld führte, bis er dann – Selffulfilling Prophecy? – leider an Darmkrebs verstarb, oder dass man überhaupt sündigen Leibes sei, eben ein »Leibhaftiger«), hat man es schwer, einen anderen Weg zu gehen als den, den Körper durch willentliche Anstrengung zu zwingen, weil der Dualismus von Geist und Körper nicht hinterfragt wird. Und dann wird man um die Essenz des Taiji betrogen, weil man nicht versteht, dass den Körper führen und ihn zu zwingen zwei ganz verschiedene Dinge sind. Menschen, die sich dem Taiji zuwenden, möchten diese instrumentelle Körperlichkeit nicht, in dem der Wille dem Körper befiehlt, potenziell an seine Grenzen zu gehen und, im Leistungswahn, noch darüber hinaus, und meinen dann, dass die Praxis von entspannten Bewegungen, die kein bisschen anstrengen dürften, wie es gang und gäbe in bestimmten Varianten des äußeren Taiji ist, dazu ein Gegenentwurf sei. Sicherlich ist sie das, aber dann auch ohne die Taiji-Essenz, die innere Kraft, erfahren zu können.

101 Einzelheiten weiter auszubreiten erübrigt sich hier, das ist z. T. bereits an anderer Stelle von mir ausgeführt worden (Anders/Brauner/Zock 2009) bzw. harrt noch der Darstellung; zu untersuchen wären vor allem die Bewegungen und die Funktion der »Zwerchfellpfeiler« beim Knicken der LWS. Die Beschreibung oben hat den Ablauf einer Qigong-Übung im Gehen nachvollzogen.

102 Nun warte ich noch auf die Beschreibung einer Ausatmerin oder eines Ausatmers, wie sie ihre Form erleben; eine ungefähre Ahnung habe ich davon, aber selbst finden kann ich die Energie der Ausatmer-Variante nicht, weil sie mich, als Einatmer, schwächt. Das heißt, ich verstehe die Ausatmer-Variante, kann sie natürlich auch unterrichten, aber sie entwickelt keine Kraft bei mir. In den vierzig Jahren, die ich nun Taiji übe, habe ich natürlich auch über den Tellerrand geschaut, vor allem, weil auf den Taiji-Tellern, wie sie in der Literatur zugänglich sind, nicht alles angerichtet ist, was die Mahlzeit ausgewogen und wertvoll macht. Das gilt vor allem für den Atem, da gibt es sehr unterschiedliche Rezepte. Zu versuchen, wie ich es ansatzweise tat (soweit es mir möglich war), Anleihen bei anderen Disziplinen zu machen und sie in mein Taiji einzubringen, waren nicht erfolgreich. Zum Beispiel zu versuchen, das, was die chinesische Medizin über die großen und kleinen Energiekreisläufe weiß, in die eigene Praxis einzubringen, war hilfreich, aber gleichzeitig so vieldeutig, dass die verschiedensten praktischen Umsetzungen möglich waren – und so ist es auch in den verschiedenen Stilen (auch des Qigong), die sich alle zu Recht auf die Energiekreisläufe beziehen. Da führen viele Wege nach Rom, aber Rom ist groß und jeder der Wege kommt an anderer Stelle an. Wozu also streiten?

Eine Analogie möchte ich aber trotzdem ansprechen, nämlich die zur Kundalini oder Schlangenkraft. In der indischen Yogatradition wird die innere Energie (Shakti) durch eine zusammengerollte Schlange symbolisiert, die am Ende der Wirbelsäule schläft und erweckt werden muss, um in der Wirbelsäule aufzusteigen und alle Energiezentren (Chakren) zu erfüllen. Die Analogie zum Symbol des Uroborus ist offenkundig: Die schlafende oder die sich selbst verzehrende Schlange – beide müssen aus ihrem passiven Sein »erlöst« werden. Auf welchem Weg das geschieht und zu welchem Ziel, das ist kulturspezifisch; die chinesische »esoterische« Tradition ist verschieden von der indischen, obwohl beiden ähnliche Modelle der inneren Energie zugrundeliegen. Was möchtest du erreichen? Ein Xian, Unsterblicher, werden? Erleuchtung erlangen? Wie? Indisch-yogisch, buddhistisch, »zenistisch«? Wozu soll dir die innere Energie dienen?

Im Lauf meiner Taiji-Praxis habe ich die Überzeugung gewonnen, dass das Ziel von Taiji nicht mit anderen Wegen als auf dem Taiji-Weg selbst erreicht werden kann, es also vom Weg abführt, wenn man andere kulturelle Ausprägungen von »Energiearbeit« damit vermischt. Alle arbeiten mit der einen universellen Energie, alle sind in Rom oder auf dem Weg dahin, aber eben dort an verschiedenen Orten. Und der Ort des Taiji ist da, wo aus innerer Energie die innere Kraft wird, mit der man auch kämpfen kann, aber nicht muss; Taiji ist für alle, »die Gesundheit und ein langes, zufriedenes Leben suchen; der Gebrauch als Selbstverteidigung ist erst danach wichtig«, wie es Yang Luchan, der Begründer des Yang-Stils, Mitte des 19. Jahrhunderts formuliert hat.

103 Ich hatte das Glück, durch meinen Gesangsunterricht eine andere Körperlichkeit erfahren und damit das Taiji füllen und beleben zu können, um so schließlich meinen ziemlich lange geübten »Brechstangenzugang« (der aber von mir allein kam!) zum Taiji zu verlassen. Wenn ich Bewegungen unterrichte, die (thematisch) um das »Lebenstor« kreisen, betone ich, dass es natürlich körperlich anstrengend ist, weil es jetzt ans »Eingemachte«, sprich bislang brachliegende Bereiche von Bewegung und Energie, gehe, aber dass das Grundgefühl dabei immer frei und leicht sein muss – sonst übt man falsch. Und jeder und jede kann dabei an seine und ihre Grenzen gehen, aber nicht darüber hinaus.

104 Das ist offenbar typisch für eine Stunde im Taiji-Unterricht, vor allem in der ersten Zeit: Direkt danach ist man ziemlich kaputt, wiewohl energetisiert. Aber am nächsten Morgen erhebt man sich – wenn nicht als neuer Mensch, so doch belebt und sich »irgendwie« anders fühlend.

105 Im Lauf der Jahre hat sich mein Blick dafür geschärft, was jeder und jede jeweils an Korrekturen braucht und aufnehmen kann. Hatte ich mich in meinen Anfängen manchmal in falsche Haltungen »verbissen« und die Schüler und Schülerinnen unter Druck gesetzt, etwas »perfekt« zu machen, wozu sie noch gar nicht fähig waren, so gelingt es mir heute quasi im Vorbeigehen, die passende Korrektur anzubringen. Wenn der

Kungfu-Praktizierende und Ausatmer nicht fähig ist, seinen »Knick« in der LWS zu spüren, weil die Muskeln dort sehr stark sind und diesen »überformen«, ist es nicht gut, ihn hervorlocken zu wollen – das geht noch nicht. Wenn der Gehbehinderte eine Stellung nicht richtig einnehmen kann, muss ich ihm helfen, sie für ihn zu modifizieren. Wenn derjenige mit Koordinationsproblemen plötzlich zu erkennen gibt, welche Einsicht ihm gekommen ist, muss ich darauf eingehen, obwohl ich vielleicht lieber an seinem hinteren Bein gezupft hätte, dass er es beugt, denn wahrscheinlich ist seine Erkenntnis ein umfassenderer Zugang zu seinen Problemen als eine kleine Korrektur von mir. Die Zuwendung zu jedem und jeder Einzelnen ist im Prinzip wie in einer Einzelstunde, nur eben dosierter, weil da sechs sind und nicht einer. Aber ich versuche, jedem und jeder individuell gerecht zu werden.

106 Dass Taiji heute in Deutschland (und nicht nur da, wie es scheint) so darniederliegt, ist sicherlich auch der Tatsache geschuldet, dass die, die es lehren, den Drachenkampf nicht wagen oder nicht gewagt haben, sondern stattdessen in der Identifikation mit der Vater-Geist-Seite, sprich mit ihren Meistern, befangen sind. Das ist, wie ich meine, ein Grund, warum Vertreter der inneren Kraft, der »Drachenkraft«, so selten sind.

107 Im Juli 2012 haben wir uns »im Internet« kennengelernt. Am 3. August haben wir uns in Sizilien getroffen, dann abwechselnd in St. Peterburg und in Frankfurt, und am 3. Mai 2013 (also nach neun schwangeren Monaten) in Dänemark geheiratet.

108 Auch Yang Zhu (nach Pinyin-Schreibweise) oder Yang Chu (nach Wade-Giles-Schreibweise); Yang Zhu war ein chinesischer Philosoph, der im 3. Jahrhundert v. Chr. an einem Fürstenhof im Staate Wei gelebt haben soll. Über sein Leben ist wenig bekannt, da seine Lehren entweder nur mündlich weitergegeben wurden oder die Schriften verlorengingen. Das, was man über Yang Zhus Lehren weiß, stammt aus Quellen anderer Philosophen, insbesondere von Liezi und Mengzi. Yang Zhus Lehren stehen dem Daoismus nahe, besonders den Lehren Zhuangzis, jedoch lehnte er ethische Ordnungsprinzipien in der Welt und die Herrschaft des Himmels ab. Seine Philosophie war hauptsächlich hedonistisch geprägt, denn er lehrte, man solle dem Leben, welches sowieso nicht viel Angenehmes zu bieten habe, dieses wenige Angenehme in vollen Zügen abgewinnen und genießen und die eigene Natur mit ihren Wünschen und Trieben nicht unterdrücken. (...) Hier trat Yang Zhu jedoch für einen kontrollierten Genuss ein, da ein Übermaß an

Sinnenfreude das Leben gefährde. Weisheit bestehe darin, zunächst einmal festzustellen, welche Wünsche der eigenen Natur abträglich und welche ihr zuträglich seien. (Quelle: Wikipedia; www.wikipedia.de; Stand: 07.04.2014)

Wenn ich überlege, warum mich dieser Philosoph so anspricht, finde ich eine Antwort in einem Artikel in »Philosophy East & West« von 1996, in der der Autor John Emerson ihn als den »Entdecker des Körpers« bezeichnet: »Yang Chu ist eine schemenhafte Gestalt im klassischen China, der durch die Brille anderer Philosophen dargestellt wird. Durch die Bereitstellung einer physischen Definition der menschlichen Natur befreit Yang Chu die chinesische Elite aus den öffentlichen Rollen und Beziehungen, die sie definiert, was neue nicht-öffentliche und nicht-rituelle Formen des individuellen Selbst-Bewusstseins und der Selbst-Kultivierung ermöglicht. Durch ihn wird das Privat- und Familienleben auf Kosten der Öffentlichkeit und des höfischen Lebens aufgewertet.« (Übersetzung F. A.)

109 Dieses Buch ist in einer überarbeiteten und erweiterten Fassung unter dem Titel »Das Innere Taijiquan« 2011 neu aufgelegt worden.

110 Zitiert n. M. Kubny, S. 148

111 Zitiert n. W. Bauer, S. 78

112 R. Bly, S. 304

113 Robert Bly schreibt in seinem Buch »Eisenhans« über den Wilden Mann: »Ich spreche in diesem Buch von dem Wilden Mann, und zwischen dem Barbaren und dem Wilden Mann besteht ein ganz entscheidender Unterschied. Die Lebensweise des ›Barbaren‹ fügt der Seele, der Erde und der Menschheit großen Schaden zu; man kann sagen, dass der ›Barbar‹, obwohl er verwundet ist, seine Wunde nicht untersucht. Der Wilde Mann ist einer, der seine Wunde untersucht hat; er erinnert eher an einen Zen-Priester, einen Schamanen oder einen Waldbewohner als an einen Barbaren.« (R. Bly, S. 9)

114 »Mann und Frau können sich darüber verständigen, welche Waffen sie in dem sich anbahnenden Kampf zu benutzen gedenken. Bei solchen Gesprächen werden der Krieger des Mannes und der Krieger der Frau im Haus willkommen geheißen … Wenn Männer und Frauen in ihrem Innern nur Soldaten oder beschämte Kinder haben, werden sie damit leben müssen, immer wieder zerstörerische Schlachten ausfechten zu müssen.« (R. Bly, S. 221 f.)

115 »Die Erfahrung des Selbst als der Quintessenz des Lebens und des Schöpferischen ist aber kein Vollkommenheitszustand, wie ihn der

christliche Idealismus anstrebt, sondern diese Erfahrung ist das Erleben und Erleiden einer menschlichen Vollständigkeit in all ihrer Paradoxie, Alltäglichkeit, Gewöhnlichkeit und Durchschnittlichkeit. Da sich in der Erfahrung des Selbst die verschiedensten Gegensatzspannungen versöhnen, stellt sich als Resultat diese Erfahrung häufig ein seelischer Zustand einer heiteren Gelassenheit ein ...« (L. und A. Müller, S. 199) C. G. Jung drückt dies so aus: »Wenn man zusammenfasst, was die Menschen einem über ihre Ganzheitserfahrung erzählen, so kann man es ungefähr so formulieren: Sie kamen zu sich selber, sie konnten sich selber annehmen, sie waren imstande, sich mit selbst zu versöhnen und dadurch wurden sie auch mit widrigen Umständen und Ereignissen ausgesöhnt.« (Jung, GW 11, §138; ebd., S. 200)

116 »Heute verbreitet sich allerdings eine gesellschaftliche Einstellung, die im Leiden lediglich eine negative Erfahrung sieht und Anweisungen gibt, wie man sich selbst durch positives Denken und Autosuggestion ein Leben in fortwährendem Glück gestalten kann. Alle Probleme gelten als lösbar, Glück oder Unglück ist eine Einstellungsfrage, wer unglücklich ist, ist selber schuld, negatives Denken kann in positives umprogrammiert werden, Unglück kann man kontrollieren, man kann sein düsteres Unbewusstes umprogrammieren.« (Jürg Willi über den »missionarischen Machbarkeitswahn« in J. Willi, S. 210)

»Alle die Erlöser- und Heilandfiguren, deren Sieg ohne die Erlösung der Gefangenen ... endet, haben im psychologischen Sinne etwas Fragwürdiges an sich. Ihre manifeste Unbezogenheit auf das Weibliche wird kompensiert durch eine unbewusste überstarke Bindung an die Große Mutter. Die Nichtbefreiung der Gefangenen äußert sich im Dominantbleiben der Großen Mutter und ihres Todesaspekts, und führt zu Körper- und Erdfremdheit, zur Lebensfeindlichkeit und zur Weltablehnung.« (E. Neumann, S. 168) Aus Sicht des Inneren Taiji wurde da zwar das »obere Dantian« geöffnet, aber ohne die Verwurzelung der Person in der Erde.